新典社選書
116

明治・大正の文学教育者

―黒澤明らが学んだ国語教師たち―

齋藤祐一 著

新典社

目次

はじめに

明治という新たな時代を迎えると、世のなかでは立身という価値がことさら尊ばれるようになり、その立身を果たすために、はるか目ざすべき学びの頂点にあるのが、いうまでもなく帝国大学であった。帝国大学へ入るためには、高等学校を卒業しなければならず、高等学校の受験資格を得るためには、中学を終えていなければならない。そうした学制の定まってゆく時代のなかで、明治三十年代に入ると、東京市内には二十をこえるような私立中学がひしめくようになり、およそ一万人もの生徒たちが、上級学校を目ざしてしのぎを削っていた。

そうした私立中学の多くは、伝統校としていまに続いている学校であるが、それぞれの学校では、創立者の掲げている高邁《こうまい》な建学精神のもとで独自の教育がおこなわれており、そこで学んだ少なからぬ卒業生たちは、やがて高等学校を経て帝国大学などへ学路をとり、のちにこの国の近代化を担うような有用な人材として育ってゆくことになる。近代中等教育の草創期において、東京の私立中学の果たしたこうした役割については、すでに周知のことではあろうが、改めて注目すべきところがあるように思われる。

さて、草創期の私立中等教育を振り返るとき、創立者のすぐれた教育観や志の高さゆえでもあろうが、ともすれば創立者のみが表舞台に上がるようなことになり、創立者の理想をかなえるために毎日のように生徒たちと向き合い、その薫育に意をそそいでいた教師たちの素顔までは、なかなか見えてこないというのが現状ではなかろうか。卒業生などの記憶のなかに残る思い出として、そのようすが断片的に語られるようなことはあっても、彼らがどのような教育をおこない、生徒たちにいかなる影響をもたらしたのか、さらに教師その人の生涯までを含めて、一教師の姿に光があてられることは、そう多くはなかったように思われる。

そこで本書では、これまで埋《うず》もれてきた感のある旧制中学の教師たちについて、生い立ちから晩年にいたるまでをたどりながら、その生涯を点描してみようと思う。ここに取り上げるのは、旧制京華《けいか》中学などで国語教師を務めていた十五名の人物であり、一つの中学の国語教師というほんの限られた例ではあるが、本来、学校の表舞台であるはずの、生徒に向き合う教師の姿とともに、明治・大正期における中等教育のようすの一端が、わずかでも明らかにできたら幸いである。

ところで、この国で二校目の官立大学として、京都吉田に京都帝国大学ができたのは明治三十年（一八九七）六月のことであるが、これにともない、東京本郷にある帝国大学は、東京帝国大学と名を改めることになった。そして同じ年の九月に、東京帝国大学の龍岡門の近くに開校したのが、京華尋常中学校（明治三十二年に京華中学校と改称）という私立中学である。

開校式に招かれた文部次官の柏田盛文《かしわだもりふみ》は、「教師も生徒も立派な粒ぞろいで、元気に充ちていること、まさに天下第一等である」というひとわたりの賛辞を述べたのだが、そのあとに、「校舎の粗末なことも、また天下第一等である」と、正直な感想をつけくわえることも忘れてはいなかった。それもそうであろう。この中学の新校舎がお茶の水に完成するのはまだ三年ほど先のことであり、開校したときには、廃業した龍岡館という勧工場《かんこうば》（商品の陳列販売所）の跡を借り受けて、そこを仮校舎としていたからである。

創立者は、伯耆《ほうき》出身の磯江潤《いそえじゅん》という三十二歳の若き教育者であった。創立当初の教師には、本書でも取り上げた冢田淳五郎《つかだじゅんごろう》（漢文・作文）、細田謙蔵《ほそだけんぞう》（漢文・作文）、平田盛胤《ひらたもりたね》（国語・漢文）、杉敏介《すぎとしすけ》（国語・歴史）を始めとして、のちにともに東北帝国大学の総長となる小川正孝《おがわまさたか》（化学・数学）と本多光太郎《ほんだこうたろう》（物理・数学）がおり、東京女子高等師範学校の教授となる下田次郎《しもだじろう》（英語）や第三高等学校の教授となる野々村直太郎《ののむらなおたろう》（英語）らも名を連ねていた。その多くは、お膝もとの東京帝大を出たばかりの洋洋たる学究の徒であり、この中学の教師を経験したあとに、大学や高等学校で教授職を得ていくような、「天下第一等」、「立派な粒ぞろい」の教師たちが、草創期の教育を担っていたのである。

世間から「勧工場学校」とも称されていたこの中学からは、やがて少なからぬ卒業生が同じ本郷にある第一高等学校へ進学するようになり、そして彼らは、東京帝大へと学路をとることになる。東京帝大のもっとも近くにあるこの私立中学は、文字通り、入学する上でも東京帝大にもっとも近い中学の一つとなったのである。

むろん、その教育の第一の目的は、せまき学路を目ざすということではなく、建学の精神として「天下の英才を得て之を教育す」という『孟子』のことばを掲げているように、「天下の英才」、すなわち世のなかに役立つ有用な人材を育て上げて、世に送り出すということであった。それはのちに、いずれも文化勲章を受章した前田青邨《まえだせいそん》（日本画家）、黒澤明《くろさわあきら》（映画監督）、二代目尾上松緑《おのえしょうろく》（歌舞伎俳優）、杉村隆《すぎむらたかし》（国立がんセンター名誉総長）を始めとして、さまざまな分野で異彩を放つような「天下の英才」を、数多く輩出していることからも、十分にうかがい知ることができよう。

本書で取り上げている十五名の人物は、こうした「天下の英才」たちを育てた国語教師であり、漢文学者、国文学者、書家、評論家、歌人など、その専門とするところはさまざまであるが、京華中学において、あるいはそのあとにいくつかの学校において、おおむね文学の教育にたずさわった教師たちである。そこで本書では、近代文学史や文化史などとの関わりにもふれながら、これまであまり語られることのなかった旧制中学の国語教師たちの素顔を、「明治・大正の文学教育者」という枠組のなかで描いてゆこうと思う。

冢田　淳五郎
——尾張藩の藩儒に連なる漢学者

『京華学園百年史』（京華学園、1999）より

坂の上の雲へ向けて

東京本郷にある真砂坂《まさござか》は、春日と本郷台をむすぶ三百メートルほどの坂道である。そのゆるやかな坂を上りきると、大きな通りのはるか前方へ、ふいに東京スカイツリーの姿が現れてくる。かつてこの坂の上からは、上野寛永寺の五重塔や、すでに失われた谷中天王寺の五重塔などが、天空を突くようにして見えていたことであろう。いまではそれに代わるようにして、水輪をはるか青天に向けた平成の多重塔が、途方もない高さにそびえているのである。

明治のころ、真砂坂上の南のあたりは本郷弓町という屋敷町であった。明治政府の高官らの住んでいたその町も、いまではビルの建ち並ぶ町へとさま変わりしているが、わずかに往事をしのばせるようにして、その合間に樹齢がおよそ六百年という大クスノキがそびえている。高さが六百メートルをこえる現代建築と、樹齢六百年という亭亭たる大樹が共生するようなこの都市の多様さを、わずかに垣間見せてくれるのが真砂坂というところなのである。

坂の上の雲へと向かい、洋洋と枝を張るこの大樹の向かい側には、ビルのうしろへ隠れるようにして、明治に建てられた数寄屋造りの邸宅が残されている。古市公威《ふるいちこうい》の旧邸である。三十二歳という若さで帝国大学工科大学の初代学長となり、のちに内務省の初代土木技監や土木学会の初代会長、さらに日仏協会理事長などを務めた古市は、近代土木工学の先覚者として知られている。また、明治の能楽界で三名人の一人に数えられた梅若実《うめわかみのる》に師事して能を習い、晩年にいたるまで、玄人にも劣らぬような能を舞う高雅な趣味人でもあった。

明治という新たな時代を迎えて、近代化を進めようとしていたこの国では、六百余名におよぶ若き俊英たちを欧米へ派遣した。そのうち一人として仏国へ渡り、工学などを学んだのが古市である。巴里《パリ》で一室を借りた先の女主人は、はるばる極東の小さな島国からやってきたこの青年が、昼夜をわかたず勉学に励むようすを目のあたりにして、体を壊すのではないかといたく心配したのだが、それに対して古市は、「私が一日休めば、日本は一日遅れるのです」と答えたという。

かつて遣隋使《けんずいし》や遣唐使の一員として、はるか唐土へ渡った留学生たちが、古代の国家創りのために貢献したように、明治の俊英たちは、近代国家を創るという使命感と自負を抱きながら先進の知識を学び、やがてこの国の近代化を担う原動力となってゆく。

漢学から洋学の時代へ

こうして順調に進んだかのように見えていた近代化であるが、そこには負の側面もあった。夏目《なつめ》漱石《そうせき》が『三四郎《さんしろう》』（明治四十一年）という小説のなかで、「明治の思想は西洋の歴史にあらわれた三百年の活動を四十年で繰り返している」と述べてもいるように、ひどく性急に推し進められたのがこの近代化であった。先進国に早く追いつこうとするあまり、近代国家としてのかたちを整えてゆくための知識は一通り学んだものの、それを生み出してきた精神文化を学ぶような余裕までは、十分には持ち得なかったのである。

『三四郎』では、「三百年」と「四十年」という数字が、そのまま三四郎という主人公の名前にも表されているのであろうが、この青年が「迷える子《ストレイシープ》」として迷走するようすは、とりもなおさず、この国が近代国家へ向かって迷走する姿のようでもある。日本はいくら日露戦争に勝って一等国になっても、富士山よりほかに自慢するものは何もないという広田《ひろた》先生に対して、三四郎は、「しかしこれからは日本もだんだん発展するでしょう」と弁護するのだが、広田先生はすましたようすで、「亡びるね」と応じている。

同じ漱石の小説『それから』（明治四十二年）では、友人の平岡《ひらおか》からなぜ働かないのかと問われた代助《だいすけ》が、「日本対西洋の関係がだめだから働かないのだ」、この国は「牛と競争をする蛙《かえる》と同じ事で、もう君、腹が裂けるよ」と答えている。

さらに漱石は、この二年あとに和歌山でおこなった「現代日本の開化」という講演のなかでも、西洋の開化は、内側から自然に出てきた内発的な開化であるのに対して、日本の開化は、外からの圧力により不自然に進められた、外発的な「皮相上滑りの開化」であると述べており、この国の近代化のひずみを批判している。

とはいえ、漱石のこうした時代認識には、啓蒙《けいもう》や指導という意図があり、漱石その人は、明治人として国家との一体感を秘めていたという、うがった見方もないわけではない。いずれにせよ、「上滑りの開化」の波がさまざまなところへおよんでいたのは確かなようで、その影響は、すでに明治の初めには国の教育方針にも表れている。

明治五年（一八七二）に、政府は「学事奨励に関する被仰出書《おおせいだされしょ》」という文書を公布して、近代教育の方向性を示している。そのなかで、これまで学問の中心であった漢学を、新たな時代にはそぐわぬものとしてきびしく批判する一方で、それに代わる学問として実用に役立つ洋学、とりわけ英国の実学を奨励している。漢学は異端であり、洋学こそが正統であるという立場を明らかにしたのである。

だが、この国の育んできた精神文化は、少なからず漢学の恩恵を受けており、世のなかがいかに洋学へかたむこうと、漢学をないがしろにするわけにはゆかぬという考え方も、一方には根づよくあった。漢学が一朝にして衰退したわけではない。欧米に学んだ俊英たちとは対極にあるような自負と使命感を抱いて、漢学を守ろうとする「異端」の者たちも、少なからずいたのである。

尾張藩の藩儒の家に生まれた冢田淳五郎《つかだじゅんごろう》も、そうした「異端」の一人であった。明治維新により、藩儒という家筋は途絶えてしまったものの、父祖から受け継いできた漢学の伝統を守り、世の流れに柵《しがらみ》を渡すようにして、東京神田に開いた成美塾という漢学塾で、多くの子弟を育てたのである。そして晩年には、京華中学の漢文教師に迎えられて、神田から真砂坂を通り、坂の上の大クスノキを横に見ながら学校へ出向いて、漢学の才知をもって若者の教育へ意をそそいだのだった。

家名断絶と幽閉

尾張藩の城下を北から南へと流れている堀川は、築城にあわせて開かれた運河である。この堀川を名古屋城から南へ二十町ほど下ったところに納屋橋《なやばし》という橋があり、かつてその東岸には、尾張六十二万石を支えてきた、二十六棟もの米蔵が建ち並んでいた。この米蔵は、清洲の城下にあった三つの蔵を引き継いだものであり、のちにいたるまで三ツ蔵と呼び習わされている。年貢米の納めどきは、九月の御吉例の日に始まるというのが尾張藩の習わしであり、この時節になると、米俵を積み込んだ舟が伊勢湾から堀川をさかのぼり、納屋橋のあたりは水鳥が群れ集まるようなにぎわいであった。

この米蔵の東側にあたる竪《たて》三ツ蔵町（現・名古屋市中区栄）の屋敷に、冢田大峰《だいほう》という儒者がいた。信濃《しなの》の儒医の家に生まれた大峰は、九代尾張藩主徳川宗睦《とくがわむねちか》の侍講から藩校明倫堂の督学となり、朱子学に対抗する古学派として藩校の改革などに手腕を見せたほか、生涯に五十余部、二百巻をこえるような著作を残した碩儒《せきじゅ》であった。その門下で俊才として聞こえ、のちに大峰の養子となるのが愨四郎《かくしろう》（謙堂《けんどう》）である。愨四郎もまた、明倫堂の督学や書物奉行などを務めた儒者である。

その愨四郎の長子として、天保十一年（一八四〇）の十二月二十一日に生まれたのが冢田淳五郎（号・三石《さんごく》、硯山《けんざん》）である。冢田が幼いころより漢学を修めて、長じて明倫堂に学んだのも、藩儒をなりわいとする家を継ぐためであった。こうして父祖の代から尾張藩に仕えて、主君への忠義を尽くしてきた冢田家であるが、慶応四年（一八六八）の一月に、とつぜんの不幸に見舞われることになる。

徳川慶喜《よしのぶ》が鳥羽伏見《とばふしみ》の戦いで江戸へ敗走したのちに、新政府の代表として大坂城の接収にあたっていたのが、尾張藩のまえの藩主である徳川慶勝《よしかつ》であるが、そのとき藩内では、勤皇か佐幕かをめぐるはげしい対立がおきていた。朝廷の意向は、佐幕派を一掃して藩内を勤皇派で固めて、慶喜が再び軍備を整えて西上したときには、尾張でこれをくいとめようというものであった。慶勝は急ぎ城下へもどり佐幕派の弾圧に動いた。のちに「青松葉事件」と呼ばれるこの政変により、冢田の父慤四郎が、佐幕派の一人としてとらわれの身となったのである。

罪状は承服しかねるものであった。もとより仕組まれたような罪状である。だが慤四郎は、捕縛する役人らに不服を申し立てても無益であろうと沈着に応じており、泰然として評定所へ赴いた。そして、佐幕派として罪科を問われた十四名のうちの一人として、即日、斬首に処せられたのである。冢田家は家名断絶となった。冢田も義兄や姉らとともに縁坐《えんざ》に問われて他家の預かりとなり、それから三年にわたり幽閉されることになる。

名古屋城の西丸に建つ「尾張勤王青松葉事件之遺跡」の碑。佐幕派14名の処刑地の跡に、昭和のはじめに建てられた碑がのちに所在不明となり、昭和63年（1988）に復元されたもの。［著者撮影］

なお、明治十八年（一八八五）に、名古屋の大光院で十四名の追善法会が営まれており、同二十二年（一八八九）二月には、大日本帝国憲法の発布にともなう大赦令により、その罪科が消滅することになる。その翌年には、冢田のもとへも慤四郎の罪科消滅証明書という一枚の紙が届けられて、朝敵という汚名がようやくそそがれたのだった。

事件のことは、それまで伏せられてきたようだが、大赦令を受けて新聞などが報じたことにより、世間にも「青松葉事件」として知られるようになる。五十年忌にあたる大正六年（一九一七）の三月には、尾張徳川家の第十九代当主で慶勝の孫にあたる徳川義親《よしちか》により、東京東大久保の西光庵で弔い上げの法要が営まれて、遺族らに香華料が贈られている。

さて、三年のときを経て、冢田はようやく幽閉をとかれた。家名の相続だけは許されたものの、家屋敷はむろんのこと、わずかながらの家財もすべて没収されてしまい、かろうじて手もとに残されたのは、腰間に帯した大小と、藩から下された金五両のみというありさまであった。そして何より、家に伝わる万巻の書物を失ったことが大きな痛手であった。

やれ笠に着古した小紋というそぼろな身なりの冢田は、旧知のもとを訪ね歩いたのだが、明日から暮らしを立ててゆくようなあてなど、容易に見つかりはしない。やれ笠の足取りは重かった。ひとまず身を寄せるために宿屋をさがして、しばらく逗留《とうりゅう》したいむねを告げたのだが、すでに宿の主人のもとへは、あの事件に関わる者を逗してはならぬというお達しがきており、言下にことわられてしまう。それならいたしかたあるまいと、ここで割腹して果てることにするので軒先を拝借したいと、冢田は悠揚せまらぬようすで諸肌《もろはだ》をぬぎ出した。大いにあわてた主人は、やむなく招き入れたのだった。

雨露をしのいで腹を満たすための方便にしても、切腹を盾にするとはわれながら大仰であったと、思わず苦笑をもらす冢田であった。それでも、あの事件で斬首となった父に殉じて、一度は命を捨てようと覚悟した身である。腹を召すことへのためらいなどいささかもない。とはいえ、むろん宿も貸してはならぬというお上の了見に抗することが、切腹するほどさしせまった大事ではあるまい、というのが冢田の思いであった。

成美塾を開く

明治という新たな時代を迎えても、わずかに剣術の心得はあるものの、学問のほかには世過ぎのすべを持たないような冢田である。それでも幸いなことに、その身の振りようを案じて世話をしてくれる者があり、城下をとおく離れた知多郡でささやかな私塾を営むことになった。そうしてわずかに糊口《ここう》をしのいでいたのである。

ちょうどそのころ、かつて明倫堂に学んでいたときの同士であり、いまは東京へ出ている田《た》島桑三郎《じまくわさぶろう》という知友から、上京してはどうかという誘いを受けていた。学制の公布により、小学校教育が始まったのは明治五年（一八七二）のことであるが、不足していた教師の養成が急がれているなかで、その翌年に開かれたのが東京府小学教則講習所（東京学芸大学の前身）であ

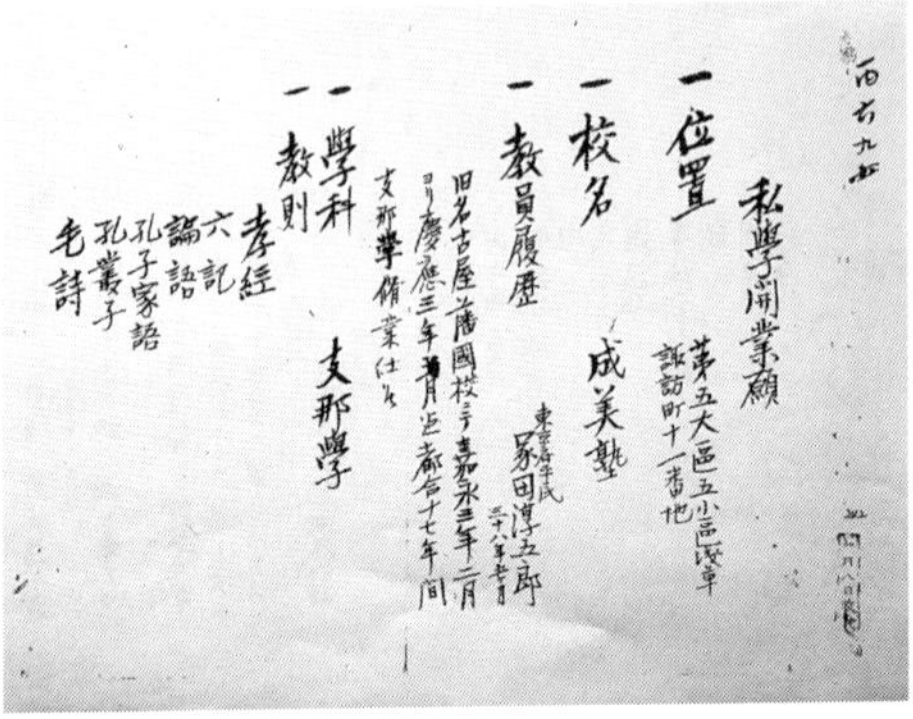
私學開業願
一位置 第五大區五小區浅草 諏訪町十一番地
一校名 成美塾
一教員履歴 東京府士族 冢田淳五郎
支那學修業仕候
一學科 支那學
一教則 孝経 論語 孔子家語 孔叢子 毛詩

明治11年（1878）4月8日、冢田が東京府知事の楠本正隆に提出した成美塾の「開業願」（冒頭部分）。［東京都公文書館蔵］

る。田島はそこで教師を務めていた。われわれが旧時代に蓄えてきた知識という財産を活《い》かすには、もはや都門に入るしかない、冢田ほどの学才のあるものが片田舎へ埋もれてしまうのは、いかにも惜しまれる。田島はそうした思いで上京を促したのだった。

田島の誘いに後押しされた冢田は、明治六年（一八七三）に上京すると、しばらくは久松学校（現・中央区立久松小学校）や勝鹿学校（現・葛飾区立新宿小学校）などで授業生を務めている。さらに、同十年（一八七七）の五月に田島が塾主となり東京神保町《じんぼうちょう》に成文学舎という私塾を開いてからは、そこで一年ほど漢学を教えていた。

そんな冢田のもとへ、徳川家の奥向きから「青松葉事件」の遺族へ弔慰金が下されるという知らせが届いた。父祖から受け継いできた学問を、自らの塾で門弟に授けたいと思っていたところでもあり、その弔慰金をもとにして、明治十一年（一八七八）の四月に、浅草諏訪町《すわちょう》に成美塾という漢学塾を開くことになる。三十八歳のときであった。

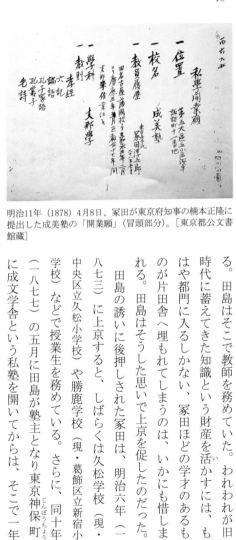

そのひと月のちに塾舎を神田一ツ橋通町へ移した成美塾では、十五歳をこえた子弟に四書五経などの漢籍を講じていた。塾生には互いに懇親を深めながら切磋《せっさ》するように求めており、上辺の華やかさに流されるだけで実質のともなわないような学問をいましめた。記問の学は以《もっ》て人の師となるに足らず――。冢田も自らをいましめながら、念願であった私塾を始めたのである。

清貧なる日常

祖父の大峰は、家族や門弟を叱責するのを好まないたちであったが、そうした性格は、誰よりも冢田が受け継いだようである。塾生らが二階で相撲を取って騒いでいても、およそ小言をいうようなこともなく、ただ、「今日は雨天につき、すすはき見あわせの事」と紙にしたためて階段へ貼り、自重を促すばかりであった。

夏冬に関わらず、朝の三時に床を離れるのが冢田の日課であった。雨戸や障子を開け放って茶を一服喫すると、端然として文机《ふづくえ》へ向かうという毎日である。早暁から読書や書き物に没頭する姿を見ている塾生たちが、先生はいつ床についているのだろうかといぶかしがるほどであった。温容な師のようではあるが、自らを律して学問へ向かう心がまえは、身をもって塾生たちに伝えていたのである。

その暮らし向きは、清貧をむねとする倹素なものであり、もとより富貴利達などはいっさい求めようとはしない。大学から出講を請われても応じようとせず、知人が名刺まで用意して、文部省の田中不二麿《たなかふじまろ》のもとに出仕する手はずを整えてもまったく動こうとしない。「予は鼻たらし小僧を相手にすれば澤山なり」（『冢田大峰』）というのが冢田の変わらぬ態度であった。田中不二麿は、尾張藩士として徳川慶勝に仕えて功を上げて、のちに明治政府の要職についた人物である。慶勝のもとで父の斬首や家名断絶という憂き目を見て、自らも長く幽閉された冢田としては、明治政府きも入りの官立学校へ出たり、官途についたりするつもりなど毛頭なかったのであろう。

京都地方裁判所長を務めていた楠正位《くすのきまさただ》からは、同志社への出講を依頼されたりもしたが、同志社に遇されるよりも、築地の学院が三円でもくれるようならそれで十分だとして、これにも応じようとはしない。三円では車代の足しにもなるまいとあきれ顔の楠に対しては、「足らずば歩むまで」という一言であった。これには楠も二の句がつげなかった。

自宅をかねていた成美塾は、多くの門弟が出入りするようになると手ぜまになってきた。麹町《こうじまち》に広い邸宅をかまえている門人からは、住まいは自分のところで用意するので、塾舎を広げてはいかがかと勧められたこともあった。だが、門人の邸内に住まうことをいさぎよしとせず、「我が家は膝を容《い》るれば足れり」として、これも受け入れようとはしなかった。

清貧をむねとするこの漢学者には、わが身一つの入る明窓と浄机の備わるような一間さえあればそれで満足なのであり、そうした一間こそが、どこよりも居心地のよいところなのである。財産などはいくらあってもあてにはならぬが、わが身につけた知恵や学問は、誰からも持ってゆかれる心配がない、何ごとも十分に学んで身につけることが肝要である――。かつて家名断絶によりすべての財産を失った冢田は、つねづねそう語っており、無欲恬淡《てんたん》たる暮らしぶりは終生変わることがなかった。ガス灯が明明と街路を照らすような世のなかにあり、炭をつぐようにして漢学の灯を守り続けたのである。

京華中学の教師として

陋巷《ろうこう》にあって聞達を求めず、私塾で「鼻たらし小僧」への教育に余念のない冢田であったが、やがてその教育は実をむすび、成美塾からは貴族院議員の千頭清臣《ちかみきよおみ》や枢密顧問官の佐々木高行《ささきたかゆき》、そして東京帝大工学部長の寺野精一《てらのせいいち》などの知名の士が数多く育つことになる。

その学識が世間にも知られるようになると、これまでにも増してさまざまな学校から出講を依頼されるようになる。それには相変わらず無愛想を貫いていた冢田であったが、棚橋一郎《たなはしいちろう》の創設した郁文館中学からの依頼にはすんなりと応じている。というのも、郁文館で幹事と英語の教師をしていた磯江潤により、三顧の礼をもって迎えられたからである。磯江はかつて、冢

京華中学の創立者・磯江潤
［『史料京華学園九〇年』（京華学園、1987）より］

田のもとへ寄寓《きぐう》して親しくその教えを受けたことがあり、そのおりに意気の投じた磯江からのたっての願いということで、その求めには快く応じたのだった。

そのころ磯江は、新たに学校を創ろうと考えており、冢田へも相談を持ちかけていた。磯江が八年にわたり在職していた郁文館を辞して、明治三十年（一八九七）の九月に、新たに京華尋常中学校を創設したときには、その志に大いに賛同した冢田も、開校に合わせてその教師に迎えられている。五十七歳のときであった。ついで磯江は、同三十四年（一九〇一）に京華商業学校を、さらに同四十二年（一九〇九）には京華高等女学校を創設しているが、冢田の娘の崇子《たかこ》も、その女学校の教師として招かれている。

父祖を敬い、家族や塾生をいつくしむような冢田の人柄と、そのすぐれた学識は、京華中学でも大いに敬愛されることになる。第二回の卒業生で第一高等学校から東京帝大へ進み、心理学者となる渡辺徹《わたなべとおる》（明治三十三年卒）は、冢田についてつぎのように回想している（『京華学園六十年記念誌』）。

思い出深き先生に冢田淳五郎先生があります。元神田に漢学の塾を開き居られし方にて、父は尾州藩の出で維新の際勤王にて自刃せし方とか聞く、磯江先生も此の塾に学ばれし事もあり磯江先生の恩師でもある。日本外史他漢学の教科を受けしが雅量の大きさ温厚迫らず而《しか》も漢学の素養に於《おい》ては有名の大家にて磯江先生の成業の為に大学の招きを断はり大学へさへ出なかった先生が母校の漢学を持ち下された事は大した事です。

雅量にとんだ超然たる風格を持つ冢田は、生徒はもとより教師たちからの信望も厚く、また、『日本外史』の講義のほかにも、『點註史記列傳《てんちゅうしきれつでん》』全八巻（明治二十七年―三十年）という自らの著書を用いた『史記』列伝の講義も、その名調子により評判を呼んだのだった。

第三回の卒業生で東京帝大の法科へ進み、海軍主計少将となる三輪寛《みわひろし》（明治三十四年卒）は、『史記』列伝を朗読する冢田の声が、あとあとまで耳に残ったと回想している。三輪と同期で、同じく東京帝大の法科に学び、南洋庁長官や川口市長などを務めた林寿夫《はやしとしお》は、冢田の講義のようすについて、つぎのように述べている（同書）。

冢田先生は、和服懐手などして（時には微醺《びくん》さえ帯びて）猫の様な声で、孫にでも講義されてる恰好《かっこう》、然し史記列伝の「易水《えきすい》寒し」の頃に到った時は、眠った獅子が吼《ほ》へ出した如《ごと》く、大声で、机を叩いて壮絶サ、目を瞠《みは》らざるを得んでした。

「易水寒し」は、『史記』刺客列伝の一節である。秦王を討つために旅立った荊軻《けいか》が、易水という川のほとりで高漸離《こうぜんり》の打つ筑《ちく》という楽器に合わせて、「風蕭蕭《しょうしょう》として易水寒し、壮士一たび去りて復た還らず」と、はげしい調子で歌うという名場面である。冢田は、筑の代わりに教卓を叩いて、荊軻が取りついたかのように、それまでの猫のような声から一転して獅子がほえるような壮絶な声を張り上げて、その一節を朗読したのである。生徒たちは、荊軻を見送る者たちのように、「皆目を瞋《いか》らし、髪尽《ことごと》く上がり冠を指す」ようにして、その名調子に引き込まれたのだった。

性格寛厚にして識量あり、子弟を愛することわが児孫のごとし。その心を楽しませて学問へいざない、それぞれの器に合わせるようにして業を授けた冢田は、とりわけ重きをなした教師であった。だが、在職して四年を過ぎた秋口から、患いついて薬餌に親しむようになる。そして、明治三十四年（一九〇二）の十二月二十七日に、薬石の効もなく卒然としてはるか道山へ帰したのである。享年六十一であった。

学校は冬休みに入っており、実家へ帰省している生徒も多くいたのだが、各組の級長を通して訃報が伝えられると、十二月二十九日に東京駒込の吉祥寺で営まれた校葬には、三百余名の生徒たちが参列した。

この葬儀で卒業生の総代として弔辞を捧げたのは、一高生の塚原秀峰《つかはらしゅうほう》であった。塚原は、東京帝大へ進み、同じ京華中学の出身で仏教学者となる椎尾辨匡《しいおべんきょう》の一年後輩として宗教学を学び、高輪商業学校の校長となった人物である。ヘレン・ケラーの『楽天主義』（明治四十年）や、チャールズ・W・エリオットの『人生の幸福』（明治四十一年）の訳者としても知られているが、塚原がこうした訳業をなし得たのは、清貧をむねとする「楽天」的ともいえるような生活のなかに、「人生の幸福」を感じていたであろう冢田のような教師に学び、その雅量にとんだ人柄に感化されたからであろう。

この葬儀で、斎主として「葬場祭詞」を捧げたのは、神田神社の社司である平田盛胤であり、平田も創立のときから京華中学で国語の教師を務めている。翌年の一月二十五日には五十日霊前祭が営まれており、同じく平田により「五十日霊前祭詞」が捧げられているが、この二つの祭詞は、いずれも国立歴史民俗博物館に残されている。

京華中学の四聖人

冢田が亡くなるひと月まえには、赤沼金三郎《あかぬまきんさぶろう》（天心《てんしん》）という倫理科の教師が肺を病んで、三十六歳という若さで亡くなっている。赤沼は、第一高等中学校（のちの第一高等学校）へ在学していたときに、学生による自治を初めて寄宿舎へ取り入れており、のちに全国の学校へ広がる学生自治の先がけとなった人物として知られている。

日清戦争から復員したのちに帝国大学文科大学の漢学科に学び、創立に合わせて京華中学の教師になったのは、第一高等中学校の校長である久原躬弦《くはらみつる》が、自らの名代として推挙したからであった。倫理の教師、そしてまた生徒監として、新たな学校では何よりもしかるべき校風を育てねばならぬと考えていた赤沼は、自ら範を示しながら、生徒たちを薫化していくような若き教育者であった。

創立のときから順調に校勢を伸ばしつつあった京華中学では、相ついで余人をもって代えがたいような人物を失うことになった。そしてさらに、冢田と赤沼にくわえて、その二年あとには、創立のときから六年にわたり校長を務めていた津田眞道《つだまみち》が、その三年あとには、顧問の根《ね》本通明《もとつうめい》が亡くなっている。いずれも磯江の理想とする教育や学校運営に理解を示して、その支えとなってきた人物である。

初代校長の津田眞道は、津山藩の生まれで箕作阮甫《みつくりげんぽ》に洋学を学び、西周《にしあまね》らとともにオランダへ留学する。のちに『泰西国法論』（明治元年）という、この国で初めてとなる西洋の法学書を訳しており、法学博士として明治政府の要職にあり、晩年には衆議院副議長などを務めた人物である。

根本通明は、戊辰戦争で軍功を上げた秋田藩士であり、藩校明徳館の館主を務めた漢学者で

右：赤沼金三郎［『京華校友会雑誌』第10号（京華中学校友会、1901）より］
中：津田眞道［「近代日本人の肖像」、国立国会図書館蔵］
左：根本通明［『周易象義辯正』（根本通志、1937、国立国会図書館蔵）より］

ある。明治二十九年（一八九六）に七十五歳で東京帝大の教授となり、その翌年から八十五歳で亡くなるまで、京華中学の顧問を務めている。古代中国の経書にあまねく通じており、とりわけ『易経』の大家として、畢生《ひっせい》の大著『周易象《しゅうえきしょう》義《ぎ》辯正《べんせい》』全三巻（明治三十四年）を著すなど、「天下の大儒」とも評された人物である。磯江は、根本のもとで『易経』を学んでおり、その冒頭にある「乾元亨利貞」（乾《けん》は元《おおい》に亨《とお》る、貞《ただ》しきに利《よろ》し）という、ものごとが望み通りに進むことを意味することばにちなんで、京華中学の組名に「元」「亨」「利」「貞」と名づけている。

　草創期の京華中学を支えたのは、冢田淳五郎を始めとする、こうした大樹のような教育者たちであり、磯江は、卒業生の黒澤《くろさわ》俊吉《しゅんきち》という画家に依頼してこの四師の肖像画を作り、それを講堂の壇上の左右へ掲げて永く余栄を讃えたのだった。

はるか天平のいにしえより、あまた建立されてきた多重塔の塔身には、基壇から最上層へいたるまで、一本の心柱が貫かれている。心柱構造といわれるこうした古代の匠の技は、現代建築の粋を集めた東京スカイツリーにも活かされている。青天に向かい新たな学校を立ち上げた磯江、そしてそれを支えた赤沼らの若き教育者と、冢田を始めとする徳望、識量一代の師表たる心柱のごとき老練な教育者たちとの共生が、草創期の学校が坂道を上りゆくための、力づよい原動力となったのである。

細田　謙蔵
—— 剣と書と漢学を究めた漢学者

『卒業記念写真帖』（1938、お茶の水女子大学蔵）より

剣術少年の乙吉

加賀藩の作事方として微禄をはんでいた中山源之丞《なかやまげんのじょう》は、多くの家人を抱えて切りつめた生活をしいられていた。維新により扶持《ふち》を召し上げられてからは、日日のかてにも窮するようになる。それでも世のなかの大きな変わりようには、素直に応じることができないでいた。

すでに身を転じていた旧藩の同役のなかには、武士としての面目《めんぼく》にいつまでもしがみついているようなときでもあるまいと、一家のようすを案じてくれる者もあった。だが源之丞は、そうした声にも耳を貸そうとはしなかった。それでもいよいよ生活が立ちゆかぬようなことになってくると、つてを頼りにして富山へ移り住み、商店の櫛比《しっぴ》する総曲輪《そうがわ》という町の片すみで、商売を始めることにしたのだった。

むろん、初めての商売である。かしわ肉やどじょうなどを商う小さな裏店《うらだな》では、一家の暮らし向きがすぐによくなろうはずもない。窮する家計のために、というよりも口減らしのためであろう、源之丞の八男である乙吉《おときち》が、富山館という旅館へ奉公に出されたのは、わずかに八歳のときであった。

富山館の主人である高沢藤吉《たかざわとうきち》は、旧習にとらわれない才覚のある事業家であり、旧富山城の大手門の近くで始めた富山館は、政党人や経済人など、土地の名士らの出入りするような旅館としてにぎわっていた。高沢は温情家でもあった。板場の下働きとして、よく働いている乙吉にも目をかけてやり、仕事を終えるといつも木刀を振りまわしている乙吉を、剣術道場へ通わせたり、漢学塾で読み書きを習わせたりもした。

漢学塾は、好んで足の向くようなところではなかったが、道場へはいさんで通う乙吉であった。だが、幼いころから蒲柳《ほりゅう》の質であり、同じ年ごろの子どもたちに比べると、体の作りがいたって貧弱である。剣術を習うには心もとないような体格であるが、それでもまったく意に介するふうでもない。こよりのような細い体で相手に食い下がり、火花がはじけるように手をくり出す乙吉のことを、いつしか同門の者たちは、線香花火とあだ名するようになった。こうして乙吉は、好きな剣術の稽古に打ち込みながら、あわせて富山館でまめに働くような日日を過ごしていたのである。

そんな乙吉に思わぬ転機が訪れた。とある人物との出会いにより、上京して剣術の修行をするという願ってもないような機会に恵まれたのである。この線香花火は、やがて尺玉のようになり、のちに剣術界の天頂で大輪の花を咲かせることになるのだが、むろん、幼いころを知る同門の者たちには、夢さら思いも寄らぬことであった。

細田と乙吉

旧富山城の北の端を、神通川が掘割をなすようにして流れている。その岸辺では、ねこやなぎの赤いつぼみがようやくほころび始めており、淡い銀色のうぶ毛が、浅い春陽を受けて輝いていた。

そうしたある日のこと、富山館へ長逗留《ながとうりゅう》するという客人が、はるばる東京からやってきた。主人をまえにして、背筋のまっすぐに伸びた立ち姿を見せているその人物が、富山県尋常中学校へ漢文教師として赴任することになった細田謙蔵《ほそだけんぞう》である。

文事ある者は必ず武備あり、細田は、東京神田西小川町にある根岸信五郎《ねぎししんごろう》の有信館という道場において、神道無念流の剣術を学んで免許皆伝を許されて、その幹事や師範代を務めたこともあった。この遠来の客人が、そうした経歴を持つというううわさは、すぐに乙吉の耳へも入った。ほどなくして、細田も乙吉の通う剣術道場へ顔を出すようになるのだが、うわさの通り、その剣はひとしお水際立っていた。乙吉は目を奪われた。

それからというもの、板場での仕事を終えた乙吉は、剣術の話を聞きたいという一心で細田の部屋を訪れるようになる。まじろぎもせずに、ときには根問いしながら聞き入るこの少年に、剣術のことや有信館のことなどを、細田は毎晩のように語り聞かせたのだった。ときには二人で表へ出て、手合わせをするようなこともあった。そうしてしだいに乙吉の才能を認めるようになった細田は、その剣術に対するまじり気のない熱意にもほだされて、有信館への入門を仲介することになる。こうして乙吉は、明治二十三年（一八九〇）、十八歳のときに上京することになったのである。

富山湾にのぞむ岩瀬浜は、北前船の出入りするような湊町《みなとまち》である。廻船問屋などが軒を連ねている表通りは、いつものようなにぎわいを見せていた。乙吉は、そうしたようすには一瞥《いちべつ》もくれることなく、停車場のある直江津へ向かうために、蒸気船の船着場へと急いだ。いよいよ上京する日を迎えたのである。見送りにきた高沢藤吉が、しっかり修行をして、「男にほれられるような男」になれと、別れぎわに声をかけた。幼いころから何くれとなく世話をしてくれた高沢のはなむけを、乙吉は生涯にわたり忘れることはなかった。春霞のはるか向こうには、瑞雪《ずいせつ》をいただく立山の山脈《やまなみ》が見えていた。

有信館は荒稽古で知られている道場である。入門したてのころの乙吉は、わけあって富山から東京へもどっていた細田を始めとして、同門の先輩らにしぼられ通しであり、死ぬか生きるかのような稽古に明け暮れていた。それでも根っからの聞かぬ気のたちである。深夜に一人で、眠る間も惜しんで竹刀を握り、人知れず稽古を重ねた乙吉は、剣士としてはあわれなほどに貧弱な体格を克服して、しだいに頭角を現すようになる。

やがて、その技量と人品は、根岸信五郎の認めるところとなり、免許皆伝を許されて、さらに細田の口ぞえもあり、根岸の養子に迎えられて有信館を受け継ぐまでになる。富山を出て一剣を磨くことおよそ十年、天稟《てんぴん》の才がようやく開花しようとしていたのである。

名を中山博道《はくどう》と改めた乙吉は、本郷の真砂坂下に新たに有信館をかまえて多くの門弟を育て、大正から昭和の初めにかけては、高野《たかの》佐三郎《ささぶろう》の修道学院と並んで剣道界を二分するような勢力をほこるようになる。大日本武徳会からは、剣道と居合道と杖道《じょうどう》を合わせた三道の範士という類を見ないような最高位の称号を授けられて、

中山博道の墓所・天真寺（東京南麻布）に建つ「中山範士之碑」（1970年）。「文豪細田剣堂嘗謂予曰後輩知剣之奥者有中山博道」（文豪の細田剣堂〈謙蔵〉は、かつて私〈新田興〉に、後輩で剣の奥義を知る者に、中山博道がいると語った）とある。［著者撮影］

「昭和の剣聖」と称された。「最後の武芸者」と評する者もあった。いずれにせよ、「男にほれられるような男」として、ついに一家をなしたのである。

博道が「昭和の剣聖」として世に立ってからも、細田はときおり有信館を訪れて剣を使うことがあった。そのたびに博道は、細田を上座にすえて敬意を表しており、細田もまた、生涯にわたり博道のよき理解者となった。

聖賢への志

細田謙蔵（字・子敬《しけい》、号・剣堂《けんどう》）は、安政五年（一八五八）の四月九日、伯耆国北谷村福富（現・鳥取県倉吉市福富）に、父重次郎《しげじろう》の三男として生まれている。はるか伯耆の霊峰大山《だいせん》を源とする北谷川が、稲田に沿うようにしてゆるやかに流れており、その細い川筋と小高い丘にはさまれたような土地に、細長く続いているのが福富という集落である。倉吉の町からは、南西へ二里ほど離れた小さな農村である。

集落のうしろにある段丘のなかほどには、村の氏神として、福富神社という古い社がまつられている。その宮司である永江《ながえ》環《たまき》は、福富やその近郷の子弟に読み書きを授けており、細田も永江のもとで漢籍の素読と習字を修めた。永江に学んでいるうちに、その温和な人柄にも惹《ひ》かれてゆき、いつか自分も学問で身を立てたいという思いを抱くようになる。

小さな農村の寺子屋にも向学の気風があふれており、立志という価値が尊ばれているような時代であった。永江は、ほかの子どもにはない才学を細田に認めており、凡俗な官吏に納まることを望むのではなく、天下の聖賢の道を受け継ぐような、大きな志を立てるようにとつねに励ましたのだった。長じて鳥取県立師範学校附属伝習所に学んだ細田は、さらに十九歳のときに、漢学の修業のために京都への遊学を志して、その許しを得るために父へ願い出た。

だが、父からは、漢学を修めるのは自ら餓死を望むようなものであり、これからの世では洋学を修めるにしかず、さもなくば学資を給するわけにはゆかぬ、と相手にされなかった。父の態度はかたくなであった。明治の世を迎えてからわずかに十年ほどではあるが、洋学という近代化の波は、すでに鳥取の農村にまでおよんでいたのである。

父のいうことはまっとうである。兄たちは、細田には一言もなかろうと思って聞いていたのだが、それでも細田は、そもそも学問を志すのは生活のためではなく、漢学を学んで東洋固有の大道を究めるためであり、人のおこなわないようなことで、国家の役に立ちたいのだと、自らの素志をくり返して訴えた。父の反対を押しきり、あくまでも意気地を立てようとしたのである。ついにこれをあわれんだ長兄により、路用のみは都合されることになり、京都への遊学がようやくかなうことになったのだった。

京都では大亦浩堂《おおまたこうどう》の塾へ入門した。浩堂は、頼山陽《らいさんよう》に学んだ宮原節庵《みやはらせつあん》門下の漢学者であり、浩堂塾は、多くの門弟の集まる京都でも指おりの漢学塾であった。この塾でしだいに才幹を現した細田は、やがて塾頭や助教、会計方などを任されるようになる。浩堂塾での蛍雪の業はおよそ九年にもおよんだが、それでも向学の念はやむことがなかった。さらに漢学を究めようと、明治十七年（一八八四）、二十六歳のときに上京して二松学舎《にしょうがくしゃ》（現・二松学舎大学）へ入学する。

二松学舎は、新治《にいはり》裁判所長や大審院判事などを経て、のちに東京帝国大学教授や東宮侍講、宮中顧問官などを務めた漢学者の三島中洲《みしまちゅうしゅう》が、明治十年（一八七七）の十月に、東京九段に開いた漢学塾である。すでに犬養毅《いぬかいつよし》や嘉納治五郎《かのうじごろう》、平塚雷鳥《ひらつからいてう》などがここで学んでおり、細田の入学する三年まえには、夏目漱石が『孟子』や『史記』、『文章軌範』などを修めて第二級第三課を修了したところであった。中洲は、多くの門下のなかでも細田の学識にはことのほか信頼を寄せたようで、二年のちには塾頭、さらに助教に任じている。

富山県尋常中学校の教師として

細田が富山県尋常中学校へ赴任することになったのは、明治二十二年（一八八九）の三月のことである。中洲は、細田が自らのもとを離れてゆくことを惜しんだが、細田には、中学の教師としてしかるべき資を得ることで、郷国の父母へ孝養を尽くしたいという思いがあり、それは、京都へ遊学したときからつねに抱いていた思いであった。中洲もその孝心へは理解を示して、印材用の鶏血石に一詩をそえてはなむけとした。

富山中学へ赴任した細田は、漢文と倫理と習字の授業を受け持ち、あわせて剣道の指導もおこなった。その四回生で、のちに東京仏教会館を設立した北村教巌《きたむらきょうげん》は、細田に深く師事した一人であり、その態度が端正であるのは、細田の薫陶のおかげであろうと、医学博士となる七回生の田上清貞《たがみきよさだ》が述べている。田上自身も細田について、つぎのように回想している（『富中回顧録』）。

わが富山中学の精神教育上特記すべきことは、識見高き漢学者細田謙蔵先生が全校生徒を講堂に集め「孝経《こうきょう》」を講義されたことである。その態度の端正、講述の荘重懇切に「孝は百行の基なり」と諄々《じゅんじゅん》として説かれ、襟を正して謹聴し訓陶実に深く、今に至るも胸裡《きょうり》に刻まる。この尊敬せる先生が全国漢学者の泰斗なる恩師文学博士三島毅《つよし》先生塾頭となり東京に帰任された程に、実に傑出有徳の儒者であられた。

このように、細田の懇切なる講義や「傑出有徳の儒者」たる端正な態度は、多くの卒業生に記憶されたようで、富山市長や参議院議員を務めた四回生の石坂豊一《いしざかとよかず》も、当時を振り返り、つぎのように回想している（『富中回顧録』第二集）。

先生の中で今以て頭に残るものは漢文の細田謙蔵氏、（中略）細田先生は二松學舍出身で、史記列伝、論語、孟子等極めて解り易く且つ花々しく教えられた。此先生は生徒に受けが良く、ストライキで辞め送別会があつたその席上「衆望却て招く衆のざんぶ、毀誉褒貶《きよほうへん》我に集る、試に心事を以て君が為に語らば、自ら問ふて恥づるなきそれ丈夫」と言ふ一詩を残し尽きぬ惜別の裡《うち》に上京した。先生は一面尚武の気象に富み剣道を教えて呉れた。

この当時は、全国各地の中学で流行病《はやりやまい》のようにストライキがおきており、富山中学でも、校長の学校運営に対する不満から、これを排斥しようとするストライキがおきている。細田が赴任した年の十二月のことである。

このとき、とりわけ生徒たちの衆望を担っていたのが、作間余三郎《さくまよさぶろう》という幹事と細田であった。この二人がストライキをあおったとして、学校側から辞職を勧告されたといううわさが広がると、おそよ三百名の生徒のうち、二百七十余名が同盟休校というストライキを決行して、さらに生徒の代表は、県庁へ出向いて校長らの追放を求めた。県側は、当初は取り合わなかったものの、校長が辞表を出すと、知事は教職員をすべて退職させて、学校は三月まで閉鎖ということになった。

こうした騒動があり、細田は富山を離れて帰京することになる。先に掲げた石坂の回想にあるように、送別の宴席では、「広く信望を集めると、かえって皆から事実を曲げられて、悪くいわれるものである。毀誉褒貶は、すべて私のもとへ集まった。諸君らのために誠心をもって心のうちを語るならば、自らに問うてみて、恥づるところは微塵《みじん》もない、それが真実である」という内容の漢詩を残して、生徒たちの尽きぬ惜別のうちに富山をあとにしたのだった。

磯江潤と細田

帰京した細田は、再び二松学舎の助教となり、そして不惑を迎えた明治三十年（一八九七）に京華尋常中学校の教師となる。のちに細田は、そのいきさつを「たまたま友人が京華中学をつくるにつき助けてくれと云《い》ふので力を貸し、いよいよ出来上がつてから私も学課を持つた」（『二松學舎六十年史要』）と述べている。「友人」とは、京華中学の創立者の磯江潤のことであり、磯江は、細田と同じ伯耆の出身である。

細田の生家のまえを流れている北谷川は、やがて国府川と合流して、国府川は倉吉の町を半ば包み込むようにして天神川へと流れ込む。天神川はそのまま北流して、ほどなく日本海へとそそいでいる。磯江の生まれた江北という集落は、その天神川の河口にほど近い西河岸にあり、細田の生家のある福富からは三里ほど下流になる。

細田より八歳年少の磯江は、江北小学校を卒業したあとに、擇善学舎《たくぜん》という私塾で武信迪蔵《たけのぶみちぞう》に学んでおり、一方の細田は、師範学校附属伝習所で山内篤処《やまのうちとくしょ》に学んでいる。武信と山内は、ともに鳥取藩の藩儒である正墻適処《しょうがきてきしょ》の高弟として知られている。天神川と北谷川という同じ水脈でむすばれた磯江と細田は、伯耆という同じ風土のなかで幼少期を過ごしており、くわえて学統の上でも、ともに正墻適処という儒者の孫弟子にあたるのである。

勤皇の大義を唱えて、鳥取藩の士気を動かして大功のあった正墻の学風は、磯江と細田のなかに生涯にわたり底流することになる。若き日に志を立てて郷関を出た二人は、一年ほどではあるが同じころに京都で学んでもおり、おそらく早くから親交を重ねていたのであろう。

京華中学では、漢文と作文と習字の授業を受け持った細田であるが、すでに『文章軌範詳説』全三巻（明治二十五年）を著しており、とりわけその著書のように詳説を尽くした『文章軌範』の講義は、生徒たちに好評であった。『文章軌範』は、中国の科挙（官吏登用試験）のために編まれた模範文例集のような書物である。高等学校の受験に向けて、漢文の力をつけるためにも必読の書であり、京華中学では三年級から五年級までその講義がおこなわれていた。

細田のこの著書は、出版されてすぐに評判となり、『東京朝日新聞』（明治二十五年十一月二十日付）では、「幾多の文章軌範解釋書中、其精確なるもの挙ぐれば、先づ指を此書に屈するを得べきなり」と評している。また、『読売新聞』（明治二十六年四月十四日付）でも、「細田氏の如きは、漢文に篤志なるが上に、久しく二松黌《にしょうこう》に於《おい》て螢雪の功を積み、師説と自説とを參酌《さんしゃく》して本書を大成せし者なれば、正確にして詳密なる、殆《ほとん》ど比類罕《まれ》なりと謂ふべし」と高く評価している。

根岸信五郎のもとで神道無念流の剣術を学んでいた細田は、剣道部の指導にもあたり、学校を会場として剣道大会が開かれるようなときには、自らも秋水のさやを払い、神道無念流の型を披露したり、たくみな講話により剣術の極意を説いたりもした。

なお、中学の体操科のなかに撃剣と柔術が認められるようになったのは、大正二年（一九一三）のことであるが、その二年のちには、京華中学にも武徳館という武道場が完成した。旧鳥取藩主の池田仲博《いけだなかひろ》や渋沢栄一《しぶさわえいいち》などからの寄付金をもとにして造られた、二階建の斬新な武道場であり、多くの来賓を迎えておこなわれた開館の式典では、細田の仲介により招かれた中山博道が演武を披露した。のちに博道の子息である善道《ぜんどう》は、同校の剣道部の師範を務めている。

翻訳官として清国へ

京華中学へ勤めて一年ほどが過ぎたころ、細田は翻訳官として清国《しんこく》へ渡ることになる。日清戦争に敗れて、人材の育成を急がねばならないと考えていた清国では、明治三十年（一八九七）に、官僚で実業家の盛宣懐《せいせんかい》という人物が、上海《シャンハイ》に南洋公学（現・上海交通大学）を設立している。教師を養成する師範院を始めとして、外院（小学校）、中院（中学・高等学校）、上院（大学）、訳書院（外語学校）からなる学校であり、開校した翌年には、訳書院のなかに日本語を学ぶための東文学堂が設けられた。

盛宣懐は、東文学堂で日本の諸書を漢訳する翻訳官として、日本から漢文と時事に通じた人材を招きたいと考えて、日本の外務省へ公募の依頼をした。このとき細田もその公募に応じたところ、しばらくすると外務次官の小村寿太郎《こむらじゅたろう》から呼び出しがあった。細田が翻訳官に選ばれたのである。上海へ赴任するにあたり、東京芝の紅葉館で送別の宴が催されており、小村寿太郎を始めとして、内務大臣の板垣退助《いたがきたいすけ》や陸軍少将の福島安正《ふくしまやすまさ》、師の三島中洲らが集い、細田の壮途を祝した。

明治三十一年（一八九八）の六月に上海へ渡った細田は、さっそく東文学堂で漢訳の仕事に取りかかった。このとき盛宣懐は、鉄道の国有化や炭鉱の開発などの重要な国策も担っていたが、鉄道行政にたずさわる官僚の一人に鄭孝胥《ていこうしょ》という人物がいた。鄭はこの数年まえに、駐日公使館の副領事官や神戸と大阪の総領事として、二年ほど日本に滞在した経験もあり、盛宣懐がもっとも信を置くような官僚の一人であった。能書家として知られている鄭は、『海蔵楼詩集』を著すなど、詩にもすぐれた清末を代表するような文人官僚でもある。細田は、この二歳年下の鄭と書や詩について語り合うようになり、その交流は細田が帰国するまで、さらに帰国

大正10年（1921）4月、上海の鄭孝胥のもとを訪れた芥川龍之介。左から波多博（上海東方通信社）、芥川、鄭、村田孜郎（大阪毎日新聞社上海支局長）。［日本近代文学館蔵］

してからも続いてゆくことになる。

なお、鄭の書を愛蔵していた芥川龍之介《あくたがわりゅうのすけ》は、大正十年（一九二一）、大阪毎日新聞社の海外視察員として初めて中国を訪れたときに、すでに官職を離れて上海で雌伏《しふく》するように生活していた鄭の自宅を訪ねており、二度にわたり会見している。このとき鄭から七言絶句の書を贈られた芥川は、帰国してからそれを一軸に仕立てて、その飛舞するような墨痕にながめ入り、また『海蔵楼詩集』を読み返しては、「支那近代の詩宗、海蔵楼詩集の著者の謦咳《けいがい》に接してゐた」（「上海游記《ゆうき》」）ときのことを、しみじみと思い返したりもしている。

鄭が、清朝最後の皇帝となる溥儀《ふぎ》（宣統帝）に召されて内務府大臣となるのは、大正十三年（一九二四）のことである。その年の十月に、溥儀が紫禁城を追われたときには北京《ペキン》の日本公使館へ退避させて、さらにその翌年には、溥儀とともに天津《テンシン》の日本租界へと移り、侍講として仕えている。

そして鄭が、三十七年ぶりに日本を訪れたのは、昭和三年（一九二八）の九月のことであった。しばらく京都へ滞在したのちに、十月八日に東京へ移動しているが、その翌日には、細田は帝国ホテルへ投宿している鄭のもとを訪ねている。十二日には、細田に誘われたのであろう、鄭は二松学舎を訪れており、講堂で百名ほどの学生をまえにしておこなわれた山田《やまだ》準《じゅん》校長の講話を聴いたり、蔵書室などを参観したりしている。

この来日のおりに、鄭は細田へつぎのような七言絶句を揮毫して贈っている。

剣堂崖岸殊高峻
抵死不為媚世文
我亦遺民抱寒骨
深杯相酹正須君

剣堂崖岸として高峻たり
死に抵《あた》るも媚世《びせい》の文を為さず
我も亦《また》遺民にして寒骨を抱く
深杯相酹《そそ》がば正に君を須《もと》めん

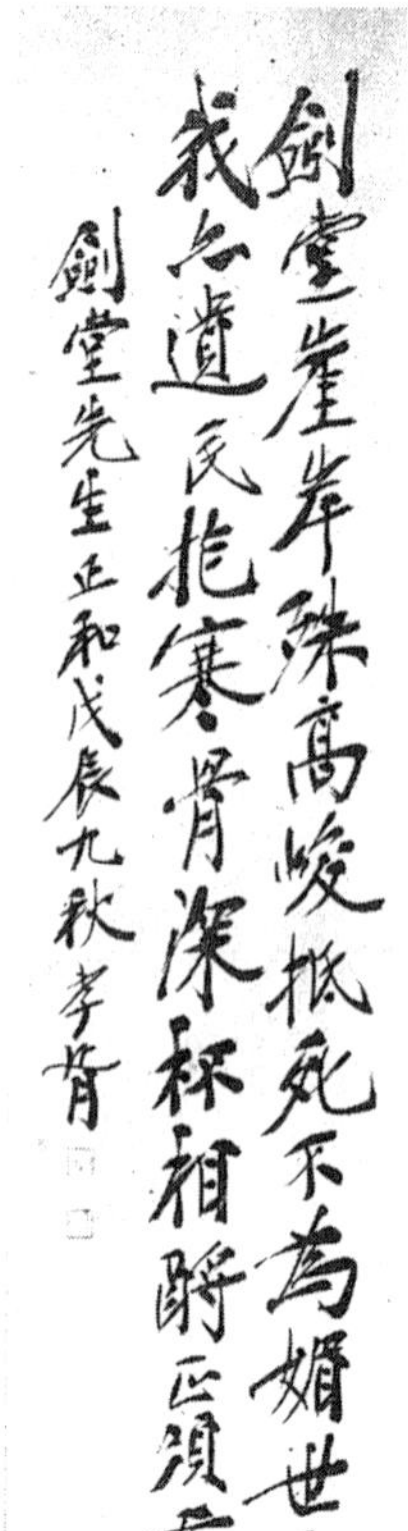

昭和3年（1928）の来日のおり、鄭孝胥が細田へ贈った書。［細田謙蔵『書道原義』（東洋図書、1937）より］

剣堂（細田）はきわだって他と異なり高い見識を備えており、死にのぞんでも世に媚《こ》びるような文を作らない、私もまた清国の遺民であり寒さの骨にしみるような身であるが、深杯に酒をそそいでともに語る相手を求めるならば正に君である、という詩であり、知友としてともに語るべき細田の見識の高さを讃えている。「遺民にして寒骨を抱く」には、清朝の復興のために苦悩しているようすが表れているようでもある。

昭和5年（1930）8月16日、天津の溥儀のもとを訪れた大東文化学院の一行。前例右から平野彦次郎、細田、溥儀、一人おいて鄭。［『書道』第1巻第5号（泰東書院出版部、1932、国立国会図書館蔵）より］

なお、昭和五年（一九三〇）七月から九月にかけて、大東文化学院（現・大東文化大学）では外務省の援助を受けて中国旅行をおこなっているが、このとき団長として学生を引率したのが、東京女子高等師範学校教授と大東文化学院教授をかねていた細田であり、この旅行には、細田のほかには大東文化学院教授の平野彦次郎と学生十六名が参加している。八月十六日には、細田の仲介により天津にいる溥儀と鄭のもとを訪れて面会しており、そのことは溥儀と鄭の日記にも記されている。

さて、来日して各界の人士や旧友らと交歓を重ねていた鄭であるが、その間には、密かに政治家や参謀本部の要人らとも会見していた。清朝の復興と溥儀の復位について折衝するためであり、それがこの来日で果たすべき大きな使命であった。日本の画策により、昭和七年（一九三二）に満州国が成立すると溥儀はその執政となり、その翌翌年には皇帝に即位する。復位を果たした皇帝溥儀のもとで、鄭は国務総理大臣を一年余り務めており、それから三年ほどあとに七十七歳でその生涯を閉じている。葬儀は満州国の国葬として営まれた。

呉汝綸の来日

南洋公学で二年にわたり翻訳官を務めている間に、鄭を始めとする多くの文人らと親交を深めた細田は、明治三十三年（一九〇〇）に帰国すると、再び京華中学などで教師を務めるようになる。

それからさらに二年が過ぎたころ、京師大学堂（北京大学の前身）の総教習（学長）に就任したばかりの呉汝綸《ごじょりん》が来日した。日本の教育を視察するためであり、また、文部省や帝国教育会などへ、中国の学校で教育をおこなう人材の派遣を依頼するためでもあった。およそ三ヶ月半にわたり滞在して、明治天皇に謁見したほか、多くの名士らと交流を重ねている。

東京九段の富士見軒へ呉汝綸らを招いて、三島中洲の主催する歓迎会が開かれたのは、明治三十五年（一九〇二）の七月六日のことである。二松学舎の関係者が二十名ほど参加したこの会には細田も出席しており、その始めに歓迎会の主意を述べる序文を朗読している。呉汝倫がそれへの答辞文を起草して、ついで中洲が七律一首を贈ると、呉汝倫と随員の紹英《しょうえい》がこれに和して、その文詩を細田が朗読して一同に紹介すると、紹英は中国音を用いて主客の詩を朗吟した。すでに諸方でさまざまな歓待を受けていた呉汝綸であるが、こうして日本の漢学者により礼を尽くして遇されたこの歓迎会には、とりわけ満足を覚えたようであった。

九月七日には、明治政府で学制などの制定に関わり、のちに司法大臣などを務めた田中不二麿のもとを訪れているが、細田は筆談による通訳としてこれに同席しており、このときの筆談記録は、のちに呉汝綸が日本での視察についてまとめた『東遊叢録《とうゆうそうろく》』（明治三十五年）に、「筆談傍記」として収録されている。日本で多くの人士らと筆談を重ねた呉汝綸であるが、その記録のほとんどは失われたようで、細田による「筆談傍記」のほかには、東京帝大教授の井上哲《いのうえてつ》次郎《じろう》との筆談記録など、九点が確認されているのみである。

書家としての細田

ところで、剣術に生涯を捧げた中山博道は、晩年にいたり、ただ一つの余技として書に親しむようになるが、自らの書の師として三島中洲と細田の名を挙げている。

幼いころから書に親しみ、研鑽《けんさん》を重ねてきた細田は、清国においても鄭孝胥などの諸大家と親交を深めて書法を磨いており、書のほうでも一家の風をなしていた。昭和五年（一九三〇）に、第二十三代内閣総理大臣を務めた清浦奎吾《きようらけいご》を会頭として、泰東書道院という書道の団体が結成されたときには、その総務を担当しており、のちに総務長を務めている。京華中学が創立四十周年を迎えた昭和十二年（一九三七）に、磯江潤は清浦から「獨立経営四十年」と揮毫した扁額を贈られているが、おそらくその間を取り持ったのが細田であろう。

『書道原義』（昭和十二年）や『漢字法本』（昭和十五年）などの著書があり、文部省の習字科検定試験の委員なども務めた細田は、各地で立碑の話が持ち上がると、撰文《せんぶん》や揮毫《きごう》を求められることも一再ならず、とりわけ郷里の鳥取には、細田の関わった碑が多く残されている。

倉吉市の景勝地として知られている打吹公園のなかに、細田の撰文になる「打吹《うつぶき》公園碑記」が建立されたのは、明治四十年（一九〇七）の四月のことである。この翌月に皇太子嘉仁《よしひと》親王（のちの大正天皇）の山陰巡啓があり、これに合わせて打吹山に打吹公園が造園されて行殿（飛龍閣）などが設けられているが、その来歴や親王を迎える心得などを記したのが「打吹公園碑記」である。

縦横ともに二メートル半にもおよぶ大碑の篆額《てんがく》は内大臣の徳大寺実則《とくだいじさねのり》、本文は日下部鳴鶴《くさかべめいかく》の揮毫になり、その碑文を撰したのが細田であった。翌年の三月には、この碑のとなりに嘉仁親王の行啓の栄を記した「紀栄碑」（明治四十一年）が建てられたが、その撰文と揮毫はともに細田である。

また、倉吉市志津にある倭文《しどり》神社に「倭文神《しん》祠《し》脩《しゅう》造《ぞう》記《き》碑《ひ》」（昭和七年）が建立されることになったときにも、その撰文と揮毫を依頼されている。さらに翌年には、その社司を務めていた永江《ながえ》重規《しげのり》を顕彰する「永江君頌徳碑」（昭和八年）が同社に建てられているが、永江重規は、かつて細田が教えを受けた永江環の義弟にあたり、その寺子屋を引き継いだ人物でもある。その撰文と揮毫を依頼されたのもやはり細田であり、おそらくは、自らを育んだ郷里の氏神への尊崇の念とともに、かつて永江から受けた学恩への感謝を込めて、自らの人となりの原点を確かめるような思いで筆をふるったことであろう。

倭文神社（鳥取県倉吉市）に建つ「永江君頌徳碑」（昭和8年）の碑文（一部）。［著者撮影］

中央大学や大東文化学院などの教師を兼任しながら、明治四十四年（一九一一）の三月まで京華中学の教師を務めた細田は、のちに奈良女子高等師範学校（現・奈良女子大学）の教授となり、大正三年（一九一四）

には、東京女子高等師範学校（現・お茶の水女子大学）の教授に転じており、晩年にいたるまで漢文と書道を講じている。

かつて京都への遊学を父へ願い出たときに、東洋固有の大道を究めたいと訴えた細田であるが、その高志をのちのちまで貫き通しており、漢文教師として漢学の精神を若い世代へ伝えるとともに、近代東亜のために漢学を介した交流などにも力を尽くしたほか、剣と書と漢学の三道を究めるような日日を送ったのである。そして、昭和二十年（一九四五）に八十七歳で冥界へと赴き、聖賢への道を歩んできたその生涯を閉じている。

木内　柔克
―― 日蓮信仰を碑石に込めた書家

『天民遺稿』（木内先生遺稿出版会、1931、国立国会図書館蔵）より

記憶遺産としての石碑

さまざまな記憶を後世へ伝えるために、石へ文字を刻み、石碑として残すというやり方が古くからおこなわれてきた。とりわけ中国では、書法の発達に合わせるようにして、おびただしい数の石碑が造られている。西安市にある碑林博物館などを訪ねてみると、文字通り名碑が林をなすようにして保存されており、はるか太古から続いてきた古人の営為を目のあたりにすることになる。

少なからず大陸の影響を受けてきたこの国でも、石碑が林をなすような博物館はないにしても、これまで数多くの石碑が造られてきた。そのなかでも、もっとも古いといわれているのが、京都の宇治川への架橋の由来を記した「宇治橋断碑」であり、大化二年（六四六）ごろの建立とされている。これについで古いのが、群馬県高崎の「山上碑《やまのうえひ》」である。亡き母のために、長利《ちょうり》という僧が天武天皇十年（六八一）に建てたというこの碑は、完全なかたちで残されているものとしては、国内でもっとも古いといわれている。

高崎には、「多胡碑《たごひ》」（七一一年ごろ）と「金井沢碑《かないざわひ》」（七二六年）という古碑もあり、この二つと「山上碑」を合わせて「上野三碑《こうずけさんぴ》」と呼ばれている。古代の東国における仏教の広がりや渡来人との共生など、当時の東アジアにおける交流のようすを伝えているこの三碑は、平成二十九年（二〇一七）の十月に、この国では七件目となるユネスコの「世界の記憶」に登録されている。

さて、「上野三碑」が「世界の記憶」に登録されてからひと月ほどが過ぎたころ、京華学園（文京区白山）の校内に、学園の創立百二十周年を記念して、新たに「京華学園歌」の碑が建てられた。昭和五年（一九三〇）に、京華商業学校出身の詩人尾崎喜八《おざききはち》（明治四十二年卒）により作られた校歌の歌詞が、甲府で採石されたという甲州小松石に端正な楷書で刻まれて、中庭の紅梅と白梅のもとに、創立四十周年を記念する「京華学園碑」（昭和十二年）に並んで、双璧をなすようにして建立されたのである。

ただ、惜しまれるのは、そこへ「第一校歌」の碑が不在だということであろうか。かつて学校の募集に応じて採用された、長谷川四郎《はせがわしろう》（明治四十一年卒）という生徒の作詞になる「第一校歌」の碑は、もとより造られてはいないのである。というのも、長谷川の歌詞には、学校の所在地であるお茶の水にちなんで、「赤壁」「茗渓《めいけい》」「聖堂」などのことばが織り込まれていたが、関東大震災で校舎が被災して、校地が白山の地へ移転したことから、その歌詞が新たな校地へはなじまないということになり、そこで改めていまの学園歌が作られたからである。

なお、校歌を作詞した翌年に一高へ入学した長谷川は、芥川龍之介と親交をむすび、ともに東京帝大の英文科へ進んでおり、のちに英文学者として水戸高等学校や茨城大学の教授を務めている。また、「オセロ」というボードゲームの名づけ親でもある。長谷川の作詞した校歌の碑がもし建立されていたならば、いまある二碑をくわえて「京華三碑」ということになっていたのかもしれないのだが、いまさら夢想してもいたしかたないことであろう。いずれにせよ、創立百二十周年に錦上花をそえるような「京華学園歌」の碑は、この学校における記憶遺産の一つとして、はるか千歳のかたみとなってゆくことであろう。

ところで、明治三十年（一八九七）に創設された京華中学（京華学園）には、過去の記憶を伝えるような遺産がさまざま残されているが、各界の名士らが筆をふるい、創立者の磯江潤へ贈った書の数数も、そうした遺産のうちの一つであろう。

磯江が新たな学校を創設するにあたり、「京華」という校名を考えるなど、支援を惜しまなかったのが品川弥二郎《しながわやじろう》である。品川からは創立の翌年に、『京華校友会雑誌』が創刊されたこ

昭和6年（1931）、東郷平八郎（左）が磯江潤（右）へ贈った書。「和致芳」（和は芳を致す）は『楚辞』大招の一節。［『史料京華学園九〇年』（京華学園、1987）より］

とへの祝辞の代わりとして、品川の師である吉田松陰《よしだしょういん》の遺訓をしたためた書が贈られている。また、建学の精神である「得天下英才而教育之」（天下の英才を得て之を教育す）という『孟子』の一節を大書した扁額は、旧広島藩主の浅《あさ》野《の》長勲《ながこと》から贈られたものである。

東京帝大教授の漢学者根本通明による「忠孝」という一幅は、京華高等女学校の作法室の床の間を飾り、作法の精神を長く伝えてきた。磯江の尊崇した東郷平八郎《とうごうへいはちろう》からは、四面の扁額が贈られており、その扁額をまえにして、二人が収まる写真とともに残されている。創立四十周年を迎えたおりには、第二十三代総理大臣の清浦奎吾からも扁額が贈られている。

これらはほんの一部に過ぎないようだが、こうした書の数数は、書そのものの価値もさることながら、新たに創設された学校への期待を込めて、それを後押ししようとする支援者らの思いをいまに伝えており、石碑にも劣らぬような記憶遺産といえるであろう。

こうして磯江を支援した各界の名士のなかでも、品川弥二郎は、自ら筆をふるうのはむろんのこと、さまざまな書を所蔵していることでも知られていた。その品川が、もっとも眼福をもたらしてくれる書として愛蔵していたのが、木内柔克《きうちじゅうかつ》の一幅である。木内の揮毫した書を邸宅の座敷にかけていた品川は、来客があるたびにそれを自慢していたほどであった。

木内は、京華中学や立正中学、さらに立正大学などで漢文や作文、また書道の教師を務めており、書家としても一家の風をなした人物である。その書跡は、多くの石碑にも残されており、とりわけ「紀功碑」（大正十年）、「妙法華院碑」（同十一年）、「立正大師号宣下記念碑」（昭和三年）という三つの碑は、木内の三碑とも称されている。

漢学と書の修養

木内柔克（幼名・藤吉《とうきち》、号・天民《てんみん》）は、文久三年（一八六三）の七月、下総《しもうさ》国香取郡山倉村桐谷（現・千葉県香取市桐谷）に、木内重郎兵衛《じゅうろべえ》の長男として生まれている。隣村の久賀村御所台にある螟蛉塾《めいれいじゅく》という漢学塾へ入門して、並木栗水《なみきりっすい》という儒者のもとで学ぶようになったのは八歳のころであった。

栗水は、江戸の思想家大橋訥庵《おおはしとつあん》の思誠塾に学んでおり、その学統を継ぐような俊才といわれていたが、訥庵が亡くなると江戸を離れて、かつて父が医業を営んでいた佐原に螟蛉塾を開いている。のちに郷里の久賀村へ塾を移して多くの門弟を育てており、螟蛉塾からは、甲骨文字

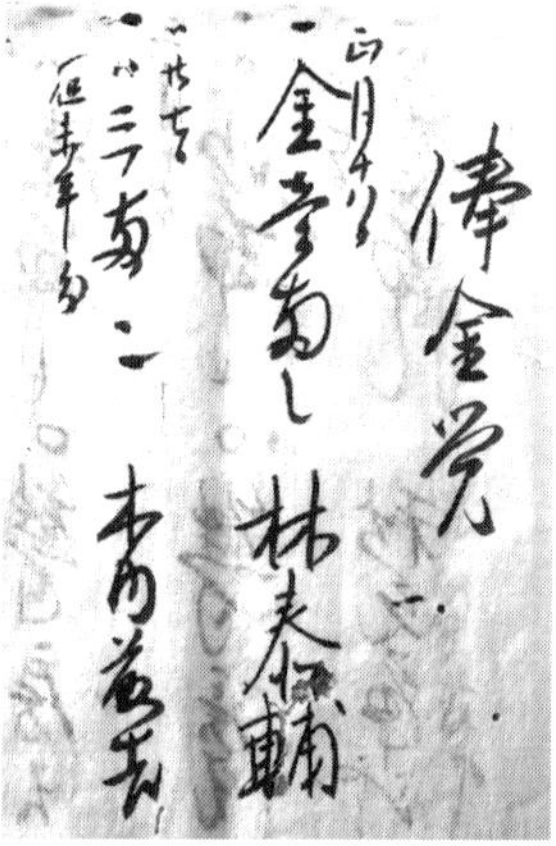

螟蛉塾の月謝を記した「月俸請取帳」（明治5年）。俸金覚として「（正月）廿七日／一金三両也　木内藤吉／但未年分」とあり、木内が「未年」（明治4年）には同塾で学んでいたこと、また、同じときに林泰輔も学んでいたことがうかがえる。［米本図書館蔵］

の研究などで知られた東京高等師範学校教授の林泰輔《はやしたいすけ》や大審院判事を務めた寺島直《てらじまなおし》、衆議院議員を務めてのちに東京成徳学園を創設した菅《すが》澤重雄《さわしげお》らを世に送り出している。

栗水は、明治政府から大学教官として招きたいという話があっても、母の病を口実として辞退するような謙抑な儒者であった。没後二十年を迎えた昭和十年（一九三五）には、螟蛉塾の跡地へ徳富蘇峰《とくとみそほう》の題額、内田周平《うちだしゅうへい》の撰文、菅澤重雄の揮毫による「栗水並木先生之碑」が建立されており、その徳望の高さがいまに伝えられている。

栗水のもとで学んだ木内は、さらに漢学を修めるために、明治十六年（一八八三）に二松学舎へ入学して三島中洲に学んでいる。ちょうどそのころ中洲は、「義利合一論」を発表しているが、これにつよくに反論したのが木内の旧師である栗水であった。利は義の結果であり、利のともなわない義は存在しないという中洲に対して、栗水は義と利は二つであり、利は否定しないが、義には利がともなうという説には賛同しなかったのである。両師の議論について、木内はとくにふれてはいないようだが、木内には義利にも関わるような逸話が残されている。

二松学舎の寄宿舎で同室となった一人に、常陸《ひたち》出身の原定吉《はらさだきち》という学生がいた。貧しい家に生まれた原は、月に二円の仕送りでまかなっているという苦学生であった。学費を払い、さらに生活するためには月に三円ほどは入り用である。苦しい生活をしいられていた原は、自分は脚気《かっけ》を患っているために白米は食べないのだといつわり、しかも一日一食で過ごしていた。そのようすをいぶかしんだ木内は、原から事情を聞き出すと、周りには知られないようにして、自らの仕送りの一部を援助したのだった。木内には、幼いころから人のいたみをわがことのように思いやるようなところがあり、こうした温良な性格は、終生変わることがなかった。

同じく同門の小沢安左衛門《おざわやすざえもん》（打魚《だぎょ》）は、原にこの話を聞かされてから、木内の人柄に惹《ひ》かれて親しくするようになる。小沢は、二松学舎を中退したのちに徳富蘇峰の国民新聞社で筆をふるうようになり、黒龍会の同人としても活動した人物である。木内とは交友は生涯にわたり続いてゆき、のちに木内の遺言により、その遺著である『天民遺稿』（昭和六年）の編集を担ったのも小沢であった。

なお、木内や小沢と同期であった山本悌二郎《やまもとていじろう》は、小沢は天才といっていいほど文章が達者であったと評しており、師の中洲がどう評価してくれるのか、互いに文章を書いては競い合ったという。山本は、品川弥二郎の推薦によりドイツへ留学して、犬養毅内閣などで農林大臣を務めているが、自らの思想の根底には、若き日に学んだ漢学があると語っている。

こうした同門のなかでも、とりわけ書において才覚を現したのが木内であり、師の中洲も、進鴻渓《しんこうけい》の『鴻渓遺稿』（明治三十九年）に寄せた序文や、兄夫妻の墓碑銘の揮毫を木内に依頼するなど、その書を高く評価しており、師弟の交わりは生涯にわたり続いてゆくことになる。

『西郷南洲遺訓』と木内

二松学舎を卒業した木内は、東京品川の城南尋常小学校の教師を経て、明治二十五年（一八九二）の八月に、東京からおよそ一千キロの洋海をへだてた小笠原《おがさわら》の父島へ渡り、一年ほど大村尋常小学校の教師を務めている。この南海の絶島へ渡ることになった経緯は不明であるが、初等教育がようやく緒についたばかりの遠地への赴任は、相応の覚悟があってのことだろう。

万里の異郷でのつれづれに、木内は数十篇の詩詠を重ねたようで、その一端が「笠島雑吟二十二首」として残されている。「笠島は南海の絶域、風土、人情、中州に異なれり」（序）という異郷で生活するなかで、詩情も大いにかき立てられたことであろう。

父島から東京へもどった木内は、海軍予備学校へ出講するようになるが、そのころ同じ二松学舎出身の片淵琢《かたぶちたく》から誘いがあり、西郷隆盛《さいごうたかもり》の遺訓をまとめた『西郷南洲遺訓』（明治二十九年）という本に関わることになる。片淵が木版本として刊行するにあたり、その本文の揮毫を依頼されたのである。品川弥二郎は、信用組合法の成立に道すじをつけた政治家であるが、片淵は品川の支援を受けて東京信用組合の設立などに関わり、また、苦学する学生のために自活研学会を組織しており、その研学会から出版したのが『西郷南洲遺訓』であった。

なお、西郷の遺訓集が初めて公刊されたのは、大日本帝国憲法の発布にともなう大赦令により、西郷が明治政府への逆徒という汚名をそそがれた翌年の、明治二十三年（一八九〇）のことである。幕末に江戸市中の取締を担っていた庄内藩は、鳥羽伏見の戦いや戊辰《ぼしん》戦争の引き金となる江戸薩摩《さつま》藩邸の焼討ちをおこない、また奥羽列藩同盟の雄藩として、戊辰戦争でも新政府軍に対してとりわけはげしく抵抗した藩であった。西郷は宿敵である。にもかかわらず、その遺訓を『南洲翁遺訓』として初めて世のなかへ知らしめたのは、くしくもかつて敵対した旧庄内藩士らであった。

戊辰戦争のあとに、庄内藩にはとりわけきびしい処罰が下されるものと見られていたが、新政府軍の参謀である黒田清隆《くろだきよたか》は、きわめて寛大な処置に収めた。かげでそれを指示したのが西郷であった。庄内藩では西郷を敬愛する気風が広がりを見せるようになり、明治三年（一八七〇）には、旧庄内藩主の酒井忠篤《さかいただずみ》が、旧藩士ら七十数名をともない薩摩を訪れている。そのあとにも旧藩士らの薩摩詣が続いており、西郷のもとで軍事訓練に参加するなどして、その教えに感化された旧庄内藩士たちが、その訓話をもとにして四十一箇条と追記からなる『南洲翁遺訓』をまとめたのである。

庄内藩の支藩である羽州松山藩でも西郷は崇拝されており、すでに明治二十八年（一八九五）には、藩校里仁館の流れをくむ松嶺《まつみね》尋常高等小学校でも、修身の時間に『南洲翁遺訓』の講読がおこなわれていた。『三太郎の日記』（大正三年）の著者として知られている哲学者の阿部次郎《あべじろう》も、この小学校の高等科三年のときに、旧庄内藩士であった教師が熱心に説いた西郷の遺訓に惹かれた一人であった。阿部はのちに、「私が子供の時分に呼吸した精神的雰囲気の中で、最も直接に、濃厚に、現実的に、感化力が多かったものは何であるか。かう問はれれば私は何の躊躇《ちゅうちょ》もなく、それは西郷隆盛であると答へるであろう」（『秋窓記』）と述べている。

この『南洲翁遺訓』をもとにして、新たに片淵が刊行したのが『西郷南洲遺訓』であった。その遺訓を世のなかへ広めるとともに、あわせて学生の習字の模範にしようというのが、刊行のもう一つの目的であった。木版刷りによる版本のかたちで出版したのはそのためである。佐賀藩出身の片淵は、同郷の副島種臣《そえじまたねおみ》に序文の揮毫を依頼した。副島は、品川弥二郎のあとを受けて内務大臣を務めた人物であり、能書家としても知られていた。『西郷南洲遺訓』の本文の揮毫については、同門のなかでも能書家として知られていたことから、木内に依頼したのだった。

京華中学と木内

木内に遅れること一年、同じく三島中洲の門に入ったのが細田謙蔵である。京都の大亦浩堂のもとで、九年にわたり漢学を修めてきたこの明達の後輩は、木内にとっては、すでにして一目も二目も置くような識見を備えていた。のちに両名は、親交をむすぶことになる。細田は、京華中学が創設されたときから一年ほどその教師を務めていたが、南洋公学を設立した盛宣懐の厚願により、翻訳官として上海へ赴任することになる。そこで、知友の木内に自らの代講を依頼したのである。細田は、本郷龍岡町にある京華中学へ木内をともない、磯江潤に紹介した。

細田が、木内は天民と号して、書のほうでもなかなかの達者として聞こえていると紹介すると、木内は、おもはゆいような思いをしながら頭を下げた。磯江は木内の「天民」という号に親しみを覚えたようだった。磯江が建学の精神としたのは、『孟子』（尽心章句上）のなかの君子三楽の一つである「天下の英才を得て之を教育す」という一節であるが、このすぐあとに続くのが、木内の号の由来となった「天民なる者あり。達して天下に行ふべくしてしかる後に之を行ふ者あり」という一節だからである。「天民」とは、世を救うために天の使命を受けた者という意味であり、磯江は、木内が教育のために天の使命を果たしてくれるものと期待した。

木内のほうでも、建学の精神のことはすでに細田から聞いており、教育はかくあるべし、まさにわが意を得たりという思いを抱いており、この学校へ親しみを感じていた。こうして木内は、明治三十一年（一八九八）の五月から京華中学へ出講して、漢文と作文と習字の授業を受け持つことになる。

ちょうどそのころ、木内は品川弥二郎や依田学海《よだがっかい》（百川《ひゃくせん》）のもとへ出入りしていたようで、依田の日記には、木内の名がしばしば登場する。もともと木内は、片淵琢を通じて品川の知遇を得たようだが、品川の支援していた学校へ出講するようになり、品川との関わりも深くなったようであり、品川が木内の書を愛蔵していたのも、こうした縁によるものであろう。

あるとき品川は、依田が自分のために書いてくれた文章の謝礼金を渡そうと、それを片淵へ預けていた。片淵は、その謝礼金をしばらくそのままにしており、いまさら依田へ渡すことも、品川へもどすこともできないでいた。そもそもその謝礼金は、自らの事業の損失にあてたようだった。このことを木内から聞いた依田は、片淵は質朴で誠実な人物だが、このようなこともある、貧窮とは諸道のさまたげになるというが、まさにこのことであろうと述べている。

またあるときは、木内が品川の書簡を依田のもとへ届けて、病床にある依田が返書をしたためるのを待ち、それをまた品川のところへ持参するというようなこともあった。文部省の官吏を辞してから文人として幅広く活動していた依田は、このときすでに還暦を過ぎており、政界を離れて余生を過ごしていた品川のほうは、この二年のちに五十八歳で亡くなっている。一方の木内は、まだ三十半ばの青年教師である。それでも品川と依田からは何かと頼りにされていたようで、その間を取り持つようにして、両名のもとへ親しく出入りしていたのである。

細田が帰国して再び京華中学の教師を務めるようになると、木内は中央商業学校や大原簿記学校で漢文や作文などの教師を務めていたが、これまで作文の授業で使うために、手もとに集めてきた文章が数百にもおよぶようになった。そこでそのなかから叙事や論説、また伝記などをえりすぐり、評言をつけて『中等教育作文法』（明治三十八年）という著書を刊行した。この著書には、師の三島中洲と、かつて中洲に学んだ東京高等師範学校校長の嘉納治五郎らが題字を揮毫している。

明治四十二年（一九〇九）からは、東洋大学の学長を務めた心理学者の高島平三郎《たかしまへいざぶろう》の推薦を受けて、日蓮宗《にちれんしゅう》大学（現・立正大学）の講師を務めるようになり、のちにその中等科や大学科などで二十余年にわたり漢文や書道を教えている。品川の小学校に始まる教師としての経歴は、およそ四十年におよんだということになる。

書家としての木内

木内は『天民遺稿』のなかで、「矻々《こつこつ》六十年、初は筆腕と親み、中ごろは筆体と運す、今や筆心の欲する所に従ふ」と述べているように、晩年は筆心の赴くままという境地にあり、書家として自信を深めているようである。その書跡は、書幅や木版本のほかにも、墓銘や碑文としても残されているが、木内が揮毫した石碑としてもっとも古いものは、静岡県駿東郡の興雲寺にある「竹之下孫八左衛門頼忠之碑《たけのしたまごはちざえもんよりただのひ》」（明治三十四年）であろう。長年の風雨にさらされて、碑面は文字を判読するのも難しいような状態であるが、古史料により、木内の撰文と揮毫になることが確認されている。

建武二年（一三三五）に、後醍醐《ごだいご》天皇に反旗をひるがえした足利尊氏《あしかがたかうじ》は、これを鎮圧しようとする新田義貞《にったよしさだ》と、富士山をのぞむ駿河国竹之下で一戦を交えている。この戦いに勝利した尊氏は、勢いに乗じて京へ攻め上り、後醍醐天皇による建武の新政が崩壊の道をたどることになる。この合戦の舞台となった竹之下に、鎌倉時代に開かれたのが興雲寺であり、大森頼忠が再興したという曹洞宗《そうとうしゅう》の古刹である。合戦で落命した兵士や郷党らをまつり、古くから供養祭がおこなわれているというこの寺に、大森頼忠の遺功をしのぶために建てられたのが「竹之下孫八左衛門頼忠之碑」である。

この碑の題額は、幕臣であり明治政府の高官となった榎本武揚《えのもとたけあき》の手になり、撰文と揮毫をおこなったのが木内であった。榎本が外務大臣を務めていた第一次松方《まつかた》内閣で、内務大臣の任にあったのが品川弥二郎であり、薩長土肥の藩閥には属さない榎本であったが、品川とはふしぎと馬の合うような仲であった。木内からこの碑の建立に関わるという話を聞いた品川が、題額の揮毫を榎本へ依頼するという経緯があったのかもしれない。

天文七年（一五三八）に創建された千葉県市川の原木山妙行寺は、市川に住んでいた永井荷《ながいか》風《ふう》も訪れている寺であり、『断腸亭日乗』や『葛飾土産』に登場する日蓮宗の古刹である。この寺に三十六世日淳《にちじゅんしょうにん》上人を紀念する「紀功碑」が建立されたのは、大正十年（一九二一）の十月のことである。この碑は、立正大学の学長を務めた、宗門随一の宗学者ともいわれる清水《しみず》龍山《りゅうざん》の撰文になり、清水の依頼を受けて碑文を揮毫したのが木内であった。清水は、木内を日蓮宗の宗徒へ導いたという人物でもあり、『天民遺稿』へも序文を寄せている。

その翌年の三月に、神戸の妙法華院に建立された「妙法華院碑」も、同じく撰文が清水龍山であり、揮毫したのが木内であった。明治十七年（一八八四）の三月に、池上本門寺の貫首である日亀《にっき》上人を開祖として開かれたのが妙法華院であり、開創の由来や日亀上人の事蹟《じせき》を記したのが「妙法華院碑」である。建立の翌年に開眼供養があり、建碑の由来について講演をおこなった清水龍山とともに、木内もこれに参列している。この碑はのちに、太平洋戦争の戦禍により碑石の上部が欠けてしまい、碑文の一部が失われることになる。

厚木山妙行寺（千葉県市川市）に建てられた「紀功碑」（大正10年）。清水龍山の撰文、木内の揮毫になる。［著者撮影］

ところで、木内の末子は長年にわたり病床に伏していたが、そのことで心労を重ねてきた木内の妻が、「妙法華院碑」が建立された年に帰らぬ人となる。同じ年の十月に、大正天皇より日蓮に対して立正大師という諡号《しごう》が宣下されると、木内は、清水龍山の詠んだ漢詩を一千枚揮毫して浄資を集め、それをもとにして宣下記念碑を建立しようと発願した。亡妻への孝養《きょうよう》と家内の罪障消滅を願ったのである。

記念碑は、東京千束にある洗足池のほとりに建てることにした。かつて身延山《みのぶさん》久遠寺から池上本門寺へ向かう日蓮が、その池の水で手足を洗い、休息したという日蓮ゆかりの池である。そのほとりには、すでに立正大師の宣下のあった翌年に、日蓮を尊崇する東郷平八郎らにより、高村光雲《たかむらこううん》の作になる身の丈が四メートルをこえるような日蓮の銅像が建立されている。なお、この日蓮像は、昭和四十一年（一九六六）に鎌倉にある長勝寺に移されているが、いまもその像は現存している。

碑が完成するまでには、浄資を集めるために揮毫してきた書の大半を、関東大震災で焼失するという思わぬ苦難にも見舞われることになるのだが、それでも木内の信仰心はゆらぐことがなかった。ついに昭和三年（一九二八）の十二月にいたり、清水龍山の詩を刻んだ「立正大師号宣下記念碑」が日蓮像の横へ建立されて、除幕式がおこなわれたのである。発願から六年という歳月が流れていた。

こうして積年の願いがかなえられた喜びにくわえて、さらに思わぬ栄誉にもよくすことになる。同じ年の十一月におこなわれた昭和天皇即位の御大典にともない、多年にわたる教育への功労者として表彰されたのである。木内は、下賜された硯箱《すずりばこ》と褒状を仏前に供えて、清貧に安んじた生活のなかにありながら、労苦をいとうことのなかった亡妻に、改めて感謝の気持ちを伝えたのだった。

さて、昭和五年（一九三〇）の十月十日、木内は臨終にあたり、友人の小沢安左衛門（打魚）へ遺稿を取りまとめてくれるように依頼しており、資金や頒布については、立正大学に援助してもらうようにと子息へ遺言した。その願い通りに、立正大学に設けられた木内先生遺稿出版会により『天民遺稿』が刊行されて、木内を哀慕する同士らがその学問と人徳を讃えるなかで三回忌の追善に供されている。

品川弥二郎という高名な政治家を始めとする多くの人士から、広く書家として評価されていた木内であるが、それを名誉や営利のかてにするようなこともなく、生涯にわたり、その生活は清貧をむねとするものであった。「温良院天民柔克日覚居士」という法号にも示されているように、温良篤厚な人柄により広く慕われた、六十八年にわたる生涯であった。

碑石の記憶

「上野三碑」などのように、世のなかには千年のときをこえても存続するような石碑がある一方で、千歳のかたみのようにして建立されたとしても、百年も経ずして朽ちてしまうような石碑もある。白日の下に建立されることの多い石碑の宿命であろう。

清水龍山は、「紀功碑」と「妙法華院碑」と「立正大師号宣下記念碑」の三碑を、木内の晩年の傑作として高く評価したが、「妙法華院碑」は戦災で一部が失われてしまい、木内自身がとりわけ永く存続してほしいと願っていたであろう「立正大師号宣下記念碑」は、これもまた、ときの流れのなかに埋もれてしまい、所在そのものが不明である。いまかろうじて、建立された当時の姿をとどめているのは、ちょうど百年のときを経た「紀功碑」のみである。

精魂を込めて撰文や揮毫をした側の思いとは別に、碑そのものには否応《いやおう》なしに存亡の機が訪れる。そもそも堅固な碑石といえども、かたちあるものが永久に不変であろうはずはなく、星霜を経るなかで碑面がすり減って判読できなくなったり、予期せぬような災禍のなかで碑石そのものが破損したり失われたりすることは、避けようのない自然の道理であろう。

それでもなお、記憶を末永く伝えてくれることにもまして、記憶を象徴するモニュメントとしての意義は、いまでもすり減ってはいないようであり、そうした役割を期待されながら、これからも石碑は建立され続けてゆくことであろう。

平田　盛胤
—— 神田神社の社司を務めた国学者

『大成七十年史』
（大成学園、1967）
より

将門の鎮魂

東京大手町といえばこの国でも有数のオフィス街であるが、この町へ一千年余りも住み続けているような住人がいる。住所表記でいうと千代田区大手町一丁目二番一号というまぎれもない都心の一等地であり、しかもあろうことか、こうしたところへ住むことを可能にしているのが権力や財力などではなく、途方もない霊力であるということが、この住人の尋常ならざるところであろう。その住人とは平将門《たいらのまさかど》である。

かつて土着の豪族として関八州をおさえた将門は、やがて自らを新皇と称するようになり、朝廷の支配から離れて関東の独立を謀ろうとしたが、天慶三年（九四〇）に朝敵として討伐されてしまう。その首は、都へ運ばれて獄門にかけられていたが、やがて怨念を浮揚する力のようにして東国へと飛び去った。そして落ちたところが武蔵国豊島郡芝崎村《むさしのくにとしまぐんしばさきむら》、すなわちいまの東京大手町のあたりであり、これに恐れをなした村人が、塚を築いて葬ったというのが、いまでも大手町にまつられている将門塚の始まりと伝えられている。

のちにこのあたりで疫病が広まると、将門のたたりであるとうわさされるようになり、これを鎮めるために、徳治二年（一三〇七）に時宗の他阿《たあ》上人が「蓮阿弥陀仏」という法号を贈って供養をおこない、あわせてそのかたわらにある社に将門の霊をまつると、ようやく疫病が収まった。この社がのちに神田明神となる。江戸幕府の鬼門を守る総鎮守として、現在の地（千代田区外神田）へまつられたのは元和二年（一六一六）のことであり、江戸時代を通じて庶民にも広く信仰されるようになる。一方で将門の首塚は、姫路藩酒井家の上屋敷のなかに庭園の築山のようにして残されていたが、関東大震災で焼失した大蔵省と内務省の仮庁舎を建てるときに壊されてしまう。

ところが、大正十五年（一九二六）に不可解な事件が相ついだ。大蔵大臣の早速整爾《はやみせいじ》を始めとして、庁舎の工事に関わった役人ら十数名が亡くなったのである。省内では将門のたたりがうわさされるようになり、昭和三年（一九二八）に首塚はもとのようにもどされて、大がかりな鎮魂祭がおこなわれている。

将門の没後千年にあたる昭和十五年（一九四〇）には、落雷により大蔵省が全焼するという惨事がおきており、これに肝を冷やした大蔵大臣の河田烈《かわだいさお》は、将門千年祭をおこない供養した。さらに太平洋戦争により焼け野原となった大手町一帯で整地がおこなわれたときに、首塚も再び壊されようとしたのだが、塚のまえでブルドーザーが横転して、作業員が亡くなるという事故がおきている。またも将門のたたりかというわさが広がり、工事は中止となった。

のちに塚の周りにある企業などが史蹟《しせき》将門塚保存会を作り、将門塚を整備して慰霊祭をおこなったのが昭和三十六年（一九六二）のことである。そのあとにも数度におよぶ改修がおこなわれており、いまでも供花や香煙が絶えるようなこともなく、手厚くまつられているのが将門塚である。高層ビルという井筒に囲まれて、怨念のよどんだ霊水と、あわせて霊験あらたかな聖水をたたえる井戸のようなこの塚は、一千余年にもわたり霊力を保ち続けているのであり、平将門その人がここの住人のようにして、いまでも丁重に遇されているのである。

ところで、昭和三年の鎮魂祭と同十五年の将門千年祭で斎主を務めたのが、神田神社の社司である平田盛胤《ひらたもりたね》であった。将門ゆかりの神社を代表する社司として、全霊を込めて祝詞を捧げたことであろうが、将門の霊力は、それをも上まわっていたようである。それでも、古くから信仰を集めてきた神田神社の社司として、大きな祭事に招かれてしばしば斎主を務めている平田は、世評の高い社司であった。また、平田国学を受け継いだ国学者として、京華中学や大成中学などで国文の教師を務めており、長く教育にたずさわった人物でもある。

木曽川の恵み

平田盛胤（旧名・戸澤盛定《とざわもりさだ》）は、文久三年（一八六三）の八月十四日、美濃国羽栗郡笠松村《かさまつ》（現・岐阜県羽島郡笠松町）に、戸澤盛恭《もりやす》の長男として生まれている。尾張と美濃をむすぶ街道の要地である笠松は、美濃郡代が二十二代にわたり治めていた江戸幕府の直轄地であり、父の盛恭も笠松陣屋の役人を務めていた。木曽川の水運の拠点でもあり、物資の流通でにぎわいを見せていた笠松は、明治の初めには、しばらく県庁が置かれていたところでもあった。

幕末から明治にかけて、笠松に角田錦江《つのだきんこう》という儒医がいた。学識のある高徳の人物として近郷にも聞こえており、喬木塾《きょうぼくじゅく》というその私塾に学んだ門弟は数百にもおよんでいた。犬山藩主の成瀬正肥《なるせまさみつ》からは、尾張藩への出仕を勧められたりもしているが、錦江は、粗野にして礼節が備わらずに多病でもあるとして、出仕を断るような私欲のない儒医であった。

錦江の門弟やこれを敬慕する同士らにより、「角田錦江先生墓碣銘《ぼけつめい》」が建立されたのは、角田の十七回忌にあたる明治三十二年（一八九九）のことである。岐阜県知事を務めた小崎利準《こさきとしなり》の題額、漢学者の依田学海の撰文になり、そのすぐれた功績がいまに伝えられている。

盛定もこの喬木塾に学んだ一人である。錦江の教えは、幼少の盛定へ木曽川の流れのようにゆたかな恵みをもたらすことになり、その学恩は生涯のいしずえとなる。十一歳のときに父を亡くして家督を継いでからは、岐阜県庁の給仕として働いていたが、勤勉で向学心にあふれた働きぶりがときの知事にも認められて、岐阜県師範学校小学師範科への入学を許されている。

師範学校を卒業してからは、岐阜下中屋村の敬恪義校《けいかくぎこう》（下羽栗尋常小学校の前身）の教師となり、若くして校長を務めてもいる。子弟の教育に意をそそぎながら、あわせて一家の生活を支えていた盛定であるが、孝養を尽くしてきた母を送り、学業を終えた二人の妹も縁づいたことで、上京して学問を修めたいという思いを抱くようになる。

そして、明治十三年（一八八〇）に十八歳で上京を果たしており、星野泰俊《ほしのやすとし》に国学を、根本通明に漢学を学んだ盛定は、湯島小学校の訓導や豊川小学校の第三代校長を務めたのちに、帝国大学文科大学の古典講習科国書科へ入学する。明治十九年（一八八六）の七月にその一期生として卒業しており、同期には関根正直《せきねまさなお》や落合直文《おちあいなおぶみ》らがいた。そしてこの年に、二十三歳で国学を家の学問とする平田家の養子となり、その生涯における大きな転機を迎えることになる。

江戸から明治にかけて、笠松に置かれた美濃郡代笠松陣屋・笠松県庁跡。［著者撮影］

平田篤胤《ひらたあつたね》の門に入り、その養子となるのが鋳胤《かねたね》（碧川篤実《みどりかわあつざね》）であるが、明治天皇の侍講や大教正などを務めた鋳胤には、延胤《のぶたね》という子息があった。だが、延胤が四十五歳で早世したために、その長女である以志《いし》を妻に迎えた盛定が、篤胤の曾孫として平田家の家督を継ぐことになり、平田盛胤と名乗るようになったのである。

教師としての平田盛胤

その翌年に、平田は東京高等女学校の教師となる。明治十八年（一八八五）に、東京女子師範学校附属女学校（のちの東京高等女学校）に入学した小金井喜美子《こがねいきみこ》は、その講義のようすについて、つぎにように回想している（『鷗外《おうがい》の思い出』）。

平田盛胤という若い国語の先生が見えました。平田篤胤の御子孫だそうで、尤《もっと》も御養子とのことでした。『土佐日記』の一節を一わたり講義なすって、「不審のある方は手を挙げて」とおっしゃると、幾人もいない生徒のあちこちから手があがります。

森鷗外の妹であり、のちに歌人や随筆家として知られるようになる小金井には、帝大を出たばかりの「若い国語の先生」が印象に残ったのであろうか。平田はのちに『国文講義十六夜日記』（大正四年）を著してもいるように、日記文学や和歌を得意にしていたようで、『土佐日記』の授業へのぞむ生徒たちの、活気にあふれたようすをうかがうことができる。同二十四年（一八九二）には国語伝習所の講師となり、あわせて帝国大学農科大学予科や東京府尋常師範学校などへも出講しながら、こうして教師としての経歴を重ねてゆくことになる。

なお、国語伝習所は、明治二十一年（一八八八）に、杉浦鋼太郎《すぎうらこうたろう》が九段に設立した大成学館に併設された学校であり、落合直文などの著名な国文学者らを講師に迎えて日曜の午後に開講されていた。受講者の多くは、文部省の国語教員検定試験への合格を目ざしており、しだいに受講者も増えてきたことから授業は週三日となり、六ヶ月であった修業年限も、普通科一年、高等科二年となる。講義へ出席できない就労者や遠地の校外生には、月に一回発行する『高等国文』という講義録を送り、文章や短歌の添削などもおこなっていた。

明治三十二年（一八九九）の九月には、国語伝習所で創立十周年を祝う紀念式が催されており、来賓には、上田万年《うえだかずとし》や芳賀矢一《はがやいち》などの著名な国文学者らが招かれている。百余名が列席した紀念式では、平田の開式の挨拶に続いて落合直文による学事報告をかねた演説があり、福島《ふくしま》四郎《しろう》という卒業生の代表が祝辞を述べている。

福島は、この三年ほどまえに高等科の卒業試験に合格した十一名のなかの一人であり、文部省の国語検定試験に合格して、埼玉県第一中学校の助教諭を務めていた。この紀念式の翌年には、平田の紹介により京華中学の教師となり、のちにおよそ半世紀にわたり、『婦女新聞』という週刊新聞を発行してゆくことになる人物である。

杉浦は、すでに明治三十年（一八九七）に神田三崎町へ大成尋常中学校を設立しており、平田はこの中学へも出講している。堂堂たる体格の上に、つねに和服姿で風格のあるようすから、生徒からは「朝臣《あそん》」というあだ名で親しまれていた。日本大学の教授となる医学博士の林正道《はやしまさみち》（明治三十八年卒）は、平田についてつぎのように回想している（『大成七十年史』）。

先生の教室での講演指導は、厳格の中にユーモアを混じえ、言々肺腑《はいふ》をつき、一度聞いた者は終生忘れることのできない名講義であった。単に学問だけでなく、心魂に徹するようなおしかりのことばを連発されて、「根性」の教育をされたが、そのおことばは六十年を経た今日に至っても、なお耳の底に響いて忘れることができない。

また、東京医科大学の教授となる田林剛太《たばやしごうた》（大正四年卒）は、忘れがたい思い出としてつぎのようなことを記している。四年のころ、授業のあとに何か一首を書いてほしいと平田に願い出たところ、生来の悪筆ゆえに誰に頼まれても書かぬことにしているといって断られた。ところが、それから三十年ほどが過ぎて、秋田へ疎開するという平田が、田林の留守宅へとつぜん現れて、一首をしたためた見事な白扇を置いていったという。「わが恩師のお心づかいに対しては、ただただ天を仰ぎ地に伏する思いであった」（同書）と田林は述べている。

晩年の平田のようすについては、東京女子高等学校の教師を務めた加藤春信《かとうはるのぶ》（昭和十年卒）がつぎのように回想している（同書）。

先生は形のよい白ひげをつけた端正な容貌のおじいさんで、いつも羽織はかまをきちんと身につけて教室に現われ、上品なものごしで授業をされた。総入歯らしく、音声がときどき不明確なところもあったが、その講義は格調ただしく、威厳にあふれていた。教室のすみで内職をしている生徒を見つけると、たかのような鋭い眼光でにらみつけ、「こら小僧、しっかり勉強せい」としかりつけたりした。

大成中学は、平田がもっとも長く教師を務めていた学校であり、昭和十二年（一九三七）にいたるまで、およそ四十年にわたり在職しているが、風格ある「朝臣」の「格調ただしく、威厳にあふれていた」教育は、多くの生徒たちに影響を与えており、のちのちまで記憶されることになったのである。

哲学館へも出講していた平田は、そこで英語の講師を務めていた磯江潤と親交をむすぶようになり、京華尋常中学校の創立とともにその教師に招かれている。同じ明治三十年（一八九七）に創設された大成中学と京華中学の両校において、草創期の教育を担ったのである。

当時の京華中学では、五年次に『土佐日記』と『神皇正統記《じんのうしょうとうき》』の講読がおこなわれていたが、すでに東京高女で『土佐日記』を講じており、また、神田神社の社司として『神皇正統記』にも通じていたであろうことを考えあわせると、おそらく平田がこの二つの作品を選び、授業を受け持っていたのであろう。

神田神社の社司として

平田が神田神社の社司を拝命したのは、明治二十七年（一八九四）の五月、三十一歳のときであった。江戸から明治にかけては、将門の末裔《まつえい》といわれている芝崎氏が十五代にわたり神職を務めていたが、明治四年（一八七二）に社名が神田明神から神田神社へと改められたときに世襲は廃止となり、本居宣長《もとおりのりなが》の曾孫にあたる本居豊穎《とよかい》のあとを受けて、平田が第四代の社司となったのである。本居豊穎は、平田が帝大古典講習科に学んだときの恩師であり、そうした関わりもあり、社司を引き継ぐことになったのであろう。

社司として平田の果たした大きな功績の一つは、関東大震災で焼失した社殿の復興であった。財政的にもきびしいなかで、さまざまな困難を乗りこえて、当時としてはめずらしい鉄骨鉄筋コンクリート造りで、総朱漆塗の社殿が再建されたのは昭和九年（一九三四）のことである。太平洋戦争のときには焼夷弾《しょういだん》を受けながらも、耐火造りの社殿のみは焼失をまぬがれており、いまにその姿を伝えている。

再興を果たした社殿のほかにも、神田神社には平田の事蹟をしのばせるようなものがいくつか残されており、合祠殿《ごうしでん》の横の「戦利記念品之記」碑（大正十三年）や参道の入口の「神田神社」（昭和五年）という社号標、そして御神殿のまえの「明治天皇御臨幸記念碑」（昭和十五年）は、いずれも平田が揮毫したものである。

陸軍の兵士らおよそ三千五百名をひきいた明治天皇が、板橋蓮沼村で初めて軍事演習をおこなったのは、明治七年（一八七四）の九月のことであった。その帰りに神田神社を親拝したことを記念して、また、昭和十五年（一九四〇）が皇紀二千六百年であることから、それを奉祝して建てられたのが「明治天皇御臨幸記念碑」である。碑の裏面には、平田の筆跡でつぎのような碑文が刻まれている。

明治七年九月十九日といふに畏くも　明治天皇蓮沼《はすぬま》村に行幸あらせられ
御閲兵の後御還幸の道すがら當社に車駕《しゃが》を枉《ま》けさせられ親しく
御參拜遊ばされたりしかば後の記念にとその由一言かくなむ
神田神社社司　平田盛胤謹書

神田神社の御神殿のまえに建つ「明治天皇御臨幸記念碑」（昭和15年）。［著者撮影］

明治天皇が親拝した神社は、東京では靖国《やすくに》神社と神田神社の二社のみであり、明治七年の親拝は、神田神社にはとりわけ栄誉なことであった。だがこのとき、思わぬ問題がおきている。神社の主祭神である平将門は、かつて朝廷へ反旗をひるがえして、自らを新皇と称した人物である。そのために明治天皇の親拝をまえにして、政府から将門を主祭神から外すように命じられて、別社へ下ろすことになったのである。その状態は百十年にわたり続くことになり、将門を再び主祭神として迎えるための遷座祭がおこなわれたのは、昭和五十九年（一九八四）のことであった。いま、神田神社の主祭神の第一座は大己貴命《おおなむちのみこと》（大黒様）、第二座は少彦名命《すくなひこなのみこと》、そして第三座が平将門である。

祝詞の才士

平田家を継いだ国学者でもある平田は、家祖である篤胤の初めての全集となる『平田篤胤全集』全十五巻を刊行するなど、平田国学を後世へ伝えていくことにも力を尽くしている。平田国学の特色の一つは、幽冥界、すなわちあの世とはどのような世界であるのかを明らかにしよ

うとしたことであり、民俗学者の柳田國男《やなぎたくにお》も、その幽冥論を高く評価した一人であった。だが、その一方で柳田は、

日本の神道の弱点は、その場合に応じてそれに相当するノリトをあげることができなかった点にある。中央の神主ですらそれが難しく平田盛胤などという人は名家に葬式があると必ず頼まれて行き、いい声で哀れに長いノリトを読んでいたが、これなどにもどうかと思う点が多かった。

と、日本の神道の弱点を指摘した上で、あわせて平田の祝詞《のりと》についても疑問を呈している（『定本柳田国男集』別巻第三）。平田は、「名家」に限らず、さまざまな祭事などで祝詞を頼まれることが多かったようで、国立歴史民俗博物館には、平田が明治二十七年（一八九四）から昭和十六年（一九四一）までに作成した、九百点をこえるような祝詞が残されている。

一方で、『読売新聞』（大正十四年十二月二十一日付）には、「神道の才子平田盛胤―臨機応変の祭文で好評―」という人物評が掲載されている。この記事では、漢文口調の文章を得意とする平田の祭文は、臨機応変で巧妙なものであり、国学の名門の養子として、その立場をことさら誇示するようなこともない、神職として多くの要職についている平田は、才子肌の切れ者であ

り、神道界の一人格者であると評している。このように世間では、柳田の印象とは異なる評価もおこなわれていたようである。

明治三十五年（一九〇二）の十二月、京華中学の同僚である冢田淳五郎の葬儀でも、染井墓地に埋葬するにあたり「葬場祭詞」を捧げており、それはつぎのようなものであった。

玉鉾《たまほこ》の道の長手を護り送り来て、今暫此《こ》の染井の斎場に舁居《かつぎこ》え安み奉《まつ》る冢田淳五郎大人の柩前《きゅうぜん》に、齋主《いわいぬし》神田神社々司大教主平田盛胤謹み拝《おろが》みも白《もう》さく。阿波礼《あわれ》汝命《いましみこと》や去し天保十一年十二月廿一日と言ふに、尾張国名古屋の里にして冢田愨四郎主の真名子と生出給ひ、幼き頃より学の道に聡く在しして成長《たけ》り坐《ましま》しては主と漢学の道の蘊奥《うんのう》を究め給ひて（中略）明治の五年と言ふに是の帝都に参上りて即《つき》て成美塾と言ふ学校を起して許多《あまた》の生徒等を教へ導き坐ししに、近き頃は汝命の教子たりし磯江主の設け立て給ひし京華中学にも関りて許多の生徒等を教へ坐しつるに、汝命は教へて倦《う》まさる。古人の御心にし坐せは、一度御教を蒙《こうむ》りし者は幼き童の母を慕ふか如くになも有りける。故其の御蔭に隠ろひ其の御恵を受けし人等甚た有りけらし（下略）

冢田の事蹟について、委曲を尽くした一千字をこえるような祭詞であり、敬愛する漢学者であり、また同僚でもある冢田に対して、尽きぬ哀惜の念を表している。

ところで、平田が斎主を務めたなかでも、とりわけ大きな祭事は、江戸幕府の最後の将軍徳川慶喜の葬儀であろう。慶喜は、水戸藩の九代藩主徳川斉昭《なりあき》の七男として江戸小石川（東京文京区）の上屋敷に生まれており、晩年には、生誕地にもほど近い同じ小石川の第六天町の屋敷で余生を送り、大正二年（一九一三）に七十七歳でその生涯を閉じている。

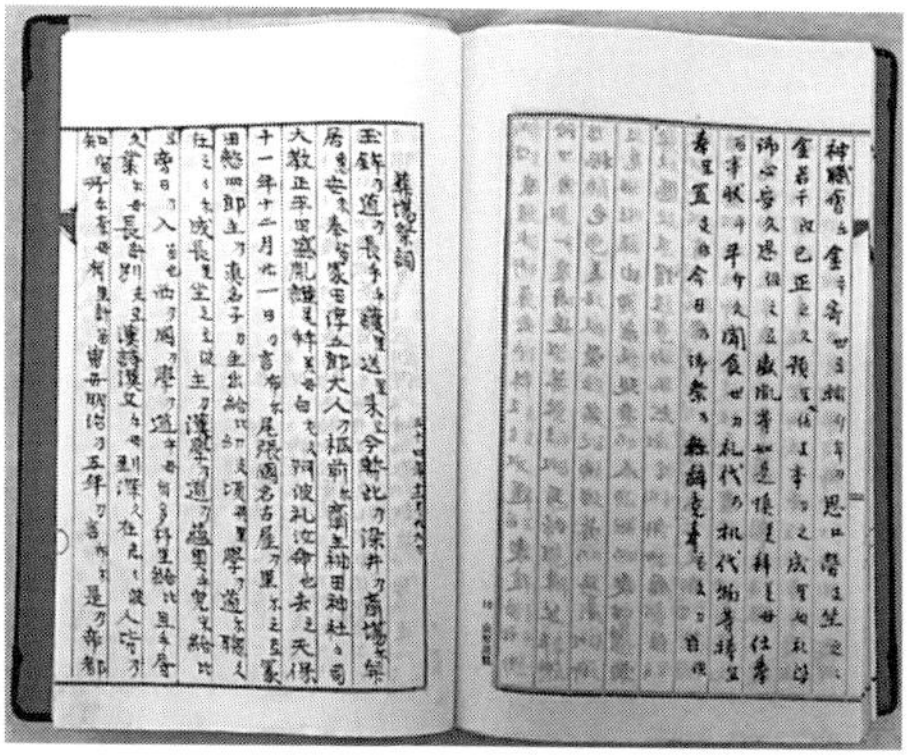

平田の直筆による「葬場祭詞」（部分）。明治34年（1901）12月29日に、冢田淳五郎の葬儀に際して捧げられたもの。［国立歴史民俗博物館蔵］

小石川で生まれてから半年ほどで水戸へ移り、晩年に小石川で暮らしたのも十年余りである。激動といわれるその生涯からすると、ほんのつかの間のようではあるが、居ずまいを正すようにして、一期《いちご》の始末を小石川という地につけているのである。慶喜の逝世百周年という大きな節目の年を迎えたのは平成二十五年（二〇一三）のことであったが、慶喜にゆかりのある地では、これを記念してさまざまな催しがおこなわれている。とりわけ東京文京区において、その遺徳をしのぶ講演会や史蹟めぐりなどが一年にわたり相ついだのは、慶喜と小石川との間にそうした浅からぬ縁があったからである。

慶喜の葬儀が上野の寛永寺で営まれたのは、十一月三十日のことである。寛永寺は、江戸城の鬼門を守るために、寛永二年（一六二五）に創建された寺院であり、四代将軍の徳川家綱《いえつな》の墓所が造営されてからは、徳川家の菩提寺《ぼだいじ》という寺格を備えていた。慶喜の葬儀にあたり、その第二霊屋《たまや》のうしろへ新たに斎場が設けられたのは、この最後の将軍の葬儀が、徳川将軍としては、最初で最後となる神式により営まれたからである。葬儀委員長は渋沢栄一であった。

平田は、慶喜が晩年を過ごした屋敷に近い小石川区第六天町に住まいしており、週に一度のわりで和歌を指南するために徳川家に出向いていた。おそらく慶喜とも親交があったのであろう。廃仏論者である徳川斉昭を父に持ち、水戸人として神道を尊んだ慶喜は、自らの葬儀を神式でおこなうように遺言したが、徳川家という「名家」の葬儀でも、平田は「いい声で哀れに長いノリト」を上げたことであろう。

平田の直筆の短冊。「詠史　からうたをさくらのみきに匂はせてかくはしきなをとゝめつるかな　盛胤」。隠岐に流される後醍醐天皇のために、児島高徳が桜の幹を削って漢詩を書き、天皇を慰めたという故事を詠んだ歌。［架蔵］

慶喜の葬儀についてではないが、帝大古典講習科の出身で平田の後輩にあたり、歌人としても知られている国文学者の佐佐木信綱《ささきのぶつな》は、平田の祝詞についてつぎのように述べている（『明治大正昭和の人々』）。

> 平田盛胤氏のもとの姓は、戸澤。古典科在学中、平田家を嗣《つ》がれた。氏は神田神社の社司として、葬儀に誄詞《るいし》をよまれるのを屡々《しばしば》聞いたが、まことに、清い澄んだ声であつた。宮城に近いお堀端に、和気清麿《わけのきよまろ》の銅像が建つた時、その側の碑の撰文は自分が委嘱され、書は岡山高蔭《おかやまたかかげ》翁の執筆であったがその除幕式の日、平田氏のおごそかにすがすがしい声での祝詞を聞いたのが最後で、不幸にも地方に疎開中に世を去られた。

故人をしのび、その功徳を讃えて祝詞を上げる平田の姿を、佐佐木はよく目にしていたようで、「清い澄んだ声」が印象として残っていたのであろう。昭和十五年（一九四〇）に、皇居の大手濠《おおてぼり》のほとりにある緑地へ和気清麻呂の銅像が建立されたときに、その除幕式には碑の撰文をおこなった佐佐木も出席しており、平田はその式典でも、「おごそかにすがすがしい声」で祝詞を上げたのである。

昭和十七年（一九四二）の四月八日に、東京日比谷公園で特別攻撃隊の海軍合同葬儀が国葬としておこなわれているが、その斎主を務めたのも平田であった。このまえの年の十二月八日にハワイ真珠湾で特殊潜航艇による特攻があり、九名の若者が戦死した。のちにこの九名は、「九軍神」と呼ばれるようになる。その国葬が、総理大臣や海軍大臣らの列席のもとで、十万人ともいわれる群衆が見守るなかでおこなわれたのである。白い狩衣姿で斎主を務めている平田のようすは、ＮＨＫの映像に残されており、また、その映像とは別に、このとき捧げた朗朗とした祝詞の声も、三分ほどの音声として残されている。

このように平田は、大きな祭事に招かれて斎主を務めるような世評の高い社司であり、東京府神職会会長や全国神職会顧問なども務めながら長く神道界で重責を果たしており、あわせて国学者として平田国学を継承したほか、多くの学校において教育者としての足跡を残している。昭和二十年（一九四五）の二月二十八日に八十一歳で帰幽したのは、疎開していた秋田でのことであった。その亡魂は、はからずも平田国学の祖である篤胤の出生地において、産土神《うぶすながみ》の森へと帰ってゆくことになったのである。

山根　勇蔵
―― 台湾日本語教育と民族探訪の先覚者

『台湾民族性百談』（杉田書店、1930、国立国会図書館蔵）より

勧工場の誕生

明治のころに、尋常小学校四年の教科書として使われていた『尋常小学読本』巻七（明治四十三年）のなかに、つぎのような文章がある。

町ノニギヤカナ所ニ新シイ勧工場《かんこうば》ガ出来タ。（中略）日用品ナラバ、マヅ何デモアルトイツテヨロシイ。品物ハ皆正札附デ、カケ値ガナイ。店ニハ番人ガ居テ、買ハウト思フ物ハスグニ買ヘル。何モ買フ物ガナケレバソノマヽカヘツテモヨイ。又一ドニ色々ナ物ヲ買集メタイ時ニハ、一トコロデスムカラ便利デアル。

いまから見ると、ごくふつうの商店のようすを描いた文章であるが、これが教材となり得たのは、ここに描かれている勧工場が当時としては最新の商業施設であり、その新しい商売のかたちを子どもたちに知らしめようとしたからである。あわせて教材として、子どもたちの興味をそそることが期待されたからでもあろう。

この文章について、『尋常小学国語教授細案』（明治四十三年）という教師用の指導書には、「勧工場とは如何《いか》なる設備のものであるか、又如何なる用をなすものであるかを知らしめんが為に記述したる記事文である。形式方面に於ては、新出の漢字の意義用法を練習し、普通の読書力を養はねばならぬ」とあり、教材としてのねらいが示されている。

また、勧工場については、「多数の商人が一の建物中に各自独立の計算を以《もっ》て、商品を売捌《うりさば》く場所である。これは重《(ママ)》に都会に於て試みらるる一の商業法である」と説明されている。勧工場のない地方の小学校では、教える側の教師にしても、勧工場とは何を作る工場なりや、ということにもなりかねないために、こうした指導書による解説が必要とされたのであろう。

東京上野で第一回内国勧業博覧会が開かれたのは、明治十年（一八七八）のことである。明治政府が開いた催しであり、各地から集めたおよそ八万点もの産品を販売して、さらにその産品の優劣を競わせて、国内の産業を盛んにしようというのが目的であった。

その翌年には、この博覧会で売れ残った品物を販売するために、東京麹町《こうじまち》に第一勧工場という施設が開業しており、これが勧工場の始まりといわれている。この国の近代化のために工業を勧めて、そこで生まれた商品を販売する場、というのが勧工場という名の由来である。のちに第一勧工場が民営化されて客足が増えてくると、各地に同じような勧工場が設けられるようになり、明治三十年代には、東京だけでも三十ほどの勧工場が営業をおこなっていた。

百貨店の走りともいわれている勧工場には、品ぞろえのよさや品質の高さにくわえて、教科書にもあるように、正札つきのかけ値なしで販売するという、これまでの商売にはないような目新しさがあった。世間では、子どもを使いに出しても安心な店として評判になる。内国勧業博覧会の残務のようにして始まった勧工場であるが、世のなかへ新たな小売りのかたちを広めるという思わぬ副産物をもたらしたのである。

龍岡館の余生

東京湯島の切通坂の上に、通りから少し奥まるようにして、天澤山《てんたくざん》麟祥院という臨済宗の寺がある。徳川家光《いえみつ》の乳母、春日局《かすがのつぼね》の菩提寺《ぼだいじ》である。本郷で旅館を営んでいた小峰善次郎《こみねぜんじろう》という人物が、この寺の西側に真信館という木造二階建の勧工場を開いたのは、明治二十五年（一八九二）の四月のことであった。

すでに本郷三丁目には本郷館という勧工場があり、切通坂を下りた上野広小路でも杉山勧工場が営業をおこなっていた。とりわけ本郷館は、三十ほどの小売り店が入る品ぞろえのいい勧工場として評判であり、くわえて本郷三丁目は、毎月のように真光寺（本郷薬師）で縁日が開かれるなど、多くの人でにぎわいを見せるようなところであった。作家を目ざして上京して、本郷菊坂の赤心館という下宿に住んでいた石川啄木《いしかわたくぼく》も、「それはく賑《にぎ》やかなもんですよ。其《そ》処《こ》の角には勧工場と云って何品でも売る所があるし、右へ行くと赤門の前――赤門といへば大学の事ですよ」（『天鵞絨《ビロード》』）と、そのにぎわいのようすを描いている。

一方で、真信館のある龍岡町のあたりは、本郷三丁目のように人通りの多いところではない。上野広小路と本郷三丁目をむすぶ市電が通るのも、明治三十七年（一九〇四）を待たなければならない。思うように客の集まらない真信館では、店の名に町名を入れたほうが客足が向きやすいだろうと考えて、開業した翌年に龍岡館と改名する。新聞に広告を出して、一周年を祝う景品つきの売り出しをおこなったときは多くの客が訪れたが、またしばらくすると客足がとおのいてしまう。そして明治三十年（一八九七）に、開業から五年ほどで廃業することになる。

廃業するまえの年の暮れのこと、駒込蓬莱町《ほうらいちょう》にある郁文館中学で火災がおこり、となりにある哲学館の校舎や寄宿舎なども焼失した。哲学館は、井上円了《いのうええんりょう》が麟祥院の一室で開校した学校である。そのとなりにある龍岡館が近いうちに廃業して、空き家になるということを知った円了は、さっそくその建物を借り受けて、小石川区原町に新校舎が完成する七月まで仮校舎として使用したのだった。

ちょうどそのころ、哲学館の英語講師や寄宿舎の舎監を経て、郁文館の幹事を務めていた磯江潤は、新たに中学を開校する準備を進めていた。哲学館が原町の新校舎へ移ると、仮校舎として使っていた龍岡館のあとを受け継いで、三年という期限つきで借り受けた。そしてここを仮校舎として、明治三十年（一八九七）の九月に京華尋常中学校を開校したのである。

左端の「御菓子舗」の右が龍岡館の跡で、京華中学が増築して仮校舎とした建物。中央の3階建ての建物が、のちに日本女学校が増築した校舎。右端が麟祥院の山門の一部。明治40年（1907）ごろ。［『風俗画報』第358号（東陽堂、1907、国立国会図書館蔵）より］

六十坪ほどの広さであった龍岡館は、取り急ぎ百六十坪ほどの校舎に改築されたが、開校したばかりのころは、館内を板で仕切って教室にしており、土間をそのまま廊下として利用しているようなところもあった。世間から「勧工場学校」とも称された仮住まいは、およそ二年半におよんだが、本郷区東竹町に新校舎がほぼ完成して、そこへ移転することになったのは、同三十三年（一九〇〇）の五月のことである。京華中学の仮校舎はしばらく空き家となっ

山根が編集人を務めた『女鑑』第31号（明治26年1月）。［架蔵］

た。

その仮校舎が、再びにぎわいを取りもどしたのは、その年の十月のことである。というのも、京華中学の跡を受けて、西澤《にしざわ》之《の》助《すけ》という人物が日本女学校（現・相模女子大学）を開校したからである。かつてさまざまな商品を販売して、産業を勧めてきた勧工場としての龍岡館は、くしくも三つの私立学校の校舎となり、近代教育を勧める「勧教場」として、思わぬ余生を送ることになったのである。

日本女学校を創設した西澤之助は、広島から上京して、明治二十一年（一八八八）に国光社という出版社を始めた人物である。近代教育が軌道に乗り始めると、教科書の売り上げも伸びてくるようになり、修身や国史などの教科書を編集、販売していた国光社は、ほどなく教科書を取り扱う大手の出版社となる。

日本女学校を創設したように、西は早くから女子教育へも関心を抱いており、国光社では『女鑑《じょかん》』という雑誌を刊行している。「貞操節義なる日本女子の特性を啓発し、以て世の良妻賢母たるものを養成する」というのが発刊の主旨であり、明治政府の女子教育の方針にもそうような婦人啓蒙《けいもう》誌《し》として、女性の読者を中心に広く受け入れられていた。

『女鑑』は、明治二十四年（一八九一）の八月に創刊されて、同四十二年（一九〇九）の三月に終刊（第三五六号）となった雑誌である。西が編集していたあとを受けて、第二八号（同二十五年十二月）から第一三二号（同三十年五月）まで、その編集人を務めたのが山根勇蔵《やまねゆうぞう》であった。月に二回発行する雑誌を編集するには、少なからぬ知識と労力が求められたことであろうが、まだ高等師範学校の学生であった山根に対して、西はそれだけの才覚を認めていたようで、山根もそれに応えて五年にわたり編集人を務めていたのである。

因幡山をのぞむ郷里

山根勇蔵（号・幡山《ばんざん》）は、明治三年（一八七〇）の一月十四日に、父惣吉《そうきち》の四男として鳥取県気高郡松保村大字布勢《ふせ》（現・鳥取市布勢）に生まれている。生家はかつて庄屋であったようで、兄の吉次郎《きちじろう》は松保村の村長を務めている。

鳥取市の西側に広がる湖山池は、周囲が十八キロにもおよぶ広大な汽水湖であるが、その東岸に位置するのが布勢である。古くから開けていた土地であり、室町時代には、山名氏の守護所が置かれて因幡国《いなばのくに》の要所として栄えたところであった。布勢には高さが三十メートルほどの卯山《うやま》という丘がある。そこには布勢古墳や兄の吉次郎も総代を務めた日吉神社（山王社）、さらに極楽寺という浄土宗の古刹があり、この丘のすぐ近くにあるのが山根の生家である。幼いころの山根は、おそらく卯山のあたりを遊び場として、この丘の上から鳥取市の近郊にある稲葉山（因幡山）の景色などもながめていたことであろう。

古くから歌枕として知られている因幡山のふもとには、かつて大伴家持《おおとものやかもち》や在原行平《ありわらのゆきひら》らが政務をとった因幡国庁があり、行平が国司として因幡へ赴くまえに詠んだのが、「立ちわかれいなばの山の峰に生ふる松としきかばいま帰へりこむ」（『古今集』）という歌である。

あなたと別れて因幡国へ下るけれども、稲葉の山の峰に生えている「松」のように、あなたが「待つ」ということを聞いたなら、すぐにでも都へ帰ってこよう――。のちに山根は、因幡と東京、さらに東京と台湾との間を往来するようになるが、この歌に込められた行平の思いに、あるいは共感できるような経験をしていたのかもしれない。いずれにせよ、のちに山根が「幡山」という号を用いたのは、郷里の因幡山へつよい思い入れがあったからであろう。

古い歴史とゆたかな自然に囲まれた土地で幼少時代を過ごした山根は、明治六年（一八七三）に開校した布勢小学校を卒業すると、のちに上京して高等師範学校で学ぶことになる。高等師範へ入学するには、尋常師範学校を卒業するのが通常であり、おそらく小学校を卒業したあとに、鳥取県尋常師範学校へ進んだことであろうが、そのあたりのことは不明である。

明治二十九年（一八九六）に、高等師範学校の国語漢文専修科を卒業した山根は、さらに研究科へ進み、一高の教授をかねていた芳賀矢一のもとで国語の発音の教授法などを学んでいる。

これがのちに、台湾で日本語教育にたずさわるようになったときに、大いに活かされてゆくことになる。山根は、三歳年上のこの若き国文学者を兄のように慕い、卒業してからも公私にわたる交流を続けている。

台湾への赴任

五年にわたりたずさわっていた『女鑑』の編集人を、第一三二号をもって退いた山根は、明治三十年（一八九七）の四月には、国語学校（国立台北教育大学の前身）の教師として台湾に赴任することになる。この二年まえから日本による統治の始まった台湾では、本島人への日本語教育を進めるために、現地で教育にあたる人材が求められていた。台湾総督府による教師の募集については、山根が編集していたころの『女鑑』でもしばしば取り上げており、山根自身もその募集に応じて、台湾へ渡ることになったのである。

のちに京華中学の教師となる山根は、『京華校友会雑誌』（第八・九号）に「台湾教育の過去および現在」という一文を寄せているが、それによると国語学校は、台湾総督府で学務部長を務めていた伊沢修二《いざわしゅうじ》が、明治二十八年（一八九五）に台北近郊の芝山巌《しざんがん》に開いた学堂を前身としている。その翌年の三月に、台湾で働く官吏や通訳、教師などを養成するために、師範部と語学部という二つの学部が設けられて、新たに国語学校として開校したものであった。山根はそこで、助教授と舎監を務めたのである。

芝山巌の学堂では、吉田松陰の甥《おい》にあたる楫取道明《かとりみちあき》などの六名が、すでに教師を務めていた。日本の統治下に置かれたばかりの台湾では、世情がひどく不安定であり、そうしたなかでおきたのが「芝山巌事件」である。明治二十九年（一八九六）の一月に、新年の祝賀のために台湾総督府へ向かおうとしていたその六名が、日本統治に抵抗する者たちに襲われて命を落としたのである。このとき伊沢のみは内地へ出張しており、危うく難をのがれたのだった。

なお、「芝山巌事件」の処理にあたった一人に、総督府民政局の警保課に勤めていた佐倉孫三《さくらまごぞう》という官吏がいた。佐倉は二松学舎で三島中洲に学んだ人物であり、のちにその教授を務めていることから、台湾で佐倉と親交のあった山根は、明治三十四年（一九〇〇）の八月に、二松学舎で開かれた第一回の夏期講習会に講師として招かれている。

本島人への日本語教育は、ようやく緒についたばかりであり、そうしたなかで山根は、同じ国語学校の橋本武《はしもとたけし》という教師と、つねに教授法について議論を重ねていた。やがて二人の議論が呼び水となり、「国語教授研究会」が発足する。のちに台北帝大教授となる言語学者の小川尚義《おがわなおよし》など、二十名ほどの教師が参加して始まったこの研究会は、本島人に国語を教授する順序や方法、程度などを研究することを目的として月に一度のわりで開かれており、十五回にわたり続いてゆくことになる。その幹事を務めたのが山根であった。世話役として毎月欠かさずに参加して、研究会の提言をまとめて総督府へ報告するなど、台湾での日本語教育の基礎作りを担ったのである。

京華中学の教師として

台湾で三年を過ごした山根は、明治三十三年（一九〇〇）の五月に東京へもどることになる。帰京すると、さっそく芳賀の自宅を訪れて、台湾でのようすなどについて報告した。このとき東京帝大の助教授であった芳賀は、国語伝習所へも出講しており、同じくそこで講師を務めている平田盛胤からある依頼を受けていた。

かつて平田が国語伝習所で教えたことがあり、同じく京華中学の教師をしている福島四郎が、週刊新聞の発行へ専念するために九月で退職することになっており、ついてはそのあとを引き継いでくれる適任者を推薦してもらえまいか、というのが平田の依頼であった。それならちょうど台湾からもどってきた山根が適任であろうということになり、こうして芳賀の推薦を受けた山根が、福島の後任として、九月から京華中学へ出講することになったのである。

一方で芳賀のほうは、山根と入れ替わるようにして、九月から外遊することになっていた。文部省の命を受けて、「文学史攷究法《こうきゅうほう》」を研究するために、ドイツへの留学が決まっていたのである。このとき同じように官費で欧州へ留学したのは、英文学の夏目金之助《きんのすけ》（漱石）、独文学の藤代禎輔《ふじしろていすけ》、農学の稲垣乙丙《いながきいっぺい》、医学の戸塚機知《とつかみちとも》であり、いずれも芳賀の年来の知友らであった。美学の高山林次郎《たかやまりんじろう》（樗牛《ちょぎゅう》）のみは、出発のまえに病を患い、やむなく留学を断念している。

芳賀が留学するにあたり、すでに六月ごろからいくつもの送別会が開かれており、七月二日には、高等師範学校で教えを受けた卒業生らが、上野の不忍池《しのばずのいけ》のほとりにある長酡亭《ちょうだてい》へ芳賀を招いている。その発起人の一人が山根であった。

芳賀が横浜から出航する九月八日は土曜であり、昼で授業を終えた山根は、三名の知人とともに芳賀の自宅を訪れて、旅装が整うのを待った。そして、車と汽車を乗り継いで横浜港まで同行して、漱石らとともにドイツ船籍のプロイセン号へ乗り込む芳賀を見送り、長旅の無事を祈った。かたわらには、漱石を見送る寺田寅彦《てらだとらひこ》の姿もあった。

翌九日、芳賀が船室の窓から淡路島の美景をながめ、その隣室にいる漱石がひどい船酔いに苦しんでいたころ、山根は京華中学でおこなわれている新校舎の落成式にのぞんでいた。山根が台湾へ渡る少しまえまで、初代台湾総督を務めていた文部大臣の樺山資紀《かばやますけのり》を始めとして、貴族院副議長の黒田長成《くろだながしげ》や東京府知事の千家尊福《せんげたかとみ》など、三百余名が参列しておこなわれた式典であった。

当時、文部省では「学校建築図説明及設計大要」（明治二十八年）や、「中学校編成及設備規

則」（同三十二年）を発令して、学校を設計、建築する上での規範を示していた。高等師範学校にも近い本郷区東竹町に完成した京華中学の新校舎は、そうした規範に基づいた、東京市内では初めての中学校建築として各界の注目するところとなり、落成式には多くの貴顕が訪れたのだった。

明治33年（1900）にできた京華中学の新校舎（本郷区東竹町）。[『京華学園八十年記念誌』（京華学園、1977）より]

　新校舎での教育が始まった京華中学では、「勧工場学校」のころにも増して活気にあふれていた。学内には学年ごとに同級会が組織されて、土曜の午後になると生徒の主催によりその例会が開かれており、特別会員として招かれた教師による演説に続いて、生徒が弁士に立つという運営がなされていた。吉田茂《よしだしげる》内閣で通産大臣を務めた稲垣平太郎《いながきへいたろう》（明治三十八年卒）も、四年のときに学年の同級会を立ち上げており、その委員長を務めている。

　明治三十六年（一九〇三）の六月に開かれた五年の例会では、磯江の講話に続いて、倫理科の曲淵啓次郎《まがりぶちけいじろう》の「四習と云ふことに就きて」と、山根の「学生の堕落を論ず」という演説がおこなわれている。このあとも、山根はしばしば例会に招かれており、「弘前の佞武多《ねぷた》祭の奇習」や「音楽に就いて」といった演説をおこなっているが、好んで寄席へ通っていたという山根であり、そのたくみな語り口はいつも会場の笑いを誘い、喝采をはくしたのだった。

その授業でも、生徒たちを大いに引きつけたようで、『グリム童話』の翻訳家として知られている学習院教授の金田鬼一《かねだきいち》（明治三十六年卒）は、山根の影響を受けて文学を志した生徒の一人であった。金田の同期で、のちに東北大学で土木工学の教授を務めた内田桊郎《うちだきびろう》も、山根はとりわけ面白い教師であり、その授業に感化されたと回想しているように、その洒脱で気さくな人柄は、多くの生徒たちに親しまれて、のちのちまで記憶されたのである。

結婚と交友

京華中学の教師となった翌年に、山根は小山正武《こやままさたけ》（米峰《べいほう》）の娘静子《しずこ》を妻に迎えている。桑名藩士として戊辰戦争へ参戦した小山は、のちに明治政府の官僚となり、大蔵省の主税官などを務めた人物である。その長女である静子は、東京府高等女学校を卒業したばかりであった。

小山は西澤之助と親交があり、国光社が発行している雑誌『国光』へもよく寄稿していることから、おそらく山根とも面識があり、こうした縁が生まれたのであろう。静子は、のちに西の創設した日本女学校で学監を務めている。

小山は、世間に名の立つような大酒家であり、それは妻徳子《とくこ》の悩みの種であった。それでも酒をやめれば情に喜びなし、その酒癖はいっこうにやむことがなかった。一方で国光社の西のほうでも、生前一樽の酒にしかずとばかりに、盆暮れには小山のもとへ一斗樽のつけ届けを毎年欠かすことがなかった。これに業をにやした徳子は、自ら西のもとへ出向いて断りを入れるなど、夫から酒香を遠ざけようとあれこれと策を講じたのだった。禁酒会へ入会させたりもした。そうしてようやく夫の禁酒に成功した徳子は、賢婦のかがみとして新聞の記事にもなるほどであった。

夫でこりている徳子は、娘には同じような苦労をさせたくはない。そこで静子の結婚相手を選ぶにあたり、過ぎた飲酒をしない人物という条件をつけた。山根はその条件にかない、静子と結婚することになったのであろうが、それでもむろん、浮世のつき合いというものは避けられないようであり、世話好きで人づき合いのよい山根としてはなおさらのことであろう。

『女鑑』の編集をしていたころから、その執筆者の一人である大町桂月《おおまちけいげつ》と親しくするようになった山根は、桂月らの主催する文芸講演会の運営にも関わっていた。住まいの近くにある神楽坂の牛込演芸館を会場としておさえたり、資金を手配したり、その世話人として大きな役割を担っていたようで、桂月は、主催者の一人である霊術家の松本道別《まつもとちわき》へ宛てた手紙のなかに、

「山根氏は講演会を幾んど独力にて斡旋し、このたび拠金の事にも尽力され居り候間、貴兄より、礼を言はれたし」（『桂月書翰《しょかん》』）と記している。

明治四十年（一九〇七）の春の講演会では、牛込演芸館に三百名ほどの聴衆を集めて、国木《くにき》田独歩《だどっぽ》がそのたくみな弁舌で会場をわかせている。その年の六月には、東京帝大教授の経済学者和田垣謙三《わだがきけんぞう》を招いて十一回目となる文芸講演会を催しており、講演のあとには、演芸館の地下にある「セラ」という洋食屋で宴会がおこなわれたが、散会したときには夜の十時を過ぎていた。その余勢をかって、桂月や山根らは小日向にある和田垣の自宅へ招かれた。

博学多才の和田垣は、講演にも増して能弁であった。自慢の書画や古物などについてとうとうと語り、得意の謡曲をうなり聞かせて、さらには小栗風葉《おぐりふうよう》を感涙させたという手風琴《アコーディオン》を持ち出して演奏を披露する。ときを忘れて酔いの上に酔いを重ねた面面が、和田垣家を辞したときにはもう午前三時を過ぎていた。同行した松本道別と東京日日新聞の佐々木作楽《ささきさくら》は、酔いどれて帰宅したようだが、山根はそのまま駒込蓬萊町にある桂月の家に泊まることになった。

まどろんだのもつかの間、早朝に松本がやってきた。桂月に師事している作家の田中貢太郎《たなかこうたろう》（桃葉《とうよう》）も合流して、山根をくわえた四人は、かねてから約束していた遊山《ゆさん》へ出かけることになる。気分はすぐれなかったのだが、それでも梅雨晴れの遊山日和に誘われて、いそいそとくり出したのだった。

吾妻橋《あづまばし》で電車を降りて曳舟《ひきふね》のあたりを歩き、木下川《きねがわ》薬師へ詣でると、勝海舟《かつかいしゅう》が西郷隆盛のために建てたという南洲留魂祠《りゅうこんし》と留魂碑をまえにして、海舟の誠心にしみじみと感じいる四人であった。涼風の青田を渡る茅店《ぼうてん》では、桃葉の吟じた「薫風や直酒《なおし》過ぎたる四人づれ」という句に興じながら、心太《ところてん》をさかなにして直酒をかたむけた。さらに、柴又《しばまた》の帝釈天へ詣でたあとには「川甚《かわじん》」へ上がり、川魚料理で盃《さかずき》を重ねたのだった。

こうしたときに幹事を担うのは、いつも山根である。この日も洗いざらしの単物を着ているほかの三人とは違い、いつものようにフロックコートを身にまとい、パイプをくわえて紳士然としている山根は、いかにも会計方の能吏のようであった。もとより桂月らは、山根にそうした才覚を認めており、勘定のいっさいを任せておけば、安心して一酔をこえるような酒興を楽しむことができたのである。

友人らとのこうしたつき合いもあり、ときには義母や妻の気をもませることもあったのであろうが、妻の実家と同じ牛込矢来町に住まいして、親しく往来もしていた。岳父のような大酒家として、妻へ気苦労をかけるようなことはなかったのであろう。

再び台湾へ

明治三十八年（一九〇五）の三月に、山根は五年にわたり在職した京華中学を退職している。

西に請われて、日本女学校の学監を務めることになったのである。さらに文部省の図書調査委員会の起草員などを経て、布哇《ハワイ》教育会で教科書の編纂《へんさん》委員を務めることになる。

ハワイでは明治の初めから移民を受け入れていたが、明治二十六年（一八九三）には、初めて日本人学校が開校する。布哇教育会が設立された大正四年（一九一五）には、日本語を習う学童は、ハワイ全島で一万人をこえるような数となり、布哇教育会では、日本語を学ぶための教科書作りがおもな仕事の一つとなっていた。山根はそこで、台湾での日本語教育の経験を活かしながら、『日本語読本』という日本語教科書の編集に関わったのである。在外日本人を教育するための教科書は、これが初めてのものであった。

さて、大正六年（一九一七）に再び台湾へ渡った山根は、総督府の民政部や学務部に勤務しながら日本語教育についての調査などをおこない、さらに台湾商工学校の講師を経て、総督府師範学校の教授となる。このときの滞在は五年ほどにおよんでおり、その間に台湾の民族や風俗について各地を歩いて調査している。その成果は、昭和二年（一九二七）から『台湾警察協会雑誌』へ連載されて、のちに『台湾民族性百談』（昭和五年）として台北市で出版されたが、山根はその刊行を待つことなく、昭和五年（一九三〇）に六十一歳で亡くなったようである。詳しい忌日は不明である。

この遺著には、台湾総督府警務局長の石井保《いしいたもつ》が「序」を寄せており、尾崎秀眞《おざきほつま》が「はしがき」を記している。尾崎は、ゾルゲ事件で知られている尾崎秀実《ほつみ》、そして文芸評論家の尾崎秀《ほっ》樹《き》の父であり、台湾民政長官であった後藤新平《ごとうしんぺい》に招かれて台湾へ渡り、台北中学の校長や台湾日日新聞の主筆を経て、その当時は総督府で資料編纂官を務めていた。尾崎は、山根がこの本の完成をまえにして亡くなったことをいたみつつ、弔辞のように記した「はしがき」のなかに、山根が尾崎に語ったということばを引用している。

> 苟《いやし》くも本島に在りて島民の教化事業の従事せんもの、一般官公吏と云《い》はず、教育者と云はず、警察官と云はず必ず先づ本島人の民族心理を知らざるべからず。然るに本島改隷以来茲《ここ》に三十五年、未だ一人の之に関する研究者を聞かず未だ一篇《いっぺん》の之に関する著述を見ない。予が自から揣《はか》らず筆を本編に染むる所以《ゆえん》のもの詢《まこと》に此《この》意に他ならず。

台湾統治が始まったばかりのころから日本語教育にたずさわってきた山根は、何よりも本島人の民族性を知らなければ、あらゆることがうまく進んでゆかないと考えていた。だが、その民俗や風習については、これまで研究がなされていない。そこで、本務のかたわらつぶさに調査をおこない、それを晩年にいたり、三年ほどかけて「百談」（百項目）にまとめたのが本書である。近年にいたり、この分野の貴重な史料として改めて見直されているようで、平成七年

（一九九五）には、台湾で六十五年ぶりに復刊されている。

学生のころから『女鑑』の編集をおこない、のちに国語教授研究会の幹事や文芸講演会の世話人、そしてまた、恩師の送別会の発起人や知友との遊山の幹事にいたるまで、気さくに引き受けて、如才なく振る舞う山根であった。世話好きで人づき合いがよくて、人への興味の尽きないような山根の性格は、晩年にいたり、その関心が台湾の民心へと向かうようになり、民族性の探究として大きな実をむすぶことになったのである。

西脇　玉峰
――天神様として敬愛された漢学者

『京華中学校卒業記念』（京華中学校、1934）より

井上猛一と京華中学

入学試験の面接で将来について問われた井上猛一《いのうえたけいち》は、迷うことなく小説家になりたいと答えた。面接を担当していたのは、中学生が小説などに親しむのは好ましくないと考えているような教師であったが、むろん猛一には知るよしもない。しかもあろうことか、この面接官は修身の授業を受け持っており、日ごろから生徒の素行には、ことさら神経をとがらせているような教師であった。もとより小説は、中学生の読みものとしては健全なものではない、といわれているような時代のことである。

それでもこの面接官は、猛一が質問に答えたときに見せた、まっすぐな視線のなかに一途《いちず》な思いを感じ取り、将来の希望が小説家であるということを除いたら、見どころのありそうな少年であるという印象を持ったようだ。猛一が無事に京華中学へ入学したのは、明治四十一年（一九〇八）の四月のことである。

入学して間もないころに、あのときの面接官が修身の教師であり、小説をひどく嫌っているということを知った猛一は、いまさらながら、よく合格できたものだと胸をなで下ろしたのだった。それでも同級のなかには、のちに作家となる小島政二郎《こじませいじろう》など、小説を好む仲間が少なからずおり、気おじするようなこともなく、中学生活を始めることができたのである。

根津に住んでいる猛一は、下谷の呉服屋の息子である小島とは家の方角が同じであり、学校から上野の不忍池のあたりまではときどき一緒に帰った。小島はすでに、寄席や花街などへも出入りしていたようで、中学生とは思われないようなませた話を聞かされる猛一は、ひどく戸惑うこともあった。

文学少年の小島は、田山花袋《たやまかたい》が編集を務めていた『文章世界』という雑誌へ盛んに小説を投稿しており、そのほうへ熱を上げ過ぎたようで、猛一の同級とはいえ一級落第したくちである。落第が決まったときに、怒りの収まらない父親は、くだらんものばかり読んでおるからだということで、家にある小島の本をすべて庭へ放り投げて燃やしてしまい、巡査がやってくるような騒ぎにもなった。それでも小島は、のちに直木賞や芥川賞の選考委員も務めるような作家となり、中学のころからの夢をかなえたのだった。

本郷の小間物屋「かねやす」は、「本郷もかねやすまでは江戸のうち」という江戸川柳でもよく知られているが、この老舗の子息であり、のちに活動弁士や講談師となる饗庭吉之助《あえばきちのすけ》（国井紫香《くにいしこう》）も同級であった。饗庭は、早くから色恋のほうへ気が向いてしまったようで、学業はよくできたものの、素行がよろしからぬということで四年の三学期に放校処分となり、逗子《ずし》開成中学へ転校することになる。

小島や饗庭と好対照なのが関根秀雄《せきねひでお》であった。同級のなかではいたってきまじめな性格であり、猛一たちが「聖人」というあだ名で呼んでいた関根は、のちに仏文学者となり、陸軍大学校や東京都立大学などで教授を務めている。なお、「聖人」の兄は、東京女子高等師範学校の教授を務めた国文学者の関根正直であり、京華中学でも正直の編纂した『中等国文読本』や『保元物語』が教科書として使われており、猛一もその教科書で学んだ一人であった。

小堀稜威雄《こぼりいつお》も同級であり、親しくしていた仲間の一人である。稜威雄の父小堀鞆音《ともと》は、東京美術学校の教授を務めた日本画家であり、稜威雄ものちに洋画家となる。猛一の三級下には、登校するときに市電のなかで森鷗外の姿を見かけて、読書をしているその横顔に見とれたまま乗り過ごしてしまい、学校を休んでしまうような鷗外の信奉者がいた。のちに第一回の芥川賞作家となる石川淳《いしかわじゅん》である。そのころすでに、鷗外の『即興詩人』などは暗誦《あんしょう》するほど愛読している文学少年であった。

時代は少しあとになるが、大正十一年（一九二二）に卒業して、のちに文芸評論家となる瀬《せ》沼茂樹《ぬましげき》（鈴木忠直《すずきただなお》）は、当時の京華中学のようすをつぎのように回想している（『京華学園八十年記念誌』）。

私たちが四、五年のころ、級友の間に、謄写版の同人雑誌が四、五種おこなわれ（私の手許にあるものだけを数えても、である）、受験校である反面、文学に溺れる「不良少年」（当時はそうみなされた）もまた少なからずいたことを証明している。同級の偉才で、無名に終わった少年たちも少なくない。

瀬沼の同級には、作家や演劇評論家となる正岡容《まさおかいるる》や、推理作家となる稲並昌幸《いなみまさゆき》（城昌幸《じょうまさゆき》）、小津安二郎《おづやすじろう》などの映画の台本を書いた、脚本家の池田忠雄《いけだただお》などがおり、盛んに同人雑誌が作られていたのである。

三人おこなえば必ずわが師あり――。文学好きな「不良少年」が少なからずいるなかで、猛一も仲間と競うようにして小説を書き、また永井荷風《ながいかふう》や北原白秋《きたはらはくしゅう》などを読みふけった。小島と同じように『文章世界』へ小説を投稿して、掲載されたりもした。投稿した短歌が前田夕暮《まえだゆうぐれ》の眼にとまり、『秀才文壇』へ載ったこともあり、そんな猛一をあてにした小島が、猛一の作った短歌を、試験の答案にそのまま書いたりするようなこともあった。瀬沼の回想にもあるように、生徒の間では謄写版による同人雑誌がいくつも作られており、猛一の周りでも仲間うちで作った雑誌が回覧されていた。猛一も雑誌作りに熱を上げた一人であり、文学にふける「不良少年」として中学時代を過ごしていたのだった。

猛一には文学にふける下地があった。母親が新内の師匠をしていたことから、いきおい荷風などの描いている、遊里の情調にあふれたような小説を好んで読んでいたのである。母親のもとで、幼いころから新内に親しんできたこの門前の小僧は、中学三年のころからは、本格的に新内の稽古を始めるようになる。

あるとき、仲間うちを集めて新内の会を催したのだが、思うように客が入らず、席料の支払いに窮することになった。このとき助けてくれたのが同級の江間俊雄《えまとしお》である。江間は、自宅にある日本刀をだまって持ち出して、菊坂下の伊勢屋へ持ち込んだ。伝家の宝刀を質草にして、急場を救ってくれたのである。江間の父は、代議士の江間俊一《しゅんいち》であり、家には古くから伝わる家宝が少なからずあったのであろう。のちに江間は、慶應義塾大学の仏文の教授となる。

文学少年の猛一は、数学や物理の授業には苦しめられた。体操と習字も大の苦手であり、体操の時間は病気をよそおって、校庭の片すみで日向ぼっこをしているようなエスケープの常習者であった。習字の時間も苦行のように感じていた。

ある日の習字の時間のことである。手本をまねてようやくそれらしい一枚を書き上げると、字がにじんでしまったといういいわけをそえながら、教卓の上におそるおそる半紙を出した。すると習字の教師は、転瞬の間もおかずに「そんなことはかまわん、かまわん」といい放った。書き直してもう一度出すように、そういわれるとばかり思い込んでいた猛一は、拍子抜けするような思いだった。そして、「そんなことはかまわん」という何ということもないような一言に、心底から救われるような思いをしたのだった。

このささいな一言は、いつまでも猛一の心のなかにいすわった。そして生涯にわたって忘れ得ぬようなことばとなる。のちに猛一は、新内の師匠として弟子の稽古にもあたるようになるのだが、小さなことにこだわり過ぎている弟子に対しては、思わず「そんなことはかまわん」と、自らも口にするようになる。小さなことにこだわらずに、こうして大らかに応じてくれたのが、西脇玉峰《にしわきぎょくほう》という習字の教師であった。

竹葉の里に生い立つ

西脇玉峰は、明治四年（一八七一）の七月一日、山形県西田川郡大山村浦町（現・山形県鶴岡市大山）に、西脇徳次郎《にしわきとくじろう》の長男として生まれている。大山は、旧庄内藩の城下である鶴岡から西へ二里ほど離れた宿場町であり、庄内平野の西南の端に位置する米どころである。元禄のころから酒造りが盛んであり、良質の米と水に恵まれた大山の酒は、酒田の湊から北前船に積まれて全国へ沖出しされており、西脇の生まれた明治の初めには、三十戸ほどの造り酒屋が軒を並べてにぎわいを見せていた。

西脇が学んだ新民学校のあとを受けて、明治35年（1902）に建てられた大山尋常高等小学校（鶴岡市大山）。現・新民館［著者撮影］

片雲の風に誘われて、「おくのほそ道」の旅に出た松尾芭蕉《まつおばしょう》が、竹葉の香りに誘われるようにしてこの大山へいたり、西脇の生家にも近い丸屋義左衛門《まるやよしざえもん》宅へ一夜の宿を求めたのは、元禄二年（一六八九）の夏のみぎりのことである。大山へ宿る十日ほどまえには、この旅における最北の地である象潟《きさかた》を訪れて、能因《のういん》や西行《さいぎょう》の跡をしのび、合歓《ねぶ》の花に西施《せいし》のおもかげを見た芭蕉である。松島は笑ふがごとく、象潟は恨むがごとし――。もうこの旅では見るべきものは見つ、そうした思いに満たされていたことであろう。

象潟からおり返すようにして酒田へもどり、

北前船で栄えたこの湊町で思いのほか長逗留することになったのは、この旅を打ち上げるようにして、尽きぬなごりを惜しんだからでもあろう。酒田をあとにして大山で一夜を過ごした芭蕉は、あとはただこれまでの旅の余韻にひたりながら、列島の裏ともいわれる海べりを、磯《いそ》を伝うようにして旅を納めてゆくことになる。

こうした歴史のある竹葉の里に生い立った西脇は、明治九年（一八七六）に開校した新民学校（のちの大山尋常小学校）を卒業して、さらに上級学校で学ぶために、芭蕉の旅路を逆にたどるようにして最上川《もがみがわ》を舟でさかのぼり、笈《おい》を負って上京することになる。男児、志を立てて郷関を出たからには、学もしならずんば死すともまた帰らず――。このあと西脇が帰郷したのは、およそ四十年のときを経た、大正十四年（一九二五）の春のことである。

京北中学の教師として

上京して神田錦町の錦城学校に学んだ西脇は、ついで明治二十四年（一八九一）の九月には哲学館へ入学する。井上円了や井上哲次郎のもとで学び、同二十七年（一八九四）の七月に本科を卒業すると、引き続いて研究科で学んでいる。その翌年の四月には、孟子について論じた『孟亜聖』（明治二十八年）という著書を刊行しており、西脇の初めてとなるこの著書には、井上哲次郎が序文を寄せている。そして、同三十一年（一八九八）の十月に、井上円了が京北《けいほく》尋常中学校を創設すると、西脇は円了に招かれてその教師となる。

勤めてから二年ほどが過ぎた暮れも近いころ、京北中学の四年と五年の組へ九名の生徒が編入してきた。いずれも山形中学の出身者であり、校長の排斥運動をおこない、放校処分にあったというわけありの生徒たちであった。そのうちの四名は五年である。高等学校の受験をひかえており、上京して編入先をさがしていたのだが、放校の理由からしても思うように見つからず、途方に暮れていた生徒らであった。そこへ円了が、快く手を差し伸べたのだった。

そのうちの一人は、西脇の郷里にも近い、庄内藩の支藩である羽州松山藩の出身であり、その旧城下である松山という町は、西脇にとってもなじみのあるところであった。鶴岡の荘内中学へ入学したあとに、父の仕事の都合で山形中学へ転校したその生徒は、五年のときに校長の排斥運動の中心に立ち、放校処分になったのである。

西脇は、穏やかな性格ながら気骨のあるこの同郷の後輩を温かく見守った。山形中学を追われたとはいえ、学力では群を抜くような生徒であり、翌年六月の第一回の卒業式では卒業生の総代として証書を受け取り、七月には一高へ合格する。さらに東京帝大の哲学科へ進み、のちに『三太郎の日記』などを著して、哲学者阿部次郎として知られるようになる。

京北中学へ勤めて四年余りが過ぎた明治三十五年（一九〇二）の春に、高村豊周《たかむらとよちか》という生徒が入学してきた。彫刻家高村光雲《こううん》の三男である。詩人そして彫刻家の高村光太郎《こうたろう》を兄に持つ豊周は、のちに鋳金家として東京美術学校の教授などを務めており、芸術院会員となる人物である。その豊周を担任したのが西脇であった。豊周は、のちにその著書である『自画像』（昭和四十三年）のなかで、つぎのように述べている。

一年の担任の先生は西脇玉峯という漢文の先生で、作文も受け持った。如何《いか》にも東洋風の豪傑肌で、何事にも感激しやすい熱情家だった。正義感の強い清廉潔白な人柄で、人情に厚くて曲ったことが大嫌いだったから、生徒から非常に敬慕された。私もこの先生がすっかり好きになり、むしろ崇拝に近いような気持ちだった。よくあることだが、それで自然に漢文も好きになった。作文はもともと好きだったから、作文の時間を一番楽しみにしていた。

西脇は、京華中学でも見せたような、「そんなことはかまわん」という細かなところにこだわらない「豪傑肌」の教師であった。「清廉潔白な人柄」で生徒たちに慕われており、豊周も「崇拝に近いような気持ち」を抱くようになり、その影響をつよく受けた一人であった。

京北中学のすぐとなりに、鶏声堂書店という文房具屋をかねたような本屋があった。のちに

明治37年（1904）、西脇宅を訪れた京北中学の生徒たち。柱から右へ2人目が高村豊周。その右側が西脇夫妻。［高村豊周『自画像』（中央公論美術出版、1968）より］

東洋大学の学長となる高嶋米峰《たかしまべいほう》が、京華中学の教師を辞めたあとに開いた本屋であり、哲学館や京北中学の教科書などを販売していた。中学二年になった豊周は、その本屋のまえを通るたびに、店先にひときわうず高く平づみされている本が気になっていた。徳冨蘆花《とくとみろか》の小説『不如帰《ほととぎす》』である。明治三十三年（一九〇〇）に民友社から発売されたこの小説は、そのころもっともよく読まれていた。

新聞が書きたて、芝居にもなり、たいそう評判になっているこの小説には、いったいどんなことが書いてあるのか、読みたくてしかたがない。だが豊周も、中学生が小説などを読むのはけしからんといわれるような時代の中学生であり、兄の光太郎からも、小説は読んではいけないといわれていた。それでもがまんできなかった。兄の忠告に背いてついに買い求めて、父母や兄のいないひまに隠れては読んで、読んではあわてて本箱の奥のほうへ仕舞い込んでいた。だが、とうとう兄に見つかってしまう。

兄にきつく叱られて、代わりに作文の手本になるからということで、同じ徳冨蘆花の『自然と人生』という本を買い与えられたのだった。弟の教育にとりわけ熱心な兄であった。大事な弟を文学好きな「不良少年」にするわけにはゆかなかったのである。

なお、『文章世界』では、大正二年（一九一三）の新年号で、「予の愛読書」という特集をおこなっている。読者から愛読書とその理由を記した文章を募ったところ、もっとも多くの票を集めたのが徳冨蘆花の『自然と人生』であった。これに続いたのが国木田独歩の『武蔵野』である。ついで田山花袋の『田舎教師』や島崎藤村《しまざきとうそん》の『春』が上位をしめている。当時は自然主義といわれる文学が全盛のころであるが、おもに文学少年らを読者に持つ『文章世界』でも、それを反映するような結果となったのである。

そのころ、中学の国語教科書の多くが徳冨蘆花の作品を載せており、その数は、漱石や鷗外をはるかにしのいでいた。蘆花の作品のなかでも、小説や随筆などの小品を集めた『自然と人生』は、そのうちの何篇《なんぺん》かは必ずといっていいほど教科書に掲載されており、漢文調の文章が作文の手本のようにして読まれていた。光太郎がこの本を弟へ買い与えたのも、もっともな理由があってのことだったのである。

さて、豊周が三年になって何日かが過ぎたころに、西脇がとつぜん退職することになった。正義感がつよく、曲ったことが大嫌いだったという性格が災いしたのであろうか、幹事を務めていた教師と意見の対立を深めたようで、退職をもって自らの意志を貫こうとしたのである。いつものように紫の風呂敷を抱えた西脇が、いつものような和服姿で教室へ現れた。だがこの日は、風呂敷のなかに辞表が包まれていた。教壇に立ち、学校を去ることになった経緯を正直に語り終えると、いく人もの生徒から考え直して学校へとどまってほしいという声が上がった。だがそれは、もうかなわぬことであった。すすり泣く声をもらす生徒もいた。

西脇が学校を去ってから間もなくして、彼らの悲しみは退職の原因を作った幹事への怒りへと変わったようで、ついには豊周が先頭に立ち、その教師を攻撃するストライキにまでおよんだのである。このときのストライキ騒動は、校長の円了により穏便に収められたようだが、父親のように慕っていた西脇がとつぜん学校を辞めてしまったことで、豊周は、まったく学業が身につかないようなことになった。

父の光雲は、江戸の職人気質《かたぎ》の人であり、子どもたちの教育については、およそ関心を示さなかった。そうした父に代わり、豊周の面倒を見ていたのが兄の光太郎である。光太郎は、豊周に何冊もの大学ノートを買い与えると、予習と復習の内容をすべて記録させて、そのノートへ批評を書きくわえることを、どんなに忙しい日でも欠かすことはなかった。この希代の詩人、そして彫刻家は、まめな教育家でもあったようである。

京華中学の教師として

心ならずも京北中学を退職することになった西脇であるが、明治三十九年（一九〇六）の四月には、幸いにも京華中学と京華商業学校の教師として迎えられることになる。三十五歳のときであった。西脇の師である円了が、旧知の磯江潤へ紹介してくれたことで、新たな教師の口を得ることができたのである。

京華中学では、漢文と作文と習字の授業を受け持った。習字の授業では、字がにじんでも「そんなことはかまわん」と、細かなところを気にしない西脇であったが、そうした大らかさは、作文の授業でも見せていたようで、その授業を受けた瀬沼茂樹は、つぎのように述べている（『京華学園八十年記念誌』）。

国語に小原無絃《おばらむげん》、英語に小林愛雄《こばやしちかお》、漢文に西脇玉峯などの教師陣がいて、天神様とよばれた玉峯が作文を担当し、詩や小説めいた作文をも励ますところがあった。このころは作文は受験用として、漢文を呼吸する文語文であり、感傷的な口語文は公認されていなかった。

国語の小原無絃（要逸《ようい》つ）は、翻訳詩人として多くの訳詩集を著しており、英語の小林愛雄は、日本で初めての創作オペラの上演に関わった作詞家、翻訳家である。この二人に並ぶ名物教師として漢文の西脇を挙げて、なかでも印象に残った作文の授業について回想した一節である。

高等学校の受験に向けた作文では、当時は漢文訓読調の文語文を書くことが求められていたが、西脇の授業では、「感傷的な口語文」で書いた、「詩や小説めいた」作文も認められており、しかもいい文章であれば、大いに励ましてくれたのである。井上猛一も、もとより小説めいた文章を書くのが得意であり、西脇の授業では、模範作としてよく読み上げられてはずかしい思いもした。京北中学で教えを受けた高村豊周もまた、西脇の作文の授業に励まされた一人であり、その思い出をつぎのように記している（『自画像』）。

先生もまた盛んに人をおだてるものだから、自分からも乗気になって、美辞麗句の宝典の類や仮名遣の本を買い込んで、その中の熟語や用例をつなげては形容詞沢山の文章を一生懸命書いた。

西脇に盛んにおだてられて、文章を書く楽しみを覚えた豊周は、のちに『高村豊周文集』全五巻や歌集などを著しており、鋳金家としてのみならず、文筆家としてもすぐれた一面を見せている。中学時代の西脇の励ましが、少なからずその業余をゆたかなものにしたのである。

京華中学の教師になって数年が過ぎたころから、西脇は漢文の参考書作りを始めており、のちに『中等漢文法』（大正四年）と『漢文学び方の研究』（大正八年）という二冊の参考書を刊行している。現在、国会図書館の所蔵する『中等漢文法』には、序文の末尾にある「大正四年正月六日　玉峰生識」という署名の右どなりに、この参考書の持ち主が書いたと思われる「一名天神様　京華中学校講師」という書き込みがある。

同じく国会図書館の所蔵する『漢文学び方の研究』には、その扉の裏側に、これもその持ち主が書いたと思われる「此の著者は京華中学校の漢文教師なり／漢文の大家であります／京華／今は五年を教ふ／あだなは天神境内のハトポッポ」という書き込みがある。おそらくこの二冊は、いずれも京華中学の生徒が使用していた参考書であろう。

『中等漢文法』は、『朝日新聞』（大正四年六月一日付）の出版界の欄で、「小冊子なりと雖《いえど》も実力ある人にあらずんばなし能《あた》はざる著なり」と評されており、『漢文学び方の研究』については、同紙（同八年七月十五日付）に、「本書だに有らば、漢文科のパスは易々《やすやす》たるもの、斯《か》くて月桂冠《げっけいかん》は諸君の手に落ちん」という広告が掲載されている。いずれにせよ、高等学校の受験を目ざす中学生には、二冊ともご利益をもたらしてくれるような参考書であり、長いあごひげを蓄えたその風貌からも、瀬沼も述べているように、西脇は生徒の間で「天神様」と呼ばれて敬愛されていたのである。

漢学者、そして編集者として

漢文教師の「天神様」は、すぐれた漢学者でもあった。その著書としては、『孟亜聖』（明治二十八年）を始めとして、右に掲げた参考書のほかにも、『諸葛孔明《しょかつこうめい》言行録』（同四十一年）、『通俗論語』（同四十二年）、『伊能忠敬《いのうただたか》言行録』（大正二年）などがある。とりわけ『諸葛孔明言行録』は広く読まれたようで、吉川英治《よしかわえいじ》がその代表作の一つである『三国志』を執筆するにあたり、参考にしたという一冊でもある。東京青梅の吉川英治記念館には、吉川の旧蔵書のなかの一冊として、西脇のこの本がいまも所蔵されている。

さらに西脇は、東京本郷の豊文館から明治四十四年（一九一一）の二月に創刊された、『萬《まん》潮《ちょう》』という雑誌の編集人も務めている。この雑誌の目的は、その発刊の辞によると、次世代を担う青年へ「穏健なる指導」をおこなうために、「学芸と実業」、並びに「趣味と実益」をともに堅実に学ぶことができるように後押しようというものであった。

こうした創刊の目的に合わせるように、各界から広く稿が寄せられており、政界からは巻頭言を記した大隈重信《おおくましげのぶ》や後藤新平、実業界からは渋沢栄一や大倉喜八郎《おおくらきはちろう》、教育界からは井上哲次郎や磯江潤、さらに芸術界からは高村光太郎や中村不折《なかむらふせつ》といった、二十余名におよぶ著名

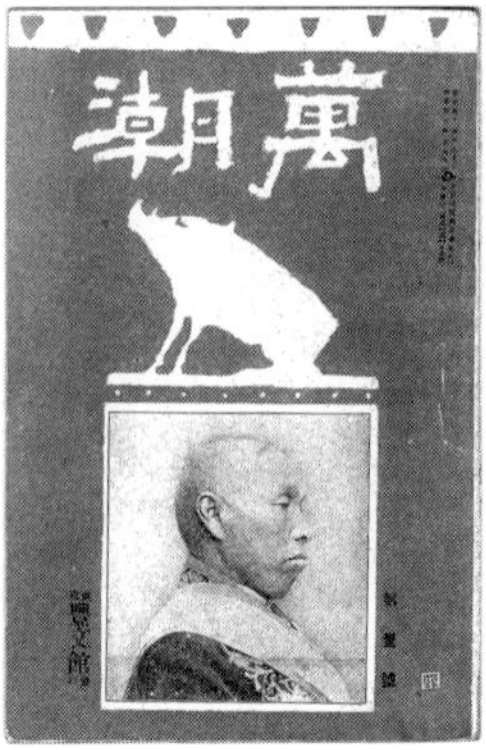

西脇が編集人を務めた『萬潮』創刊号（明治44年2月）。［架蔵］

な人士が名を連ねている。その多くは、哲学館、京北中学、京華中学、京華商業学校などに関わりを持つ人物であり、こうした学校で教師を務めていた西脇が、そこでつちかった人脈をもとにして編集した雑誌のようである。ただ、二号からはどのような内容で発行されたのか、または発行されなかったのかは不明である。

学究の徒である西脇は、大正十二年（一九二三）に大東文化学院（現・大東文化大学）が設立されると、その翌年の一月に一期生として入学している。五十三歳のときであった。のちに西脇は、「私の当時の思ひ出」（『東文』第一号）のなかにその経緯などを記しており、貧乏教師でかつ孫さえある身であり、滑稽で恥ずかしいような気持ちで入学試験を受けたのだが、それでも三十、四十代はおろか自分よりも年上の受験生もいたことから、上には上がいるものだと、大いにわが意をつよくすることができたと述べている。

授業料や教科書代が無料であり、しかも給費制度もあることから、西脇のようにすでに中学などで教壇に立っていた現役の漢文教師たちも多く受験したようで、倍率が数倍におよぶようなきびしい試験であった。そうしたなかで、すでにこれまで漢学者としての実績を積み上げてきた西脇は、高等科の一期生二十一名の一人として合格を果たしたのであるが、合格通知が届いてから初めてこれを家族に告げたところ、妻や娘に反対されてしまう。それをどうにか説得して、それから三年余り、教師をしながら学生生活を送ることになったのである。

授業はむろん、西脇の専門とする漢学ばかりではない。とりわけ三学年に進級すると中国語と英語が正科となり、哲学史や教育学などの授業では原書を読み進めなければならず、三十年ぶりの英語に面くらいながら大いに苦労もしたのだが、毎日学校へゆくことは何よりの楽しみであった。知命をとうに過ぎた「天神様」であるが、それでもなお、向学心にあふれた仲間がいるなかで、ともに勉学にいそしみながら、その学問にいっそうの磨きをかけたのである。

昭和二年（一九二七）の三月に卒業した一期生らは、卒業した年の干支にちなんで丁卯会という同期の会を作り、のちのちまで交友を続けているが、西脇が還暦を迎えたときには華甲の雅宴を開いている。これに対して西脇は、その返礼として『六一集』（昭和七年）という漢詩文集を作り、丁卯会の仲間などへ配布している。

この文集は、これまでおりにふれて書いてきた漢文による随想などを集めたものであり、そのなかには「観桜記」という一文が含まれている。大正十四年（一九二五）の春に、およそ四十年ぶりに帰郷したときのようすを描いた文章であり、人事の変わりようを嘆きながらも、千秋変らぬ故郷の山河の美しさにふれている。また、山水の秀麗な土地からは偉人が生まれるものであると古人は説いているが、この羽州からいまだに偉人が生まれていないのはなぜであろうかと述べている。「後の君子を待たん」とむすばれたこの「観桜記」は、故郷の山河をまえにして、自らが「君子」たらんとする覚悟を改めて表明しているようでもある。

大東文化学院を卒業した翌年に駒澤大学の教授となった西脇は、あわせて東洋大学へも出講しており、のちに大東文化学院の教授となる。京華中学と京華商業学校では、昭和十一年（一九三六）の三月にいたるまで、およそ三十年にわたり教師を務めている。晩年には、廻瀾社《かいらんしゃ》の発行する漢詩文集『廻瀾集』にたびたび漢詩などを寄せており、その寄稿は、古稀を過ぎた昭和十九年（一九四四）の第十六編まで確認できるが、このあとはほかの雑誌なども含めて、その名は見られないようである。

この年までは健在であったのだろうが、おそらくそれからほどなくして生涯を終えたものと思われる。風雪のとりわけきびしい風土のなかに生まれ育ち、柳に雪おれなし、というような気質が育まれたのであろうか、情に厚い大らかな人柄で、教育や漢文学の研究に尽くした七十余年にわたる生涯であった。

猛一、四世岡本文弥となる

さて、中学時代に西脇から「そんなことはかまわん」という洗礼を受けた猛一であるが、大正二年（一九一三）に中学を卒業して早稲田大学の史学科へ進学するものの、ほどなく中退してしまう。そして、新内の富士松加賀路太夫《ふじまつかがじだゆう》として上野鈴本亭で名披露目をおこない、昼は文芸誌の編集にたずさわり、夜は新内流しで生計を立てていた。

そうしたなかで所帯をかまえたのだが生活に窮するようになり、あるとき手作りした新内の演奏券をたずさえて、かつての恩師である京華中学の磯江潤校長のもとを訪ねた。事情をさっした磯江は、快くその演奏券を買い取り、その活動を後押ししたのだった。その子息で校長を継いだ磯江泰雄《やすお》や、孫で同校の理事長となる磯江重泰《しげやす》も、のちに猛一の後援会に入り、三代にわたりその至芸を支援してゆくことになる。

大正十二年（一九二三）に、新内の岡本派を再興した猛一は、四世家元岡本文弥《おかもとぶんや》として独立する。永井荷風の元の妻であり、日本舞踊家の藤蔭静樹《ふじかげせいじゅ》とともに新内舞踊を復活させたほか、自らの創作した新内節が評判を呼ぶようになり、邦楽界の大看板として一家をなすことになる。希望していた小説家にはならなかったものの、後世に残る多くの新内節を創作したほか、およそ五十冊もの著書を残しており、入学試験で面接官へ答えた志から大きく外れることもなく、文芸に関わるような生涯を送ったのである。

こうして文学好きなかつての「不良少年」は、九十四歳にいたるまで新内節岡本派の家元を務めているが、おそらく「そんなことはかまわん」という西脇流の口伝を何よりの極意としながら、その類いまれな芸歴を重ねていたことであろう。「長生きも芸のうち」というように、百一歳という寿齢をまっとうして大往生をとげたのは、平成八年（一九九六）の十月のことであった。

横地　清次郎
——美術界に名を残した国文学者

『卒業記念写真帖』（1911、お茶の水女子大学蔵）より

廉造少年の夢路

岐阜中津川村の小学校へ通っていた廉造《れんぞう》という少年が、高等科の卒業をひかえていたある日のこと、三宅《みやけ》校長に呼びとめられて、卒業したら何をしたいのかと問いかけられた。もとよりのんき者の廉造である。卒業したあとのことなど少しも考えていなかったのだが、とっさのことで、絵を習ってみようと思います、と答えた。算術を苦手としているこののんき者が、図画にはたいそうたけていることを知っていた三宅校長は、大きくうなずきながら、それはおもしろかろうと賛同したのだった。

しばらくして校長室に呼び出された。三宅校長が、わざわざ東京から取り寄せてくれたという美術学校の規則書を手渡された廉造は、小おどりしたいような思いをしたのだが、よくよくその内容を確かめてみると、美術学校へ入るには中学を卒業していなければならなかった。絵でも習ってみようという思いつきは立ち消えとなった。

絵を描くことは好きだったが、絵描きになろうなどとは少しも考えていなかった。それでも、三宅校長の問いかけに、あんなふうに答えてしまったものだから、どこか自分の進むべき道は、もう決まっているような気にもなっていた。美術学校もあきらめたわけではなかった。学校を卒業してから家業の乾物屋を手伝っていた廉造であったが、母を病気で亡くしたこともあり、しだいに中学へ入りたいという思いがつよくなってきた。思いきって父へ願い出てみたところ、思いのほかすんなりと許しが得られたことから、叔父を頼って上京することになった。

停車場のある多治見の町までは、およそ十里の道のりである。わらじのひもをゆい直して、ひとり山道をこえながら青雲を見上げては、自らのゆくすえを思い描いてみた。東京の中学を出たら美術学校へ進み、ゆくゆくは絵描きになりたい――。十三歳になる少年の夢が青空を突き抜けた。

汽車に乗るのは初めてである。額縁のような木枠の車窓には、つぎからつぎへと外の風景が流れゆき、限りない絵巻の巻緒をといたようであった。名古屋へ着いて、迷うこともなく東海道線へ乗り換えることができてほっと一息ついたようなものの、ここからさらに、はるか彼方《かなた》にあるのが東京という町である。それでも、あくことなく車窓の景色をながめている廉造には、こうした長旅も、さほど苦にはならないようであった。

東京では、根津で東濃館という下宿屋を営んでいる叔父のもとへ身を寄せた。念願の中学へ通い始めたのは、明治三十一年（一八九八）のことである。入学したのは、そのまえの年に開校したばかりの京華尋常中学校であり、叔父の勧めてくれた学校であった。

下宿を出てから不忍池のほとりを歩き、湯島の天神下から切通坂を上りきると、右手に麟祥院という寺がある。学校はそのとなりにある。下宿からは半時間ほどであるが、それでも慣れない東京での通学であり、通い始めたころは、学校が見えてくるとほっとするような気持ちになった。それだけに、通学のときに目にする不忍池と、そのうしろへ緑の広がる上野の山の風景は、わずかに郷里の山河をしのぶよすがとなり、ほんのひととき心が安らぐようであった。

学校にもようやく慣れてきた。切通坂ではなく無縁坂を通るようになったのは、そのほうがわずかに学校への近道であることに気づいたからである。そうしたささやかな気づきを重ねてゆくうちに、不安を抱えながら始まった東京での生活ではあるが、その不安もしだいに消えてゆくようであった。

ちょうどそのころ、上野の山にある東京美術学校では、人事をめぐるかつてないような騒動がおきていた。初代校長と帝国博物館の美術部長をかねていた岡倉天心《おかくらてんしん》が、これを退けようとする一派により辞職に追い込まれて、西洋画科を除いた教師らが、すべて辞職するような事態となっていたのである。のちに辞職を思いとどまる教師もいたのだが、天心がもっとも信頼を寄せている橋本雅邦《はしもとがほう》を始めとして、小堀鞆音や下村観山《しもむらかんざん》ら十一名は依願退職となり、文部省に対してとりわけつよく抵抗した横山大観《よこやまたいかん》や菱田《ひしだ》春草《しゅんそう》ら六名は、懲戒免職となった。

廉造は、橋本雅邦の手本を見ながら描いた絵を、小学校の図画の教師からたいそうほめられたことがあり、その名前だけはぼんやりと記憶していた。だが、橋本が京華中学のある龍岡町に住んでいることや、岡倉天心の長男である一雄《かずお》が、同じ京華中学へ在籍していることはむろんのこと、のちに「美校騒動」と呼ばれるこの事件のことは、まったく知るよしもなかった。ましてやのちに、自らも前田青邨《まえだせいそん》という日本画家として名をなして、美術学校の後身である東京芸術大学で教鞭《きょうべん》をとることになろうとは、むろん思いも寄らぬことであった。

「美校騒動」で辞職した橋本雅邦の後任には、荒木寛畝《あらきかんぽ》という日本画家が迎えられた。土佐藩の絵所預であった荒木は、還暦を過ぎてから画名が高まるようになり、美術家として最高の栄誉である帝室技芸員に任命されるなど、当時を代表するような日本画家の一人であった。荒木は読画塾という画塾も開いていた。そこで多くの門人を育てていたが、そのうちの一人に、一畝《いっぽ》という画名を与えられた門人がいた。画業のほかにも『八十翁荒木寛畝先生略伝』（明治四十三年）を著すなど、のちに美術評論家として知られるようになるこの人物が、立教中学や京華中学などの教師を経て、学習院の国文学の教授となる横地清次郎《よこちせいじろう》である。

絵画との出会い

横地清次郎（号・一畝、杳郷《ようきょう》）は、明治四年（一八七一）の九月二十日に、名古屋の皆戸町（現・名古屋市中区丸の内）に生まれている。かつて尾張藩の城下には、城の南側に碁盤割といわれている町人町があり、その通りの一つは、町人がみな戸や襖《ふすま》などを作る職人であるということから、皆戸町と呼ばれていた。

幕末の名古屋に横地三丘《さんきゅう》という絵師がおり、その息子の助九郎《すけくろう》も、名古屋の四条派の祖といわれている野村玉渓《のむらぎょくけい》に師事した絵師であった。助九郎が亡くなったのは明治二十三年（一八九〇）であることから、おそらく清次郎の親の世代であろう。助九郎は清渓《せいけい》と号してもいる。さらにくわえて、同じく玉渓の門人に奥村石蘭《おくむらせきらん》という絵師がおり、名古屋の画壇で重きをなしたこの絵師のもとで、清次郎は十二、三歳のころから絵を学んでいる。そうしたことからすると、あるいは横地三丘と助九郎の父子は、清次郎とつながりのある人物のようでもあるが、そのあたりのことはなお不明である。

横地清次郎が名古屋の絵師柴田芳州《しばたほうしゅう》のもとへ入門して、四君子（梅、菊、蘭、竹）の手ほどきを受けるようになったのは十歳のころである。ともに入門した姉は、横地にもまして絵に興味を抱いており、その技量にもすぐれていた。さらに、奥村石蘭のもとで三年ほど四条派の絵を学んだ横地は、中学へ入ると水彩画や油絵にも興味を抱くようになる。

幕末から明治にかけて、名古屋には数多くのすぐれた絵師がおり、横地が名のある絵師のもとへ入門できたのも、そうした土地柄のゆえであろう。くわえて、姉と競うようにして絵を学んでいることからすると、あるいは父祖が皆戸町で襖絵などを描くような仕事をしており、絵が身近にある環境のなかで、自ずと絵を学ぶようになったのかもしれない。いずれにせよ、幼いころから絵に親しんできた横地は、生涯にわたり美術と関わりを持つことになる。

早くから絵の技量を磨いていた横地は、学業のほうでも一頭地を抜くような少年であった。七町尋常小学校での優等賞は数度におよんでおり、愛知県尋常中学校でも二度の優等賞を受けている。将来は、とりわけ得意としている英語で身を立てたいという思いから、第一高等学校を志望するようになるが、一高へは校長の学力証明により無試験での入学を果たしている。

上京して一高へ通い始めた横地は、名古屋とはまるでようすの異なる、東京の美術界の進みように目を奪われた。しだいに洋画への関心を深めてゆき、学業のひまを見つけては写生をくり返したり、展覧会へもしきりに足を運んだりしているうちに、幼いころから学んできた日本画について、とりわけ南画についてては、果たして美術といい得るものかどうか、疑問を抱くようになる。これまで学んできた日本画への思いが、足もとからゆらいでいくようであった。

それでも、一高でさまざまな学科を学ぶうちに、しだいにその考えにも変化が表れてくる。

英語で身を立てるには、日本や日本語を知らなければならないように、西洋美術を学ぶにしても、まずは日本画を知らなければならない。そうした思いを抱くようになった横地は、大学では国文学を学ぶという道を選び、さらに荒木寛畝の画塾へ入門して、再び日本画を四君子から学び始めたのである。

京華中学の教師として

明治三十一年（一八九八）の七月に、東京帝国大学文科大学国文学科を卒業した横地は、国文学と美術との関わりを研究するために大学院へ進み、研究のかたわら半年ほど立教中学などの教師を務めている。そして明治三十三年（一九〇〇）の十二月に、二十九歳で京華中学の教師となる。大学時代の同期であり、同校に務めていた内海弘蔵《うつみこうぞう》が退職することになり、その紹介を受けてあとを引き継いだのである。

京華中学を初めて訪れたときに、横地はさっそく内海にともなわれて教室へ顔を出した。内海は、この十二月で退職することを生徒に告げたあとに横地を紹介した。その性格はよく心得ている横地であるが、別れを惜しむ生徒たちをまえにして、いつもと変わらぬような淡淡とした調子で話をしている内海の姿には、多少拍子抜けするような思いをしながら教室をあとにした。

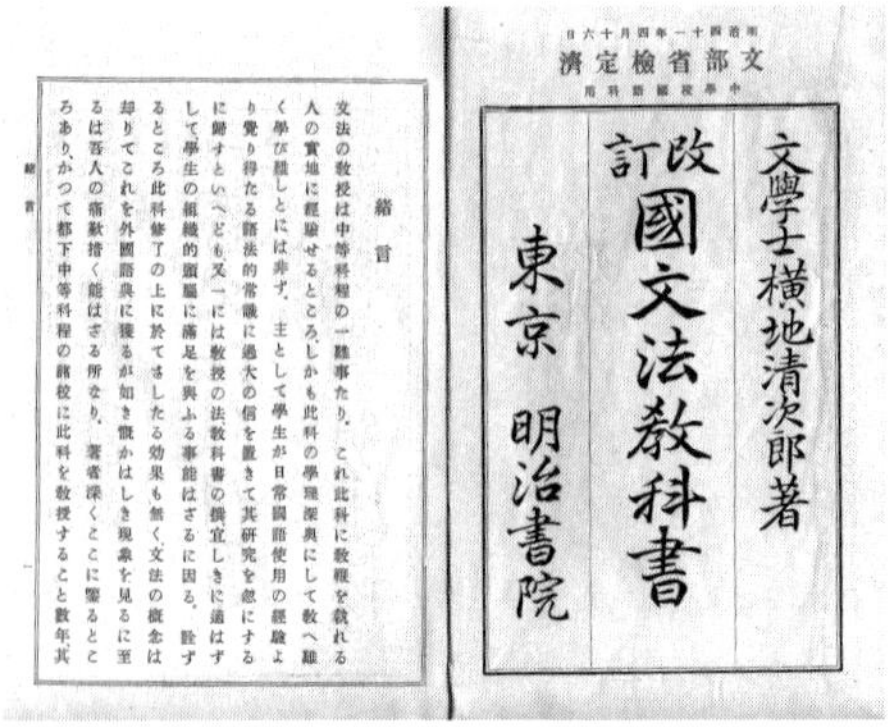
明治四十一年四月十六日
文部省検定濟
中學校國語科用

文學士横地清次郎著
改訂 國文法教科書
東京 明治書院

緒言

文法の教授は中等科程の一難事たり。これ此科に教鞭を執れる人の實地に經驗せるところ。しかも此科の學理深奥にして教へ難く學び難しとには非ず。主として學生が日常國語使用の經驗より覺り得たる語法的常識に過大の信を置きて其研究を忽にするに歸すといへども、又一には教授の法、教科書の撰、宜しきに適はずして、學生の組織的頭腦に滿足を與ふる事能はざるに因る。詮ずるところ此科修了の上に於てさしたる効果も無く、文法の概念は却りてこれを外國語典に獲るが如き慨かはしき現象を見るに至るは吾人の痛歎措く能はざる所なり。著者深くここに鑒るところあり、かつて都下中等科程の諸校に此科を教授すること數年、其

緒言　一

横地の初めての単著となる文部省検定の『国文法教科書』(明治36年)。[架蔵]

京華中学では四年と五年の国語を担当したが、とりわけ熱を入れたのが詩歌の授業である。生徒には、おりにふれて詩歌を作らせた。かつて日本画を学び始めたころに、手本をくり返してまねるように徹底して教え込まれて、それからようやく創作へ向かうことが許された。詩歌の創作でも、それと同じように、生徒にはくり返して名作を読み聞かせるようにして、かつまた多くの名作を暗誦《あんしょう》させるようにした。

いかに天才の生み出した名作といえども、その原点には模倣がある。絵画にしても詩歌にしても、模倣なくして創造なし。横地はいつも生徒たちにそういい聞かせており、こうして創作された新体詩や和歌の秀作を、『京華校友会雑誌』に数多く掲載して、生徒の創作への意欲を後押しした。

勤めて二年が過ぎたころ、横地と内海は、帝大の同期であり、山口高等学校の初代校長などを務めた新保寅次《しんぽとらじ》をくわえて、三名の共編による『国文読本』全十巻（明治三十四年）という教科書を刊行した。これが横地の最初の著書である。さらに自らの著書として、『国文法教科

書』全三巻（明治三十六年）という文部省の検定教科書を著しており、その緒言に「都下中等科程の諸校に此科《この》を教授すること数年」と記しているように、この文法書は、立教中学や京華中学などで教えた経験をふまえてまとめたものであった。

大日本図案協会と横地

明治十年（一八七七）に東京上野で第一回内国勧業博覧会が開かれているが、この博覧会は、明治政府が国内の産業を盛んにしようとして催したものであり、東京で三度、京都と大阪でも一度ずつ開かれている。多くの客を集めた催しであったが、政府が思うようには国内の産業が進んでいないことが明らかになり、くわえて産品にほどこされている図案には、新たな時代にはなじまないような、旧態としたものが少なからずあることもあらわになった。

そこで、新たな時代にふさわしい図案を学ぶ場として、東京美術学校に図按科《ずあんか》ができたのが明治二十九年（一八九六）のことであり、さらにその翌年には、東京工業学校（現・東京工業大学）にも工業図案科が設けられた。学問としての図案にようやく目が向けられるようになり、こうして専門に学ぶことのできる場が初めて設けられたのである。

明治三十三年（一九〇〇）にパリで開かれた五度目の万国博覧会は、かつてない規模であり、かつ華やかな催しであった。フランスの芸術がいかにすぐれているか、ことさら強調されるよ

横地が編集人を務めた『図按』第18号の表紙（明治36年）。横地の論文「洋画印象派の由来」を掲載する。［国立国会図書館蔵］

うなこの万博を機に、欧米ではアール・ヌーヴォーという美術運動がまきおこっている。一方で、日本から出品された製品については、海外の批評家から図案の古さが指摘されていた。

パリ万博での冷評を受けて、いよいよ図案への意識が高まり始めると、それに関わるさまざまな団体が組織されるようになる。その一つが大日本図案協会であった。パリ万博の翌年に東京美術学校と東京工業学校の教員らが中心となり、工業に応用すべき図案の改良と進歩を研究することを目的として、国内で初めてとなるデザイン団体が設立されたのである。

設立の翌年には、横地もその会員となり、国内外の美術史に通じている横地は、会員となった翌年には理事に推薦されており、その運営にも関わるようになる。協会の機関誌である『図按』の編集にもあたり、第十三号（明治三十六年四月）から第二十四号（同三十七年三月）までは、その責任者を務めており、自らも「洋画略史」や「洋画印象派の由来」といった評論のほかに、美術界についての時評なども執筆している。こうして近代デザイン研究の先がけとなった図案協会において、若くして重責を担った横地は、あわせて美術評論家としての地歩を築いてゆくことになる。

日露戦争への従軍、そして学習院教授へ

明治十五年（一八八二）に開校した東京専門学校が、早稲田大学と改称したのは同三十五年（一九〇二）の十月のことであり、その専門部に国語漢文科が設けられると、横地はその講師をかねるようになる。そして翌年の八月には、京華中学を退職しているが、このあとしばらくは、教師としての履歴が空白になる。というのも日露戦争に従軍したからである。

京華中学へ在職していたときに、陸軍歩兵第一連隊の勤務演習に召集された横地は、のちに予備少尉として高崎連隊へ入営しており、明治三十七年（一九〇四）の七月には、日露戦争へ旅順包囲軍として従軍することになる。凹字形山《おうじけいざん》突破の戦いでは小隊長を務めているが、この戦いはとりわけ激戦であったようで、横地はそこで重傷を負い、帰京してしばらくは療養生活を送ることになる。のちにその軍功に対しては、勲五等双光旭日章《そうこうきょくじつしょう》と功五級金鵄勲章《きんしくんしょう》が贈られている。

一年半ほど療治に努めてようやく健康を取りもどした横地は、明治三十九年（一九〇六）の四月からは、東京女子高等師範学校へ出講して美学を講じている。そしてその翌年に、学習院の国文学の教授となる。旅順包囲戦を第三軍司令官として指揮したのは乃木希典《のぎまれすけ》であるが、のちに軍事参議を務めていた乃木が、明治天皇の指名により学習院の院長に就任したことにより、

横地もその教授として招かれたのである。

さて、横地が学習院の教授になった年の秋に、近代美術史に深く記憶されるような大きな出来事があった。フランスで毎年開かれているサロンにならい、それまでいくつにも分かれていた美術団体を統合して、日本画と西洋画と彫刻の三つの部門について、この国で初めてとなる官設による公募展がおこなわれたのである。これが第一回の文部省美術展覧会（文展）であった。文展はのちに帝展、新文展と名を替えながら、さらに日展としていまに引き継がれている。

第一回文展の日本画の審査員は、岡倉天心や橋本雅邦など、その多くが東京美術学校の出身者でしめられていたが、これが日本美術協会などの画家たちの反発を招いた。文展に背を向けたこうした画家たちは、これに対抗して新たに正派同志会という美術団体を立ち上げて、第四十一回目となる美術協会展と連合で第一回の展覧会を開くことになる。数では文展にまさる七百点余りを陳列するような展覧会であった。このとき審査総長を務めた枢密顧問の金子堅太郎《かねこけんたろう》のもとで、川端玉章《かわばたぎょくしょう》、荒木寛畝、小堀鞆音らとともに、横地も審査員を務めている。

この年の九月には、正派同志会の結成にあたり、大隈重信の臨席のもとで総会が開かれているが、その席で横地は、「三つの喜び」と題する演説をおこなっている。そのなかで、この明治四十年（一九〇七）という年は、近代絵画史のなかでもっとも記憶すべき年であり、また注意すべき年でもあると述べている。初めて官設による文展が開かれて、それに対抗して正派同志会が発足したことにもまして、美術を受け入れようとする世のなかの機運が、ようやく熟した年であるからというのがその理由であった。

確かにこの一両年ほどは、美術の鑑賞や保護に目が向けられるようになり、新聞が社説で美術について論じたり、雑誌などに載る美術評論のたぐいも質の高まりを見せていたり、世のなかの美術に対する意識が変わりつつあった。これまで末技のように見なされていた美術が、ようやく神聖なものとして認められるようになったことに、美術に関わる者として、横地は何よりも喜びを感じていたのだった。

その翌年の九月にも、美術界の話題が世のなかで大きく取り上げられている。というのも、かつてお雇い外国人として来日して、東京帝大で哲学や政治学などを講じたアーネスト・F・フェノロサが、倫敦《ロンドン》の大英博物館で心臓発作のために亡くなったという知らせが届いたからである。日本の美術に深い関心を寄せたフェノロサは、東洋美術研究家として高い功績を残しており、日本美術界の恩人ともいわれるような人物である。

その訃報を受けて、金子堅太郎や東京帝大総長の浜尾《はまお》新《あらた》らが発起人となり、十一月二十九日には上野の寛永寺で法要が営まれており、あわせて上野精養軒で追悼会が催された。この法要と追悼会には、各界からフェノロサにゆかりの深い人士が六十名ほど参列しているが、そのなかには横地の姿もあった。明治四十年代の美術界は、横地が述べているように、近代美術史に記憶されるような重要な時期を迎えていたが、それはまた、横地が美術評論家としてもっとも充実している時期でもあった。

乃木希典と横地

さて、明治四十三年（一九一〇）の秋、ちょうど四回目となる文展が開かれていたときである。横地は、中耳炎の手術を受けて入院している乃木希典を見舞うために、東京広尾の日本赤十字社病院を訪れた。すでに快方に向かっていた乃木は、喜んで病室へ招き入れると、さっそく書架から『集古十種』の縮刷本を取り出して、そのなかに描かれている、大阪の天王寺にある佐々木四郎高綱《ささきしろうたかつな》の旗標と、高野山の泰雲院にある高綱の肖像画を横地に見せた。そして、その旗標と肖像画を同じ寸法に引き伸ばして模写させて、二幅対に仕立てたいのだが、誰か適任の者があったら世話をしてもらえまいか、と依頼したのだった。

乃木の家系は、宇多《うだ》天皇の第八皇子敦実親王《あつみしんのう》を祖としており、源平の合戦のときに宇治川の先陣争いで勇名をはせた佐々木四郎高綱を中興の祖としている。この高綱をまつるのが近江の沙沙貴神社であり、乃木は、いつか高綱の尊像をしかるべき画家に描かせて、それを奉納したいと考えていたのである。横地はその本を手に取った。肖像画のほうはあまり完全とは思われず、高綱の肖像であるかどうかも疑わしいような絵であった。

書家にはさしたる知己もいない横地は、旗標は院長閣下ご自身が筆をふるわれるのがよろしいのではと提案して、画のほうは、知人に小堀鞆音がおり、古武士を描くのにふさわしい画風であることを伝えると、乃木もそれに賛成した。さっそく小堀のもとへ出向くと、すぐに快諾してくれたのだが、やはりこの肖像画は、直垂《ひたたれ》に描かれている大紋も佐々木氏の四ツ目結《よつめゆい》ではなく、高綱を描いたものではあるまいという見立てであった。ほかにしかるべき史料もないままに、小堀は容易に彩管をふるうことができないでいた。そのうち乃木が皇帝の戴冠式へ出席するために英国へ渡り、欧州各地を巡遊するなどしているうちに、二年という月日が過ぎてしまった。

ある日の早朝のことである。横地が学習院の喫煙室へいるところへ乃木が現れた。一度小堀氏を訪ねてみたいと相談された横地は、それが得策でしょうと賛成した。これを帰宅して母親と夫人に話したところ、かねてからこの件がいっこうにはかどらぬことに気をもんでいた母親は、院長閣下にご足労をおかけするとは何たる不甲斐《ふがい》なさよ、とたしなめて、すぐに小堀のところへ使いにゆかせたのだった。すると三日も経たずして、実物大の下絵が送られてきた。

翌朝、急用で出かけるという乃木と目白駅のホームで会い、そこで下絵を広げて見せた。乃木は、この機を逸せずに、すぐに進めてくれという一言を残してそのまま汽車へ乗り込んだ。横地はあわてて敬礼をして見送ったのだが、「この機を逸せず」という一言が、妙に耳から離れなかった。それから五日が過ぎて、完成した肖像画が届くと、横地はすぐに赤坂新坂町の乃木邸へ持参した。乃木の満悦なようすを見ながら、横地は三年ごしの懸案がようやく片づいたことに胸をなで下ろしたのだった。

さらに十日ほどが過ぎた明治四十五年（一九一二）の七月三十日に、明治天皇が崩御した。翌朝、宮中での朝見式へのぞむまえに、乃木は横地を院長室へ呼んだ。そして、完成した二幅にくわえて、あと一幅を自ら揮毫して、三幅対にするつもりであると告げたのだが、このときすでに、乃木は山鹿素行《やまがそこう》の『中朝事実』の一節を揮毫し終えていたようだ。

九月十三日に明治天皇の大喪の礼がとりおこなわれて、翌日に京都の伏見桃山陵へ埋葬された。乃木とその妻が赤坂の自邸で自刃したのは、大喪の礼が始まる午後八時ごろのことである。三幅対は学習院の乃木の居室にある戸棚のなかから見つかり、のちに沙沙貴神社へ納められた。高綱像の下絵ができ上がるころから、明治天皇のご不例を聞きおよんでいた乃木は、ことがあれば殉死することを覚悟していたようで、それを先祖の霊位に報告するために肖像画の完成を急がせたのである。駅のホームで乃木の口にした「この機を逸せず」ということばの意味がようやく合点されて、横地の胸のうちに改めて重く響いたのだった。

それから四年余りが過ぎた大正五年（一九一六）の二月になり、かつて日露戦争で重傷を負ったことが尾を引いていたのであろうか、横地は病に倒れたようで、『官報』（大正五年二月十六日）

や『朝日新聞』（同日付）では、学習院を休職したことを報じている。そして、薬石の効もなく、四十六歳という若さで亡くなったのは、翌六年（一九一七）の十月五日のことであった。

およそ二十年にわたり国文学と美学の教師を務めて、あわせて美術評論家として活動した横地は、一方でまた、荒木寛畝の門人として一畝という画名を持つ日本画家であり、すでに学生のころには、日本美術協会への出展作が二度の褒状を受けている。日本画会でも数度にわたり百画に入選しており、明治四十年（一九〇七）に同会へ出品した絵は、東宮御用品にも選ばれている。大日本図案協会の理事や読画会の評議員、また美術鑑賞雅会の幹事などを歴任しながら、明治の美術界に大きな足跡を残した生涯であった。

横地清次郎作の「鴛鴦図」絹本、制作年不詳（上）。その落款「一畝作、朱文方印〈一畝〉」（下）。［架蔵］

廉造少年と横地

横地が亡くなった年の四月には、日本画家の梶田半古《かじたはんこ》が結核で亡くなっている。横地と同じ四十六歳であった。尾崎紅葉《おざきこうよう》の『金色夜叉《こんじきやしゃ》』の挿絵を描いていた梶田のもとへ、明治三十四年（一九〇一）に内弟子として入門したのが廉造少年、すなわちのちの前田青邨である。

京華中学へ通い、卒業したら美術学校へ進むことを夢に見ていた廉造は、慣れない生活のなかで結核を患い、上京してから一年ほどで、いったん帰郷を余儀なくされることになる。当時は上級学校へ進学したり、上京して仕事についたりしたものの、都会の水や空気が合わずに脚気や結核などを患い、郷里へもどる若者が少なからずいるような時代であった。

しばらく郷里で療養していた廉造であるが、ほどなくして健康を取りもどすと再び上京する。叔父の知り合いから尾崎紅葉を紹介されて、その口ぞえで梶田の内弟子となり、勉学のかたわら絵の修業に励んだのである。そしてのちに、前田青邨という日本画家として名をなすことになる。東京芸術大学の教授として多くの後身を育てたほか、日本を代表する日本画家の一人として数多くの作品を描いており、そのすぐれた功績により文化勲章を受章している。こうして九十二歳で亡くなるまで、日本画壇に大きな足跡を残したのだった。

青邨が没後四十年という節目を迎えたのは、平成二十九年（二〇一七）のことである。この年は、横地の没後百年という年でもあり、さらにまた、京華中学が創立百二十周年を迎えた年でもあった。青邨と横地と、そして二人が縁をむすんだ学校とが、ともに一枚の絵を描くようにして、くしくも周年の節目をそろえているのである。

内海　弘蔵

—— 野球殿堂入りした国文学の先導師

『日本野球史』（厚生閣書店、1929）より

辰雄の初恋

墨堤の桜がようやくほころび始めたころ、辰雄《たつお》の住んでいる町へ母親の知り合いという一家が越してきた。子だくさんの一家であった。辰雄も母親に連れられてこの家を訪れるようになり、歳の近い弘《ひろし》と章《あきら》という少年と親しくなった。野球に詳しい兄弟であった。ほどなく二人に誘われて近くの空き地で野球をするような遊び仲間となり、これまで野球に興味のなかった辰雄も、すっかりそのとりこになった。

弘の打った球が青空に吸い込まれるようにして舞い上がった。それをけんめいに追いかけた辰雄のグロウブに、落ちてきた球がふれた瞬間、足をすべらせて田んぼへころがり落ちた。田植えを終えたばかりの田んぼには一面に水が張られており、白球とともに泥まみれになった。

近くの農家の井戸端を借りて、衣服を洗ってくれたのは妙子《たえこ》であった。原っぱのすみのほうで、幼い弟の世話をしながら白つめ草をつんでいた、弘たちの妹である。ひとりっ子の辰雄は、これまで妙子のことを妹のように思っていたが、その目のまえで裸になり、泥を洗い流していると、にわかに一人の少女のように思われてきた。あわてて妙子の編んだ白つめ草の輪を頭の上にのせて、顔を真っ赤にしながらわざとおどけて見せたのだった。

それから三、四年が過ぎた。弘と章が地方の高等学校へ進んでからは、この一家の子どもたちと遊ぶようなこともなくなったのだが、妙子とはときおり家の近くで顔を合わせて会釈を交わすことがあった。女学校の制服を着ている妙子が、小さな靴音を残して通り過ぎてゆくのを、頬がわずかに上気するのを感じながら、辰雄はだまってやり過ごすばかりであった。

高等学校へ入学した年の夏に弘から手紙が届いた。

——いま、家族で海辺の村へ滞在しているのだが、君も来ないか。

夏休みを海辺の村で一緒に過ごそうという誘いの手紙であった。母親にせがんで許しをもらうと、水着やグロウブなどをつめ込んだバッグをさげて、いさんでその海辺の村へと向かった。白い砂浜は、夏の日ざしが束になって降りそそいでいるようであり、目を開けていられないほどきらめいていた。小さな子どもたちが、横たわる少女に砂をかけて遊んでいるのがぼんやりと目に入った。海のなかでは、辰雄の姿を見つけた弘たちが波間で大きく両手を振っており、辰雄はそこへ向かってかけ出そうとした。

　すると背後から声をかけられた。振り返ると砂に埋もれていた少女が半身をおこして、赤い桜桃の飾りがついている麦藁帽子《むぎわらぼうし》の下から、黒目がちな瞳をのぞかせていた。妙子であった。辰雄は、焼けた砂の上に裸足で立っているのは耐えられないといったふうをよそおい、飛びはねるようにして、弘たちのいる海へ向かってかけ出した。

　海底に映る魚の影に自らの影を重ねるようにして、どこまでも透き通った海とたわむれて、牧場では草いきれのなかで白球を追いかけた。清流では釣りや水遊びに興じて、暗闇のなかでは満天の星が舞い降りたような蛍の群れを追いかけた。そして夜遅くまで語り合った。このひと夏に経験したそうした日日は、きらびやかな妖精の世界へまぎれ込んだかのようであった。

　やがて辰雄は、妙子へ恋心を抱くようになる。だがその初恋は、思いを告げるような機会も訪れぬまま、失恋を予感しながら、潮が引いてゆくようにして終わることになる。

辰雄と妙子

　大正十年（一九二一）に第一高等学校へ入学した辰雄は、寄宿舎で生活するようになり、そこで神西清《じんざいきよし》という終生の友となる人物に出会い、その影響を受けながら文学への目を啓《ひら》かれてゆく。自らも小説を書くようになり、神西の『蒼穹《そうきゆう》』という個人雑誌に初めて発表したのが、「清く寂しく」（大正十年）という作品であった。

そこには「私」の同級生Aの妹として、「T子」という少女が登場する。「T子」は、「私達と二ツ違ひの十六で、背丈はさして高い方ではなかったが、いかにも恰好《かつこう》」がよく、「少し浅黒い顔は綺麗《きれい》な淋《さび》しい輪郭」をしており、「殊に睫《まつげ》毛の長い真黒い瞳は愁しい程美しかつた」と描かれている。

この小説を発表したのは、弘や妙子たちと一緒に初めて海辺の村で過ごした年の秋のことであり、「T子」は、妙子をモデルにして描いた少女のようである。また、「甘栗《あまぐり》」（大正十四年）という小説では、滞在していた海辺の村へ、辰雄の母親が訪ねて来るという話を描いており、さらにこの村で過ごした夏の体験が、「麦藁帽子」（昭和七年）という小説となる。

「麦藁帽子」を発表したのは、東京帝大を卒業してから三年ほどあとのことであるが、すでに卒業した翌年には、自らの師と仰いでいた芥川龍之介が、とつぜん自死したことに衝撃を受けて、「聖家族」（昭和五年）という小説を発表している。辰雄はこの小説で注目されるようになり、堀辰雄という名が文壇でも知られることになったのである。

堀辰雄の住んでいる東京向島へ弘の一家が越してきたのは、大正三年（一九一四）ごろのことである。母親同士がかねてからの知り合いということで、弘たちと親しくするようになった堀は、大正十年（一九二一）とその翌年の夏に、弘の一家が避暑のために滞在していた、千葉県の内房にある竹岡という海辺の村へ誘われて、ともに夏休みを過ごしたのである。

このとき弘は、新潟高等学校から千葉医科大学（現・千葉大学医学部）へ進んだ医大生であり、章は金沢の第四高等学校の学生であった。妙子が原っぱで世話をしていた幼い弟は六男の正《ただし》であり、のちに正は、「麦藁帽子」はほとんど事実に基づいて描かれていると語っている。

このあとにも、堀は「閑古鳥」（昭和十二年）という作品のなかに、妙子と思われる女性を「私の少年時代の恋人」として描いており、のちのちまで忘れ得ぬ存在だったようである。

堀が一緒に野球をしたり、竹岡で夏を過ごしたりしたのは、内海という家の兄弟たちであり、そのころは六男三女という子だくさんの一家であった。その父親が、かつ

右：竹岡村の海辺での妙子（右）とその姉（左）。
左：明治大学世田谷球場での内海弘蔵（後方）、一高時代の堀辰雄（前左）、内海の六男正（前右）。［中島昭『堀辰雄覚書―『風立ちぬ』まで―』（近代文芸社、1984）より］

て京華中学で国語の教師を務めて、のちに明治大学の教授となる国文学者の内海弘蔵である。妙子（戸籍名は妙）はその三女であり、堀が思いを寄せていた当時は、京華高等女学校へ通う女学生であった。

生い立ちから就学時代

相模《さがみ》の霊峰大山は、古くから信仰の山として知られており、とりわけ江戸時代には、関東一円に大山講が組織されて、大山参りの庶民でにぎわいを見せるような聖地であった。その山頂には大山阿夫利神社（本社）が鎮座している。その社殿へ向かう登り口のあたりでは、講の取りまとめ役などを務める先導師が宿坊を営んでおり、鈴川の流れに沿うようにして、いくつもの宿坊が軒を連ねている。そのうちの一軒が内海の生家であり、鈴川にかかるかすみ橋の近くでは、いまでも「かすみ荘」という宿坊を営んでいる。

内海弘蔵（号・月杖《げつじょう》）は、明治五年（一八七二）の三月二十三日、神奈川県中郡大山町（現・神奈川県伊勢原市大山町）に、内海政雄《まさお》と美代《みよ》のひとり息子として生まれている。父の政雄は、平田鉄胤らに学んだ国学者であり、伊豆三島神社の主典などを経て、のちに権田直助《ごんだなおすけ》という国学者のあとを継いで大山阿夫利神社の祠官《しかん》を務めていた先導師であった。

国学界や神道界で重きをなした権田直助は、皇典研究所教授などを歴任して、晩年には長く大山阿夫利神社の祠官を務めた人物である。その識量ゆたかで敦厚な人柄は、大山という山間の小さな村に競って右文の風をもたらしており、幼いころからその声容を拝してきた内海にも、少なからず影響を与えている。

大山から東へ五里ほど離れた高座郡羽鳥村（現・神奈川県藤沢市羽鳥）に、読書院という塾が開かれたのは、内海が生まれた年のことである。三觜八郎右衛門《みつはしはちろううえもん》という土地の名主が、江戸の昌平坂学問所に学んだ小笠原東陽《おがさわらとうよう》という儒者を招いて始めた私塾であり、内海もこの塾へ入り、国文や漢文などを学んでいる。のちに耕余塾（耕余義塾）と名を改めて、明治三十三年（一九〇〇）まで続いてゆくこの塾からは、のちに総理大臣となる吉田茂など、多くの知名の士が輩出されている。

内海の生家に近い観音寺跡（伊勢原市大山）に建つ「内海先生誕生地」の碑（昭和11年）。内海と関わりのあった明治書院の創業者三樹一平の長男で、判事・弁護士などを務めた三樹退三の撰文になる。［著者撮影］

読書院に学んだあとに、十二歳で上京した内海は、西周が校長を務めていた独逸学協会学校（現・独協学園）へ一期生として入学する。学友には、巌谷小波《いわやさざなみ》や井上哲次郎らがいた。父の政雄には、内海にドイツ語を学ばせて、いずれは医学の道へ進ませたいという思いがあったようだが、巌谷が医学を拒んで児童文学者となったように、内海もまた父の思いに沿うことはなく、国文学の道へ進むことになる。それでも、それを埋め合わせて余りあるように、内海の息子である弘と正が、のちにその願いをかなえることになる。

明治二十一年（一八八八）の七月に第一高等中学校へ入学した内海は、予科の三年の間は独逸文学科に籍を置いていたが、二年のときに落合直文が講師として出講すると、親しくその教えを受けるようになり、本科では国文科へ転じている。明治二十六年（一八九三）に落合が短歌の結社である浅香社を結成すると、その一員として大町桂月や与謝野鉄幹《よさのてっかん》らと親交を深めてゆき、『校友会雑誌』へ漢詩などを投稿するようになる。その一方で、学友会ではボート部に属して、毎日のように向島へ出向いては隅田川での練習に励んでいたが、のちに内海は、高等中学の五年の間は、自らに許された夢のようなひとときであったと回想している。

第一高等中学校を卒業して帝国大学文科大学国文学科へ入学すると、この年に発足した帝国文学会へ入会して、雑誌『帝国文学』の編集委員を務めたほか、自らも漢詩などを発表している。また、高等中学時代と同じくボート部に属しており、くわえてのちに深く関わることになる野球に熱中し始めたのもこのころであった。

内海は、『帝国文学』へ寄稿し始めたころから「月杖《げつじょう》」という号を用いているが、この号は、小説家の斎藤緑雨《さいとうりょくう》が考えたものであった。あるとき緑雨から、君は貧乏というものがついてまわる運命にあり、生涯「月末《つきずえ》」の支払いに苦労するだろうから、「月杖《つきづえ》」と号してはどうかという手紙をもらい、内海もこれを気に入って使うようになったのである。生涯「月末」の支払いに苦労したかどうかは定かでないが、内海はこの号を生涯にわたり用いている。

のちに内海が、明治大学で三年ほど同僚として過ごした夏目漱石も、「月杖」という号の由来について聞いていたようで、帝大の英文科で漱石の教えを受けて、のちに一高の校長となる森巻吉《もりけんきち》が号をつけてほしいと依頼してきたときに、漱石は森への返信のはがきのなかで、内海の号の由来についてふれている。

明治三十一年（一八九八）の七月に帝大を卒業した内海は、同郷の三樹一平《みきいっぺい》が創業した明治書院で、与謝野鉄幹とともに『中学国語読本』の編集にたずさわり、また、創刊されたばかりの雑誌『国文学』へ盛んに論説などを発表するようになる。こうして国文学者への道を歩み始めたのである。

京華中学の教師として

内海が京華中学の教師になったのは、明治三十二年（一八九九）の一月、二十六歳のときである。大学の二年先輩であり同校の教師であった杉敏介が、この一月から一高の講師をかねることになり、その持ち時間を補うために杉の紹介で出講することになったのである。

その半年のちには、初めての著書（訳書）として、『邦文涅氏《ねっし》英文典』（明治三十二年）を刊行している。この書は、英国の英文法学者であるジョン・C・ネスフィールドが、インド人の学習用に書いた英文法書であり、日本でも明治から大正にかけて、いくつかの訳書が出されており、内海もその抄訳を刊行したのだった。

さらに在職して一年が過ぎたころには、『中等教科日本文学史』（明治三十三年）という著書を刊行している。この書は、「府下の或中学校に於いて、親しく日本文学史の教授に従事」（「緒言」）したことで、これまでの教科書の不備を感じるようになった内海が、例文をなるべく少なくして、時代ごとの文章の変遷について詳しく説いてゆくように工夫した教科書である。

同じころに、雑誌『国文学』へ「徒然草《つれづれぐさ》評釈」という連載も始めており、これはのちに一冊にまとめられて、『徒然草評釈』（明治四十四年）として刊行されている。この著書は、これまで字句の解釈にとどまっていた古典の読解に、評釈という新たな分野を切り開いており、また、その内容にさまざまな矛盾を抱えている『徒然草』を、作者兼好《けんこう》法師の趣味論として捉えているところに特色がある。国文学界に新風をもたらした、内海の代表的な著書である。

「徒然草評釈」を連載していたときには、京華中学でも『徒然草』の授業をおこなっており、『京華校友会雑誌』（第五号）に「徒然草評釈の一節」という一文を寄せたりもしている。第三回の卒業生で、東京帝大を卒業して南洋庁長官などを務めた林寿夫は、内海の『徒然草』の講義について、つぎのように述べている（『京華学園六十年記念誌』）。

内海先生は、縫文、角帯袴《かくおびばかま》に雪駄《せった》履《ば》き渋味好みなのに、シガーを噛《くわ》へて、香水をプンプン匂わし乍《なが》ら、静かに教壇に着かれ、お得意の徒然草の講義を、独りで楽しまるる様に、長閑《のどか》に進まれました。

内海は、兼好の生き方に共感を示していたようだが、自らが楽しむようにして、のどかに読み進めていく授業のようすにも、『徒然草』や兼好への愛着の深さが表れているようである。「お得意の徒然草の講義」のほかも、生徒たちと『徒然草』の輪読会をおこなう約束をしていたようだが、これは内海の退職により、実現にいたることはなかった。

なお、林の回想にあるように、内海はふだんから羽織と袴で通しており、洋装のことはほとんどなかったようだ。一方で香水を愛用しており、葉巻を手放すことのない愛煙家でもあった。古典の講義の合間には、学生のころから親しんできたボート競技や野球などについても語り、和洋を取りまぜたような飄飄《ひょうひょう》とした語り口の講義は、生徒たちに人気であった。

『明星』の発禁と内海

さて、明治三十三年（一九〇〇）十二月のある日のこと、内海が立教中学の横地清次郎という国語教師をともなって教室へ現れた。そして、しばらく文筆のほうに専念するために、この十二月をもって学校を辞めることになったと、いつものような淡淡とした口調で告げたあとに、代わりに授業を受け持つことになった横地を紹介した。

この一年ほどまえに新詩社を結成した与謝野鉄幹が、その年の四月から月刊の文芸誌『明《みょう》星《じょう》』を発行するようになると、鉄幹の友人である内海もその同人となり、創刊号にはゲーテの詩を論じた「独詩評釈（一）」を寄せており、この評釈の連載を八号まで続けている。あわせて『国文学』へ「徒然草評釈」を連載していることも生徒たちは知っており、それゆえに文筆のほうに専念するという退職の理由については、それももっともだと思わないでもなかった。だが、あまりにもとつぜんである。

教室は葉巻のけむに巻かれたようになり、これまで内海のことを情あり、涙ありと思って慕ってきた生徒のなかには、恨み言をもらすような者もあった。『徒然草』の輪読会を心待ちにしていた生徒たちが、せめて週に一日でもいいから出講してほしいという声を上げても、もうすでにかなわぬことであった。

それでも『京華校友会雑誌』（第八号）に、編集委員の生徒の一人が「内海先生を送る」という一文を寄せて、「先生が教職を捨てて新たに起らむとする文学のために尽さるる労を思へ、代つて来られし横地先生はまた才名、先生と相同じきにあらずや」、「先生のこれまで僕等に教へられた労を謝し、遙《はる》かに先生の御成功を待つのである」と述べているように、生徒たちは内海の先ゆきを思いやり、あわせて新任の横地に期待を寄せたのだった。

内海も同人の一人として詩歌の革新を目ざしていた『明星』は、しだいに読者の支持を得られるようになっていたのだが、内海が教師を辞めるひと月まえに発行した八号が、思わぬ事態を招いていた。この号に挿絵として描かれている、フランス画を模した二点の裸体画が、世の風俗を乱すということで、内務省から発禁という処分を受けたのである。

もとより資金に余裕のあるわけではない文芸誌である。次号を発行する費用に窮することになる。それでも鉄幹を始めとする同人らは、内務省の処分に屈することもなく、八号は九十二頁であったものを、九号はわずか十六頁の臨時号として発刊しており、鉄幹はその巻頭に、「文芸の迫害に関し、余の態度を明かにして、末松博士に質し、併せて読者諸君に訴ふ」という一文を載せて、内務省に一矢をむくいようとした。

また、同じ九号では、『明星』の発売停止は新詩風の前途を危うくするのみならず、文壇の不幸を招くとして、これからも発行を続けるために「新詩社基本金」を設けることを告げており、内海もその首唱者の一人として名を連ねている。さらに内海は、役人である友人に保証人になってもらい、高利貸から資金を借り入れたようで、佐藤春夫《さとうはるお》は『晶子曼陀羅《あきこまんだら》』(昭和二十九年)という小説のなかで、その顚末《てんまつ》をつぎのように描いている。

最近では新詩歌の同志で同門の文学士内海月杖が「明星」のために、高利貸から工面して提供してくれた金の返還に手違ひができ、ために月杖は、既に官職を抛《なげう》つて、郷里へ逃げ去つたが、累は文部省の同僚で連帯責任者たる月杖の友人にまで及びさうな形勢となつた。

月杖の純粋な友情から出たものだけにこの成行は気の毒でならない。

この小説は、与謝野晶子の生涯について虚実を取りまぜて描いたものであり、この記述をそのまま事実として受け入れることはできないであろうが、新詩社の同人でもある佐藤が、鉄幹と晶子やその周辺のようすをつぶさに観察して描いたものであり、内海が高利貸から資金を工面して、鉄幹に提供したというのは事実のようである。

ただ、「官職を抛つて、郷里へ逃げ去つた」とあるが、内海が「官職」についていたことはない。京華中学を辞めたのは十二月であり、発禁処分を受けて『明星』が窮地に追い込まれていた翌月に、とつぜん辞職していることからすると、あるいは高利貸の一件に理由があり、そのあたりのいきさつを、この小説では「官職を抛って」と脚色しているのかもしれない。

「郷里へ逃げ去つた」かどうかも定かではない。ただ、内海は『明星』の創刊号から一一号まで、九号を除いた毎号に独詩の評釈や文壇の動向などを載せているが、一二号からはしばらくその名が消えてしまう。一二号の社告の欄には、内海が旅行に出ているために、担当する予定であった「文芸雑俎《ざっそ》」という欄を休載するむねが記されており、あるいはしばらく東京を離れていたのかもしれない。

とはいえ、このあとも『国文学』へは寄稿を続けており、「郷里へ逃げ去つた」わけではないようであり、むろん文学界と交渉を絶ったわけでもない。『晶子曼陀羅』という作品は、「根も葉もある嘘八百《うそはっぴゃく》だ」と述べているのは、ほかでもない著者の佐藤春夫その人であるが、内海についても、虚実を取りまぜて描かれているようである。

およそ二年の空白を経て、内海が再び『明星』へ寄稿し始めたのは卯歳四号（明治三十六年四月）からであり、そのあとも明治三十八年（一九〇五）の七月まで、その寄稿は断続的に続いている。くわえて、鉄幹と晶子の初めての共著である詩文集『毒草《どくぐさ》』（明治三十七年）にも、上田敏《うえだびん》とともに序文を寄せており、鉄幹との交友はこのあとも続いてゆくことになる。

京華中学を辞めてからは、おもに『国文学』へ論説などを発表しているほか、横地と新保寅次とともに、三名の共編による『国文読本』全十巻（明治三十四年）や、師の落合直文との共著である『国文学史教科書』（明治三十六年）などを出版している。

こうして文筆に専念していた内海であるが、明治三十六年（一九〇三）の十二月に落合が亡くなると、大町桂月とともにそのあとを引き継いで、明治大学の予科へ出講するようになり、夏目漱石や上田敏らの同僚として教壇に立ち、のちに明治大学の教授となる。そして、『徒然草評釈』（明治四十四年）、『平家物語評釈』（大正四年）、『方丈記評釈』（同五年）などの著書を相ついで刊行するなど、国文学者として注目すべき業績を数多く上げてゆくことになる。

なお、堀辰雄は、この三冊を含めて内海の著書を四冊所蔵しており、内海から贈られたものなのか、自ら購入したものなのかは明らかでないが、軽井沢にある旧宅の書庫には、その蔵書としていまでも保存されている。

妙子の早世

堀辰雄が思いを寄せていたころ、内海の三女である妙子は、京華高等女学校へ通う女学生であった。この女学校では、大正の初めごろからテニスが盛んであり、ラケットを抱えて登校するような生徒も多く見られた。妙子もそうした生徒の一人であった。妙子が入学するまえの年には、校内にテニスコートが設けられており、その年におこなわれた時事新報社の主催する東京府の高等女学校テニス大会では、同校は準優勝という成績を収めている。

ともに竹岡村に滞在してひと夏を過ごしていたときに、堀は一度だけ妙子と二人きりで過ごしたことがあった。妙子に誘われてテニスをしたのである。テニスができるかどうかを問われた堀は、少しくらいならと、あいまいな調子で答えた。テニスのラケットを握ったことなど、本当は一度もなかったのだが、それでも妙子と二人きりで過ごせるこの機会を、どうしても逃したくなかったのである。

近くの小学校で用具を借りて、校庭に白墨で線を描いてネットを張った。妙子の打ち込んでくる球は思いのほかつよく、堀は何度も空振りをしたり、ネットにかけたりした。取りつくろった堀のうそに、妙子は気づいていないようであり、それはせめてもの救いであったが、本気を出していないと思われたようで、その機嫌をそこねることになった。ラケットを握るのは初めてとはいえ、堀が妙子にたち打ちできなかったのは、妙子がテニスの盛んな女学校に通っており、日ごろからテニスに親しんでいたからであろう。

大正十五年（一九二六）に京華高等女学校を卒業した妙子は、東京女子専門学校（現・東京家政大学）へ進み、卒業してからはそのまま助手として勤めていたが、しばらくして内海の教え子である林好雄《はやしよしお》という人物と結婚する。明治大学の野球部で主将を務めていた林は、六大学随一といわれるような名遊撃手であり、東京倶楽部という実業団でも活躍した指おりの強打者であった。野球雑誌でも高く評価されている選手である。

ほどなくして愛孫にも恵まれたことで、児孫をことのほかいつくしむ内海には、この上ない喜びであった。だが、とつぜん思わぬ不幸が訪れる。玲子《れいこ》という一歳になる子を遺して、妙子が二十六歳という若さで亡くなったのである。肺結核であった。内海の亡くなる二年ほどまえのことであり、その死期を早めるような悲痛な出来事であった。

妙子が亡くなりちょうど二年が過ぎたころ、ある女性が、これも二十四歳という若さで亡くなった。妙子と同じ肺結核であった。亡くなるまえの年から、婚約者である堀辰雄とともに、八ヶ岳山麓の富士見高原療養所に入所していた矢野綾子《やのあやこ》である。いうまでもなく、堀の小説『風立ちぬ』に描かれている「節子《せつこ》」のモデルとなった女性である。

妙子の遺児玲子は、のちに立教女学院に入学して、寄宿舎で生活するなかで堀の小説に親しむようになり、とりわけ『風立ちぬ』を愛読していた。そうしたおりに叔父の内海正から、あなたの母の少女時代のことが、「麦藁帽子」という小説に描かれていると教えられて、この作品を何度も読み返すようになり、読み返しては母への思いを募らせていた。

昭和二十六年（一九五一）に十九歳になった玲子は、『風立ちぬ』が初めて映画になるということを新聞で知り、その翌日には、これまでおさえてきたあふれるような思いを手紙にしたためて、堀に宛てて送ったのだった。「麦藁帽子」に描かれている妙子のようすに、若き日の母の面影をしのびながら、何度も読み返したという玲子に対して堀は、

お手紙よみました　僕もたいへん昔なつかしい気もちになりました　昔出した「麦藁帽子」のかはいらしい本が残つてゐたので一冊お送りします（病気で筆をとりつけないので献辞を二字ばかり書き損なつてごめんなさい）おばあさま、正君によろしく

という返信にそえて、かつて妙子と過ごしたひと夏の思い出を描いた「麦藁帽子」の限定本を贈ったのだった。そしてその本の扉には、「昔の女たちよ、おまへたちは私から遠のけば遠のくほど私のうちでなんと新鮮な姿になつてくることか！」と、病床にあり、思うようにならない手で献辞をしたためた。若くして亡くなった「少年時代の恋人」へのオマージュである。玲子の手紙により、堀の胸には、若き日の思いがよみがえっていたのである。

野球人としての内海

国文学界で名をなした内海であるが、くわえて野球界でもその名が広く知られている。学生時代から自らも野球に親しんできた内海は、明治四十三年（一九一〇）に明治大学に野球部を創設して、およそ二十年にわたりその部長を務めており、ほかの大学に呼びかけてリーグ戦を始めるなど、大学野球の組織作りに努めたのである。

明治大学の野球施設「内海・島岡ボールパーク」（東京都府中市）に建てられた内海の胸像（平成18年）。［著者撮影］

内海の提唱により、大正三年（一九一四）に明治と早稲田と慶応の三大学によるリーグ戦が始まり、同十年（一九二一）には、これに法政と立教をくわえて五大学リーグとなる。早慶戦は、試合での応援合戦が過熱して両校の間が険悪となり長らく中断することになるが、同十四年（一九二五）に東大をくわえて東京六大学リーグを発足させるにあたり、およそ二十年ぶりに早慶戦を復活させたのも内海であった。のちに東京六大学野球連盟の最高顧問を務めてもいる。そして昭和四十八年（一九七三）には、大学野球の育成と発展に寄与した功績により、野球殿堂入りを果たしている。野球殿堂入りを果たした国文学者は、あとにも先にも内海のみである。

　晩年にいたるまで、国文学界では先導師のような役割を果たしており、また野球界のためにも長年にわたり尽してきた内海であるが、プロ野球球団の「名古屋金鯱軍《きんこぐん》」（現・中日ドラゴンズ）の設立のために奔走しているときに病に倒れてしまう。そして、昭和十年（一九三五）の十二月七日に、六十四歳で不帰の人となる。堀辰雄の婚約者である矢野綾子が、八ヶ岳の療養所で亡くなった翌日のことであった。

杉 敏介
―― 漱石作品のモデルとなった一高の名校長

『卒業記念写真帖』（1916、お茶の水女子大学蔵）より

漱石と猫

文部省の命により倫敦《ロンドン》へ留学した夏目漱石は、「倫敦に住み暮らしたる二年は尤《もっと》も不愉快の二年なり」（『文学論』）と述べているように、意にかなうような留学生活を送ることができぬままに、半ば失意のうちに帰国することになる。明治三十六年（一九〇三）の一月のことであった。

その年の四月からは、第一高等学校と東京帝国大学の英語教師として出講するようになり、倫敦でひどく悩まされていた神経衰弱も、ようやく落ち着いたかのように見えていたのだが、しばらくするとまた、同じ病に苦しむようになる。「帰朝後の三年有半もまた不愉快の三年有半」（同書）だったのである。そうしたようすを見かねた高浜虚子《たかはまきょし》は、療養をかねて小説でも書いてみたらどうかと勧めたのだが、漱石はそれに応じるようにして、初めての小説として

『吾輩《わがはい》は猫である』を書くことになる。

「吾輩は猫である。名前はまだない」。猫の名乗りから始まるこの小説を書いたときに、英文学や俳句のほうでは知られていた漱石であるが、小説家としては、むろん「名前はまだない」ような存在であった。珍野苦沙弥《ちんのくしゃみ》という中学の英語教師の家へいついたものの、ついに名前をつけてもらえなかった主人公の猫と、さして変わぬような境遇だったのである。

俳句雑誌の『ホトトギス』へ発表したこの小説は、思いのほか評判になった。もともとは、一回限りのつもりで書いた作品のようであるが、明治三十八年（一九〇五）の一月から翌年の八月まで、十回にわたり連載されることになり、大きな反響を呼んだのだった。こうして漱石という文名も知られるようになる。

猫の名乗りから始まるこの小説は、主人らの飲み残したビールを飲んで酩酊《めいてい》した猫が、ふらふらと水がめのなかへ落ちてしまい、成仏する間ぎわに唱えた、「ありがたいありがたい」という辞世のことばでむすばれている。小説の冒頭と末尾をつなぎ合わせてみると、

吾輩は猫である（ことが）ありがたいありがたい（ことに）吾輩は猫である

という円環をなしているようであり、愚かな人間などに生まれず幸いであったという猫の達観

が、作品の全体をかけめぐる仕かけのように見えてくる。椰子《やし》の木の周りをかけめぐる虎が地味ゆたかなバターと化したように、わが尻尾《しっぽ》を追いまわすかのような名もなき猫の問わず語りは、首尾よく辛味のきいた風刺小説として仕上がったのである。

こうして『吾輩は猫である』を書いてから四十九歳で亡くなるまでの、およそ十年にわたって続いてゆく漱石の文筆生活は、猫の手を借りるようにして始まったのだった。

『猫』と「津木ピン助」

ところで、『吾輩は猫である』のなかには、猫の主人である苦沙弥を始めとして、その友人や門下生など、個性ゆたかな人物がさまざま描かれているが、そこには苦沙弥をひどく悩ませているという不仲な同僚も登場する。「津木《つき》ピン助《すけ》」と「福地《ふくち》キシヤゴ」という教師である。

「貧乏教師の癖に生意気ぢやありませんか」と例の金切り声を振り立てる。「うん、生意気な奴だ、ちと懲らしめの為にいぢめてやらう。あの学校にや国のものも居るからな」「誰が居るの?」「津木ピン助や福地キシヤゴが居るから、頼んでからかはしてやらう」吾輩は金田君の生国は分らんが、妙な名前の人間許り揃《そろ》つた所だと少々驚いた。

苦沙弥の家の近所に住んでいる実業家の金田と、その妻のやり取りである。苦沙弥のことを快く思っていない金田夫妻が、「妙な名前」を持っている同郷の「津木ピン助や福地キシャゴ」という教師に頼んで、ひとつからかってやろうと算段しているところである。さらにまた、「ピン助」と「キシャゴ」はこんなふうにも登場する。

「まあ全体何がそんなに不平なんだい」
主人は是に於て落雲館事件を始めとして、今戸焼の狸《たぬき》から、ぴん助、きしやご其ほかあらゆる不平を挙げて滔々《とうとう》と哲学者の前に述べ立てた。哲学者先生はだまつて聞いて居たが、漸く口を開いて、かやうに主人に説き出した。
「ぴん助やきしやごが何を云つたつて知らん顔をして居ればいいぢやないか。どうせ下らんのだから」

苦沙弥は、家のとなりにある落雲館（郁文館中学）という学校の生徒が、庭へ野球のボールを打ち込んでくることに悩まされており、日ごろから不満を抱いていた。それにくわえて、「ぴん助、きしやご」などへの不平を挙げて、友人である哲学者の八木独仙《やぎとくせん》のまえへ並べ立てたのに対して、独仙がなだめようとしているところである。

『猫』に登場する人物が少なからずそうであるように、苦沙弥を悩ませているという「津木ピン助」と「福地キシヤゴ」にも、そのモデルと目されている人物がいる。「福地キシヤゴ」のモデルは、第一高等中学校と帝大で漱石の同期であり、一高の同僚でもある国文学の教授、菊池寿人《きくちひさと》といわれている。菊池は、体のつくりがきゃしゃであり、子どものように円満な顔立ちをしていることから、「キシヤゴ」と命名されたようである。そして、「津木ピン助」は、「杉」を「津木」と、「敏介」を「ピン助」ともじった名前であり、そのモデルとなったのが杉敏介《すぎとしすけ》である。

明治38年（1905）7月の一高の卒業写真（部分）。前列左端が夏目漱石、2列目右端が菊池寿人、その左が杉敏介。このとき漱石は、『ホトトギス』第8巻10号へ「吾輩は猫である」の5回目の連載を終えたところであり、すでに同作品には、「津木ピン助」と「福地キシヤゴ」を登場させている。［東京大学駒場博物館蔵］

杉も菊池と同じく一高の国文学の教授であり、この二人は、ちょうど『猫』が発表された年を含めて、漱石とは一高で四年ほど同僚という立場にあった。取り立てて不仲というわけではなかったようだが、二人とものちに校長を務めるなど、学校の運営にも関わった一高人であり、漱石とは、相入れないようなところもあったのであろう。この当時の漱石は、神経衰弱にも悩まされていたようで、二人の言行に過敏になるようなこともあったのかもしれない。

一高で杉の教えを受けて、のちに小説家となる谷崎潤一郎《たにざきじゅんいちろう》は、一高の学生のころに「先生、津木ピン助という名前が『猫』のなかに出て来るのをご存じですか」(「敏介とピン助」)と聞いたことがあった。すると杉は、にやりと笑って、「うん、出て来るそうだね」といっただけであった。谷崎には、どうもその口振りからすると、杉は『猫』を読んでいないようだし、漱石と親しくもしていないように感じられたという。

同じく一高で杉の教えを受けて、東大教授となる演劇学者の守随憲治《しゅずいけんじ》は、先輩たちが杉のことを「杉ビン」と呼んでいるので、これは親しみを込めてそう呼んでいるのだろうと思っていたところ、すでに漱石が「杉ピン」と呼んでいたので、そう呼ぶようになったのだとのちに聞かされたという。いずれにせよ、「津木ピン助」と「福地キシヤゴ」は、杉と菊池にちなんで命名されたのは確かなようであるが、この二人が漱石をひどく悩ませていたというのは、漱石の思い過ごしというのが真相であろう。

長州に生い立つ

杉敏介(号・烏山《うざん》、南山《なんざん》)は、明治五年(一八七二)の五月二十六日、山口県玖珂郡《くがぐん》差川村

（現・山口県岩国市周東町）に、旧萩藩《はぎはん》の士族である父肇《はじめ》と母ツルの長男として生まれている。差川村は、岩国の町から西南へ五里ほど離れた山間の地であり、杉の生まれた明治の初めごろは、二百戸たらずの小村であった。低山に囲まれた玖珂盆地のなかを、ゆるやかに西流する島田川の左岸の土堤のそばに、杉が晩年を過ごした家がある。

その家からほど近いところには、島田川にかかる天神橋があり、この橋を渡ると高森という古い町並みが続いている。かつて明治維新のおりに奔走した長州の志士たちが、江戸や京への往還のさいに宿を求めた山陽道（西国街道）の宿場であり、その足音が余韻として残っているような時代のなかで、杉は幼年時代を過ごしている。

父の肇は、維新により禄を離れてからは、寺子屋を開いて近郷の子弟の教育にあたっていたが、明治二十二年（一八八九）に、差川村を含む五ヶ村が合併して米川村が発足すると、その初代村長を務めている。母のツルは、萩藩家老の浦家に仕えた秋良敦之助《あきらあつのすけ》の二女であり、秋良は、維新ののちに教部省へ入り、鎌倉宮などで宮司を務めた人物である。そうした父母のもとで、杉は幼いころから毛利家の来歴や勤皇の教えを聞かされて育つことになる。

小学校を卒業すると岩国中学を経て山口高等中学校へ進み、高等中学校では、校友会の雑誌『学友』の創刊に関わり、その編集委員なども務めている。明治二十六年（一八九三）の九月には帝国大学文科大学へ入学して、同二十九年（一八九六）の七月に国文学科を卒業しているが、それまで毎年一、二名ほどであった国文学科の卒業生がこの年は七名おり、しかもこの七名が、のちにそれぞれの道で名をなしたことから、文科の豊年といわれるような学年であった。

一年のときから首席を通して卒業したのが、三高教授となる林森太郎《はやしりんたろう》であり、次席が杉であった。ほかには国文学者の武島又次郎《たけしままたじろう》（羽衣《はごろも》）、広島高等師範学校教授の下村莢《しもむらさや》、香椎宮宮司の吉田《よしだ》豊《ゆたか》、随筆家の大町芳衛《よしえ》（桂月）、二高や東京高等師範学校で教授を務めた佐々《さっさ》政一《まさかず》（醒雪《せいせつ》）がいた。

この七名の交流は生涯にわたり続いてゆくが、下村と吉田と佐々は四十代という若さで亡くなった。佐々の葬儀で弔辞を捧げたのが桂月である。そのとき桂月は、君のときにも弔辞を作ってやるからと杉に約束したのだが、大正十四年（一九二五）の六月に、桂月のほうが先に亡くなってしまった。才知にたけている桂月は、ものごとを正しく評価してくれるような人物であり、何か大きなことを決断したときには、それをどう評価してくれるのか、杉にとっては誰よりも聞いてみたいと思うような心友であった。酒仙どうし、詩を語り合う仲でもあった。

京華中学の教師へ

帝大を卒業したのちに大学院へ進んだ杉は、明治三十年（一八九七）の九月に、京華尋常中学校の開校に合わせてその教師となり、大学院で研究を続けながら、あわせて独逸学協会中学や明治義会中学へも出講している。京華中学では、国語と歴史の授業を受け持ち、開校した翌年に校友会が発足して講話部、撃剣部、遠足部、雑誌部、野球部の活動が始まると、杉は講話部の部長を務めている。明治三十二年（一八九九）の三月には、伊香保温泉で講話部の大会を開いており、六名の生徒の弁論にくわえて、杉もユーモアにあふれた演説をおこなっている。

杉の教えを受けて一高から東京帝大の法科へ進み、心理学者となる渡辺徹は、「其後一高に校長と成られし杉敏介先生のユーモア沢山の国語及び国文典」（『京華学園六十年記念誌』）の授業が印象に残っていると回想しており、四高から同じく東京帝大の文科へ進み、大成中学の教師や東京市立図書館長を務めた堀田相爾《ほったそうじ》は、「後の名一高校長となる位であるから要領よろしくくだらぬことに低迷しないやうであった」（『京華学園百年史』）と述べている。

明治三十二年（一八九九）の一月のこと、京華中学で授業を終えた杉は、いつものように本郷三丁目の交差点を右におれてから、ゆるやかに続いている菊坂を下りて、伊勢屋という質屋の向かい側にある家へ帰った。すると芳賀矢一からの置き手紙があった。大学の四年先輩であり、このとき帝大の助教授を務めていた芳賀は、一高の講師もかねていた。何ごとかと思いながら開けてみると、君を私の後任として一高へ推薦するから校長に会ってくれ、というようなことが手短に書いてあった。

芳賀は、この春から帝大の教授に昇進するために、一高の講師は辞めることになっていた。

芳賀とは国文の会合の席で二、三度顔を合わせて挨拶をしたことはあるが、これという話をしたこともなく、後任に推薦されるというのは、まったく寝耳に水のようであった。うれしくもあり、驚きもした。さっそく校長の狩野亨吉《かのうこうきち》のもとを訪ねてみると、すぐに一月末から出講することが決まり、それまで芳賀の受け持っていた文法や作文の授業を、学期の半ばからそのまま引き継いだのだった。

京華中学の授業を減らさざるを得なくなった杉は、大学の二年後輩である内海弘蔵を磯江潤に紹介して、それまで持っていた授業の半分ほどを内海に任せることにした。そして、この年の九月に一高の教授となり、これまで二年ほど務めてきた京華中学の教師を退職した。

退職したあとも、一高の同僚である菊池寿人をともない、京華中学を視察に訪れたり、受験の指導のために国文法の講義をおこなったりもしている。一高から東京帝大の法科へ進み、逓信省の官吏となる藤川靖《ふじかわやすし》（明治四十三年卒）は、杉についてつぎのように述べている（『京華学園六十年記念誌』）。

一高の名校長としてうたわれた杉敏介先生は若い頃京華で教鞭をとられたことがあるとかで、私の在学中にも、京華へ来て受験準備の意味もあって異色ある国文法を教えて下さった。私は一高でも先生の教えを受けたのでなつかしかった。

磯江に招かれて、杉が初めて教師を務めたのが京華中学である。また、一高へ進学する生徒も多くいたことから思い入れのある学校だったようで、この中学を退職した年に生まれた子息の幹丸《みきまる》を、のちに入学させてもいる。大正七年（一九一八）に京華中学を卒業した幹丸は、東京帝大農学部を出て、満鉄の農事試験場に勤務している。

杉は、一高で撃剣の教師をしていた佐々木保蔵《ささきやすぞう》への追悼文「佐々木保蔵君を憶《おも》ふ」（昭和十六年）のなかで京華中学にふれており、つぎのように述べている。

私は明治三十年から二三年の間、創始時代の京華中学に教へに行つたが、そこで佐々木君を教えたように思ふ。そして一高で又受持つた事は云ふまでも無い。私は一高へ出る様になる前に、京華や、独逸協会、明治義会などへ暫く出てゐたから、そこで教へた人を又一高で教へた事が屢々《しばしば》ある。

佐々木は郁文館中学の出身であり、京華中学で教えたというのは記憶違いであろうが、京華中学で杉の教えを受けて、明治三十二年（一八九九）に卒業した第一回生は五十七名おり、そのうちの十一名が一高へ入学している。その翌年にも十二名が入学しており、杉がこの二つの学校で教えた生徒も少なからずいたことは事実であろう。

一高教授、そして文芸部長

芳賀のあとを受けて、一高で文法や作文などを受け持った杉であるが、とりわけ作文の授業は、その評価がきびしいことで知られていた。明治四十三年（一九一〇）に一高の英文科へ入学した菊池寛《きくちかん》は、杉の作文ではなかなかいい評価をもらうことができずに、いつも悔しい思いをしていた。菊池の在籍していた一年三之組には四十四名の学生がおり、そのなかには芥川龍之介、久米正雄《くめまさお》、松岡譲《まつおかゆずる》、さらに原級でとめおかれた土屋文明《つちやぶんめい》と山本有三《やまもとゆうぞう》もいた。

のちの文筆の雄がひしめくなかで、杉の作文で群を抜いて高い評価を得ていたのが、法哲学者として京都帝大教授となる井川《いかわ》（恒藤《つねとう》）恭《きょう》であった。芥川と久米がそれに続いた。芥川は、親友である井川について、その生活が時計の振り子のように規則的であり、格別に勉強をしているとも思われないが、つねに首席を通した秀才であり、またおそるべき論客でもあったと評している。一方の井川は、文科ではなく京都帝大の法科へ進んだのは、芥川と親交を深めてゆくうちに、自らの能力の限界を知ったからだと述べている。

一高に校友会ができて『校友会雑誌』が創刊されたのは、明治二十三年（一八九〇）十一月のことであり、昭和十九年（一九四四）六月の終刊にいたるまで、三百八十二冊が発行されている。月に一度、この学内誌を発行したのが文芸部である。年ごとに学生から選ばれる五名の委員が文芸部員として活動していたが、杉は落合直文らのあとを受けて、明治四十年（一九〇七）から大正四年（一九一五）まで、八年にわたり文芸部の部長を務めている。

明治二、三十年代には大町桂月、上田敏、椎尾辨匡、阿部次郎、安倍《あべ》能成《よししげ》らが委員を務めて

上：明治41年（1908）5月の一高文芸部の新旧委員。前列右から和辻哲郎、杉敏介（部長）、新渡戸稲造（校長）、谷崎潤一郎。
下：明治45年（1912）の一高文芸部の新旧委員。前列右から3人目が杉敏介（部長）、4人目が菊池寿人（教頭）、5人目が豊島与志雄、後列右から2人目が久米正雄。［上・下とも東京大学駒場博物館蔵］

おり、杉が部長になった年の委員には、谷崎潤一郎がいた。さらに和辻哲郎《わつじてつろう》、豊島与志雄《とよしまよしお》、久米正雄、倉田百三《くらたひゃくぞう》らが杉のもとで委員を務めており、『校友会雑誌』の編集を担うとともに、この雑誌を舞台にして才筆をふるい、のちに文壇などで活躍することになる。

谷崎のあとを受けて委員となった和辻には、忘れがたい思い出があった。一高では毎年秋の恒例行事として、日光や御殿場などで二泊三日の発火演習がおこなわれており、文芸部の委員は、その演習に従軍記者のように同行して『校友会雑誌』に記事を書くことになっていた。その演習について、和辻が三年のときに書いた記事が問題を引きおこしたのである。

和辻は一高へ入るまえに、すでに姫路中学できびしい軍事教練を経験しており、それに比べると、一高の演習はひどく生ぬるいように思われた。参加している学生も、そのほとんどが意義を感じていないようであり、こうした旧習は改革するのが天下の理法であるという記事を、「血紅録」と題して『校友会雑誌』(第一七九号)に書いたのである。

この記事を見て、怒りが心頭に発したのが体操科の主任教官である。すぐに学校側へ和辻の厳重な処分を求めた。この演習は、一高の規則に従ったものであり、学生が口をはさむことではなく、演習への批判は学生の本分をこえている、というのが教官の言い分であった。

杉は和辻を教官室へ呼び出した。そして二人は、一高を出て本郷通りを歩き、帝大の正門からなかへ入り、静かな構内をさらに歩いた。歩きながら杉は、主任教官の言い分は筋が通っており、正面から反論するようなことは難しいだろう、その怒りを鎮めるためには、意を屈して謝罪するほかあるまいと、いつもと変わらぬ穏やかな口調で諭したのだった。

だが、和辻には納得がゆかなかった。自分の書いたことは間違ってはおらず、文芸部の委員として演習を批判をしたからといって、学生の本分をこえているとも思われず、こうした批判さえ許されないとしたら、言論の自由などないに等しいと、しきりに抗弁に努めた。杉は、相変わらず穏やかに応じながら、その言い分に耳をかたむけていた。そして、弥生町の門から一高へもどり、運動場の端のあたりまで来たところで、杉はめずらしくつよい調子で、「では君は、もうあと僅か二学期だといふ時に、学校を追ひ出されてもいゝといふ腹を決めてゐるのかね」(「杉先生の思ひ出」)と迫った。

和辻は、もとよりこのたびの件が放校にあたるようなことだとは思ってもおらず、とつぜん覚悟の有無を問われても、すぐには返答ができないでいた。それに対して杉は、無益な意地を張り、将来のある君が放校という処分を受けるのは馬鹿らしい、軽率であったと一言わびを入れさえすればよいのだと諭したのだった。杉の口調は、また穏やかな調子にもどっていた。

和辻は杉の忠告を受け入れた。処分を受けるという覚悟のもとに批判したのではないことは事実であり、書いた内容はともかくとして、書いたときの態度が軽率であったことを認めて、主任教官への謝罪に応じたのだった。あわせて次号(『校友会雑誌』第一八〇号)に、つぎのような謝罪文を書いた。

前号所載の「血紅録」中行軍に関したる部分は、生徒として学課に容喙《ようし》したるものにして、これ学校の権威を無視したるに外ならず。生徒として誠に分限を越えたり、ここに謹んで悔悟の意を表す。（和辻哲郎）

和辻は、「悔悟の意を表す」とむすんでいる。過ちを犯したことを後悔するという自らの内面へ向けたような謝罪文であり、軽率であったことは認めながらも、自らの考えはゆずれないという思いが、「悔悟」という語に表されているようである。杉もその思いをくんで、この謝罪文の掲載を黙認したのであろう。こうして和辻はことなきを得た。杉とともに構内を歩いたときの光景は、この哲学者にとって生涯忘れ得ぬようなものとなった。

一高の名校長

一高の国語漢文の教師たちは、大正の初めごろから親睦会をおこなうようになり、やがて年に一度は、一泊の箱根旅行へ出かけるというのが恒例となった。水清くして山翠《みどり》なり、山水は三酔に通ず――。のちにこの会は、杉の発案により山水会と名づけられた。

杉は、毎年楽しみにしているこの清遊に、つねに紙墨をたずさえてのぞんでおり、酔うほどに洒脱な和歌や狂歌を詠んでは筆をふるい、大いに酒席を盛り上げたのだった。もとより国語漢文の教官室は、ふだんから超俗の士の集まりのようであり、ほかの学科の教師がうらやむほど和気にあふれていたが、それは杉の人柄によるところも大きかったようである。

こうして学内で広く人望を集めた杉は、菊池寿人のあとを受けて大正十三年（一九二四）の九月に校長となる。ちょうど一年まえにおきた関東大震災の余波が続いているときであり、一高でも、菊池校長のときから議論されていた駒場への移転問題が、震災で被害を受けた本館校舎が解体されたことより、にわかに動き出していた。一高と東大の間で敷地を交換する協定をむすぶことになったのは、杉が校長となりひと月も経たないころであった。

被災した学生の世話にも追われていた。とりわけ苦悩したのが学生の思想問題であり、これはのちに、杉の進退へも関わるようなことになる。世のなかでは世界恐慌のあおりを受けて、就職難や失業が広がりを見せており、労働争議や思想事件が社会問題となっていた。

そうした世相のなかで、一高の学生が思想問題で検挙されるという事件がおきたのである。卒業をひかえた有望なる学生と、学校の規則との間で板ばさみとなり、杉は苦悩した。それははた目にも痛痛しいものであった。それでも校長として規則を曲げるわけにはゆかず、つまるところ、心ならずも複数の学生を退学処分にせざるを得なくなった。このあと杉は、こうした問題がおきてしまうのは、学生の迷夢によるものとはいえ、彼らを国家から託されている学校の側にも責任があり、学生だけにその責を負わせるわけにはゆかぬとして、自らもいさぎよく校長を辞任するという決断をしたのだった。

校長を務めている間には家族に病人が相ついでおり、夫人を亡くすという不幸にも見舞われている。公私ともに多難な校長時代であった。それでも、菊池が校長を退くときの挨拶で、「杉君は大局もよく分かり小さい事にも気がつく」人物であると期待した通りに、その高潔な人柄で温情あふれる教育をおこない、五年にわたり校長としての職責をまっとうしたのだった。

昭和四年（一九二九）の七月に校長を退任したあとは、一高の講師とともに、明治維新の史料を収集、編纂する維新史料編纂会の委員を務めている。祖先が毛利家へ仕えており、幼いころから父母にその来歴や勤皇の教えを聞かされてきた杉としては、維新史の編纂にたずさわることは、学校を退官したあとの公務として、何よりもやりがいのあることであった。

晩年の杉

戦局が険しさを増してゆくなかで、東京を離れて郷里の差川村（周東町）へ住まいを移したのは、古稀を迎えた昭和十八年（一九四三）のことであった。そして郷里で終戦を迎えて、しばらくうつうつとして過ごしていたところ、九月に入り、一高の教え子である岸信介《きしのぶすけ》に、A級戦犯容疑で逮捕状が出されたということを知る。杉は、郷里の山口県田布施町にいる岸のもとへ、すぐに「二つなき命に代へて惜しきものは朽ちぬ千歳の名にこそありけれ」という一首の和歌を書き送った。吉田松陰の教えを受けた同郷人として、命を惜しんで名を汚すようなことをしてはならない、いさぎよく自決せよ、という歌である。

これに対して岸からは、「名にかへてこのみいくさの正しさを萬代までも語り残さむ」という返歌が届いた。このたびの戦争は聖戦であり、その正しさを萬代まで語り残すために、いま死ぬわけにはゆかないという歌であり、岸が旧師の忠告に従うことはなかったのである。この歌を詠んだ翌日に連行された岸は、巣鴨プリズンに三年にわたり収監されることになる。

世のなかが落ち着きを取りもどすと、杉は東京で開かれる一高の同窓会や、各地での一高会にしばしば招かれて教え子たちと交流を重ねており、それは晩年にいたるまで絶えることがなかった。昭和二十四年（一九四九）には、かつての教え子たちが喜寿の賀を祝い、杉が六十余年にわたり詠んできた歌を集めて、『南山歌集』という歌集を出版したりもしている。

南山は杉の晩年の号である。若いころは、烏山と号して『帝国文学』などへ新体詩を寄稿していたが、郷里で南面する山をながめながら暮らしているうちに、南山と号するようになる。その山のふもとには、かつて学んだ南山小学校の跡がある。南山という号は、『詩経』にある「南山の寿の如し」という一節にちなんでおり、欠けたり崩れたりしない長安の終南山のよう

杉の「蛙歌碑」（山口県岩国市周東町、昭和62年除幕）。「世に蛙の如く愚なるものあらす而して道風／之を見て名筆たり芭蕉之を聞て俳聖たり／然らは則ち天下何物か師にあらさらんや／力なき蛙に力見出しは／人の誠の力なりけり／心なき蛙の音に天地の／ふかき心を聞知にけむ／昭和廿八年春日　録旧製　八十二翁敏介」とある。［著者撮影］

に、永く栄えて長寿を保つという意味が込められている。あるいはまた、官職を捨てて郷里へ帰り、隠逸生活を楽しんだ陶淵明《とうえんめい》の「飲酒二十首」のなかに、「悠然として南山を見る」という詩句があり、その境地に、南山を見ながら悠然と酒香を楽しむ自らの姿をなぞらえたのかもしれない。

いずれにせよ、「南山の寿」のごとく寿齢を重ねながら、悠悠自適の生活を送った杉は、昭和三十五年（一九六〇）の七月二日に、郷里の自宅でその生涯を終えている。周東町の名誉町民であることから町葬が営まれており、多くの教え子らが参列するなかで、一高の校長を務めた学習院院長の安倍能成が弔辞を捧げてその功績をしのんだのだった。

吾輩は教師であることがありがたい、ありがたいことに吾輩は教師である――。泉下へ赴く杉は、おそらくそうした心境であったことだろう。同僚や教え子らに慕われて、「一高の名校長」、そして「真の教育者」と評された、八十八年にわたる生涯であった。

福島　四郎
――『婦女新聞』に半生を捧げた言論人

『婦人界三十五年』（婦女新聞社、1935、国立国会図書館蔵）より

赤穂事件における寺坂吉右衛門

元禄十五年（一七〇二）十二月十五日の未明、吉良《きら》上野介《こうずけのすけ》邸への討ち入りを果たした四十七名の赤穂《あこう》義士らは、主君浅野《あさの》内匠頭《たくみのかみ》の墓所である高輪の泉岳寺へと向かおうとしていた。そうしたなかで、大石《おおいし》内蔵助《くらのすけ》の側近である吉田《よしだ》忠左衛門《ちゅうざえもん》が、寺坂《てらさか》吉右衛門《きちえもん》をかたわらに呼び寄せて、かねてからの密命を重ねていい含めたのだった。

足軽の身分でありながら、とくに討ち入りへくわわることを許された寺坂である。そうした寺坂に与えられた密命とは、浅野内匠頭の弟であり、芸州の浅野本家へ預かりの身となっている浅野大学のもとへ急ぎ参上して、討ち入りの子細を奉告するというものであった。

もとより承知してはいたものの、芸州への道すがらでもあるゆえ、寺坂は、せめて泉岳寺まではこのまま同道することをお許し願いたいと申し出た。吉田はこれを認めたあとに、身どもには子細があり、皆とは別に動くことになるが、くれぐれもぬかりなきようにと念を押したのだった。このあと吉田は、大目付の仙石伯耆守《せんごくほうきのかみ》の屋敷へ出向いて、このたびの仕儀について自訴するという役目を担っていた。晴れやかな表情の主従二人であったが、それでもまだまだ気をゆるめるわけにはいかぬといったようすで、密かにことばを交わしたのである。これが二人の今生の別れでもあった。

義士らが泉岳寺へ着いたのは、朝餉《あさげ》を終えた寺僧らが礼茶の賀儀へ向かおうとしているときである。ここまで同道してきた寺坂には、むろん同士らとともに寺門をくぐり、せめて亡君の墓前で香をたき上げて、その上で密使の途につきたいという思いがあった。

だが、いったん寺内へ足をふみ入れたなら、しかるべき沙汰を待つことになるであろう同士らとともにとどめおかれてしまい、もしそうにでもなれば、もはや密命を果たすべく江戸を離れるわけにはいかぬようなことになる。大石からすぐに芸州へ向かうように命じられたのだった。かねがね承知していたことではあるが、本懐をとげた同士らがいさぎよく仕置きを待とうとするなかで、密使とはいえ、一人この場を離れるのはこの上なく辛いことであった。このごにおよんで、臆病風に吹かれて逃亡したのではないかと、のちのちそんなふうに世人の口に上るようなことにでもなれば、武士の面目に関わることである。

それでも寺坂は、すでに義士らの壮挙を聞きつけて、寺門の外へ押し寄せていた群衆のなかに身を潜ませて、同士らが四家の大名へ預かりの身になるということを確かに聞き届けると、その夜に忠義の徒として江戸を離れたのだった。

寺坂吉右衛門と福島

赤穂事件における寺坂吉右衛門の動静については、古くからさまざまな議論があり、こうして密使の役目を果たしたという説のほかにも、密命を帯びたわけではなく、たんに命を惜しんで逃亡したという説も有力であった。また、もとより吉良邸への討ち入りをまえにして逃げ去ったのであり、じっさいに討ち入った義士は四十六名であったという説もおこなわれている。

そうしたなかで、吉田忠左衛門の娘婿に連なる家から、寺坂は逃亡したわけではないという説を裏づけるような古文書が昭和になってから見つかった。それをもとにして、赤穂の郷土史家のまとめた「寺坂雪冤録《せつえんろく》」という一文を、何とか世に出そうとして、『日本及日本人』という雑誌への掲載の労をとるなどしたのが福島四郎《ふくしましろう》であった。福島はのちに、自らも『正史忠臣蔵』(昭和十四年)を著しているように、赤穂事件にはとりわけ関心を寄せた人物である。

福島の郷里である兵庫県加東郡小野村のあたりには、赤穂藩の領地が散在しており、吉田忠左衛門は、かつて赤穂藩の加東郡代でもあった。くわえて小野の隣村で庄屋を務めていた小倉家は、浅野内匠頭の祖父にあたる赤穂藩初代藩主の浅野長直《ながなお》が、領内を巡視するおりに宿泊所としていた家であり、吉田が寺坂を従えてしばらく滞在したところでもある。この小倉家に生まれた小倉亀太郎《おぐらかめたろう》は、福島の小学校時代の恩師であり、その教えを受けた福島は、かたがた赤穂義士について、とりわけ郷党人のほまれ高い吉田と寺坂に対しては、幼いころから憧れのような気持ちを抱いていた。

そうした寺坂について、はからずも逃亡説がまかり通っていることに、福島はかねがね疑念と不満を感じていた。そして、徳富蘇峰《とくとみそほう》が『近世日本国民史』義士篇（大正十四年）のなかで、臆病風に吹かれた寺坂は、討ち入りをまえにして吉良邸から逃亡したのであり、義士にくわえるべきではないという説を唱えていることを知るにおよんで、これはいよいよ寺坂の汚名をそそぐために、自らが筆をとるほかあるまいと考えるようになる。

このとき福島は、すでに婦女新聞社の社主として、『婦女新聞』という週刊新聞を発行していた。この新聞に蘇峰へ反論するかたちで義士論を連載して、のちにそれを忠臣蔵の正伝として世に知らしめようと、『正史忠臣蔵』と題して刊行したのだった。

姉の死

福島四郎（号・春浦《しゅんぽ》、拝蘭《はいらん》）は、明治七年（一八七四）の二月二十八日に、旧播州《ばんしゅう》小野藩士

福島元嘉《もとよし》と母テルの四男として、兵庫県加東郡小野村（現・兵庫県小野市）に生まれている。幼いころから素直に学問に励むような少年であり、小野小学校を卒業したあとには、小野藩の儒臣であった進藤良生《しんどうりょうせい》（鋭軒《えいけん》）の漢学塾に学んでいる。進藤は、福島が瀬戸内の春の浦波のように穏やかな性格であることから、「春浦」という号を与えてのちの大成を期待した。

向学の念にあふれた福島は、さらに西田原村の松岡操《まつおかみさお》の塾に入り、重ねて漢学の修業に励んでいる。松岡には男ばかり八人の子があり、早世した三人を除いた五人は、のちに医師や学者、画家として名をなしており、世に松岡五兄弟と称されている。福島より一歳下の國男もそのうちの一人であり、國男はのちに、民俗学者の柳田國男として知られるようになる。

家族に恵まれて、穏やかな少年時代を過ごしていた福島であるが、十一歳のときに、その半生に大きな影響をおよぼすような、不幸な出来事に見舞われることになる。姉マキの死である。姉の嫁いだ先は、女性の人格を認めないような古い考えを持つ家であり、そこで病に倒れた姉が、十分な療護も得られぬままに帰らぬ人となったのである。結婚してわずか一年、二十一歳という若さであった。

幼いころから姉を敬愛してやまない福島であり、深い悲しみと婚家に対するはげしい憤りは、容易に消えることはなかった。幸福に過ごしていた実家を離れて、女性はなぜ嫁入りをしなければならないのか、婚家にしばられた女性は、幸福な生涯を送ることができないのか――。やがてその憤りは、世のなかにはびこる因習や、男女の地位の不公正さに向けられてゆくことになる。

さらに不幸は重なった。父が本家の伯父の負債を肩代わりしたことで、にわかに家運がかたむいたのである。それでも父は、ほどなく小野村の村長となり、何とか生活を保つだけの資が得られるようになると思われたのだが、そうはならずに、逆に家から持ち出すことのほうが多くなった。財産のない父は、村長に推されたがゆえに、ますます余計な苦労を背負い込んだのである。

上級学校へ進むことをあきらめた福島は、小学校の授業生や准訓導として働くようになり、わずかながらでも家計を助けようとした。そうしたなかで、毎月の生活費を送金して一家を支えていたのが、大阪で医術を学び、東京で見習いの医師をしていた長兄の元筘《もとつえ》である。医学の道で独り立ちするまでは、帰郷しないという覚悟で修業していたその兄が、志をようやくかなえて久しぶりに郷里へもどってきた。そして、ほかの兄弟たちに、われわれは兄弟が多いのだから、そのうちの一人くらいは、一身一族のためだけではなく、何か世のなかのために尽くすような者が出てほしい、と語ったのだった。

これを聞いた福島は、暗に自分が奮起を促されているように思われた。姉のような不幸な女性を一人でもなくすために、もっと学んで世のなかの役に立ちたいという思いを兄へ伝えたところ、そういうことなら援助するから志を貫くようにといわれて、ほどなく上京することになったのである。

中学教師となる

兄の開業した東京本所の汎愛医院へ身を寄せたのは、明治二十七年（一八九四）、二十歳のときである。兄の援助を受けながら神田の国民英学会に学んだ福島は、さらに二十九年（一八九六）に国語伝習所の高等科を卒業すると、そこで夏期講習の講師を務めていた国文学者の大和《おお わ》田建樹《だたてき》の書生となり、著作の助手などを務めるようになる。このとき元� は、両親を呼び寄せてその面倒を見ており、福島としては、兄の負担を少しでも軽くしたいという思いから、書生という道を選んだのだった。

大和田の書生をしながら早稲田専門学校の英語学部に学び、明治三十二年（一八九九）に埼玉県第一中学校の助教諭となった福島は、そこで思いもかけぬ出会いを経験する。あるとき、教員室にあった『時事新報』を何げなく手にして、福澤諭吉《ふくざわゆきち》の「女大学評論」という文章を読んでみると、これまでの日本の風俗や習慣が、すべて男子本位にできていることを批判しており、もとより男女は平等でなければならぬと説かれていた。これには胸を突かれるような思いをした。

『時事新報』に長く連載されていたこの評論を、過去のものからすべて読んでいくうちに、長いこと抱いてきた疑念のかたまりが、にわかに溶け出していくように思われた。これは自分の疑念を取り払うために書かれた文章に違いない。そうも感じた福島は、世のなかにおこなわれている悪しき因習が改まれば、姉のような不幸は必ずなくすことができると確信する。そして、自分もこうした考えを世のなかへ広く知らしめるために、女性のための新聞を作ろうと心に決めたのである。

さっそく学校へ辞表を出して、再び東京へもどった福島は、新聞の発行に向けて動き出そうとした。だが、また兄に頼るのはさすがに心苦しい。そこで、かつて国語伝習所で教えを受けた平田盛胤のもとを訪ねて相談したところ、幸いなことに、平田が教師を務めている京華中学で国語教師を求めているということを知り、平田の推薦を受けて、明治三十三年（一九〇〇）の一月からその教師を務めることになる。

このひと月ほどまえに退職した高嶋米峰という教師の後任であった。そのことを知ったのは、このあと福島が創刊する『婦女新聞』に、高嶋が初めて寄稿した大正二年（一九一三）のことであり、思わぬ縁により二人は親交をむすぶようになる。女性の地位向上に向けて、さまざまな場で発言していた高嶋は、『婦女新聞』の常連の執筆者の一人となり、のちに論説委員を務めてもいる。

京華中学では、高嶋の受け持っていた国語と作文の授業を引き継いだが、高嶋と同じように、生徒の作文の添削には思いのほか時間を取られて苦労した。それでも見事な作文を書いてくるような生徒もおり、そのなかから秀作を選んで『京華校友会雑誌』へ掲載したり、また編集委員の生徒の求めに応じて、自らも同誌（第五号）に「国語の統一と国字の改良」という一文を寄せたりもしている。

学校の授業や作文の添削のほかは、時間を惜しむようにして、すべて新聞の発行に向けた準備に費やした。資金も借り入れた。大卒者の初任給が二十円ほどであった時代に、五百円もの借り入れができたのは、兄が保証人になってくれたからである。この五百円は、創刊号を発行して、二号の準備をしているころにはほぼ尽きてしまい、重ねて兄に頼ることになる。福島は、こうして支援を惜しまなかった兄に対して、終生にわたり敬慕と恩義を忘れることはなかった。

編集の仕事をおこなっていたのも、兄の医院の二階にある隅田川をのぞむ八畳間であり、そこはふだん福島が寝起きしている部屋でもあった。創刊に向けて原稿を依頼したり自ら執筆したり、むろん編集や校正なども、いっさい一人でこなさなければならない。さらに、賛同者や広告を集めるために、かけまわるような毎日であった。

そうしたなかで、新聞の顔として一面を飾る「婦女新聞」という題字は、京華中学の同僚であり、習字を教えている塗師《ぬし》谷《や》秀教《ひでのり》という教師が快く引き受けてくれた。のちに新聞の存廃に関わるような大きな危機を迎えたときに、塗師谷に救われることになるのだが、創刊へ向けて意気をみなぎらせていた福島には、むろん思いも寄らぬことであった。

『婦女新聞』の創刊

京華中学へ出講するようになって四ヶ月ほどが過ぎた。『婦女新聞』の発行に向けた準備もおおむね整い、いよいよあとは、創刊の日をいつにするかというところまでこぎつけていた。おりから世のなかでは、皇太子嘉仁親王（のちの大正天皇）のご成婚の儀が五月十日におこなわれることになったと報じられており、祝賀に向けて盛り上がりを見せていた。もとより皇室に尊崇の念を抱いている福島は、迷うことなくこの日を創刊の日に選んだのだった。

そしていよいよ創刊である。発刊の辞には、「今日の女子諸君の地位を高め、体格を強め、夫に仕へては良妻となり子をあげては賢母とならしめ、以て乱れた家庭を治め、以て崩れた社会の風儀を正す」と記しており、発刊の目的として十四項目を掲げている。賛同者には、旧小野藩主である一柳《ひとつやなぎ》末徳《すえのり》や近衛《このえ》篤麿《あつまろ》公爵《こうしゃく》を始めとして、恩師の大和田建樹や国文学者の関根正直、さらに下田歌子や棚橋《たなはし》絢子《あやこ》、三輪田《みわた》眞佐子《まさこ》といった教育家たちが名を連ねた。

創刊号は一万部を印刷した。一万部はさばけるという見込みがついたからではなく、これくらい売れなければ元が取れないという、ただそれだけの思い込みから出てきた部数であった。

先の見えない新刊紙としては、途方もない数字である。

とりあえず、そのうちの三千部を神保町の東京堂へ持ち込んだ。五百部でも売るのは難しいといわれたが、売り上げの代金はいらないとまでいって、無理に預かってもらった三千部であった。月末にようすを見にゆくと、そのほとんどが荒縄でしばられたまま廊下へころがしてあり、在庫の山と化していた。福島の郷里である小野は、古くから播州算盤《そろばん》の生産地として知られているが、発行に向けた熱意が先ばしり、算盤勘定のほうまでは気がまわらなかったようである。二号からは、さすがに部数を減らさざるを得なかった。九号にいたるころには、一千部ほどまで絞り込んだことで、ようやく先の見通しもついてきた。

婦女新聞

發刊の辭

婦女新聞の目的

名家の女子教育談

『婦女新聞』創刊号（明治33年5月10日刊）。四六判10頁。題字は塗師谷秀教の揮毫になる。［『婦女新聞』復刻版（不二出版、1982-1985）より］

ところがである。こうしたようすを見ていた印刷所が、これでは廃刊も近いだろうとふんだようで、一〇号からの印刷を断ってきた。学校の仕事をしながら新聞の発行に追われて、徹夜の続くようなこともしばしばであったが、それでもそうした作業は、自らの力でしのぐことができた。だが、印刷だけはそうはゆかず、窮地に追い込まれた。

この危機を救ってくれたのが同僚の塗師谷である。印刷を引き受けてくれるようなところをさがしまわったが見つからず、途方に暮れながら両国橋のたもとまで来ると、思いがけず塗師谷に出会った。ことのしだいを打ち明けると、だまって聞いてくれた。それだけでもありがたかった。さらに塗師谷は、そういうことなら知っている印刷所にあたってみようかと、その足で神田錦町にある熊田印刷所へ福島を連れてゆき、新聞の印刷を取りつけてくれたのだった。

熊田印刷所は、当時の東京では築地活版製造所や秀英舎につぐような大きな印刷所であり、これでさしあたっては、新聞の発行が滞ることはない。新聞の題字を書いてもらった縁により、新聞が大事から救われたのである。福島は、地獄に仏とはまさにこういうことをいうのだと、のちのちまで大いに感謝したのだった。

『婦女新聞』の四十二年

若いときに中耳炎を患い、聴覚に不調を抱えていた福島は、もとより教師よりも、一人で机に向かって筆をとる職業のほうが、自分には向いているように思っていた。新聞の発行のために思いのほか多忙をきわめたこともあり、京華中学の教師は一年ほどで退職して、新聞に専念することになる。そのころには購読者も千人をこえており、発行もおおむね順調であった。

新聞を創刊してから二年が過ぎたころ、嘉悦学園の創設者である嘉悦孝子《かえつたかこ》の媒酌により、蜂《はち》屋《や》貞子《さだこ》と結婚する。福島が二十八歳、妻の貞子は二十歳であった。旧小田原藩に仕えた蜂屋家の一人娘である貞子は、実家から受け継いだ財産のすべてを新聞の発行に費やすほど、福島への協力を惜しまなかった。実務を支えながら自らも小説や随筆などを執筆した。それでも金策の苦労はついてまわった。

ちょうどそのころ、東京では私立女学校が相ついで開校しており、その創立者である教育家たちは、女性教育の意義や女性の地位向上に向けて、世論を盛り上げていこうとしていた。その受け皿となったのが『婦女新聞』である。共立女子職業学校（現・共立女子学園）を創設した鳩山春子《はとやまはるこ》や、山脇高等女学校（現・山脇学園）を創設した山脇房子《やまわきふさこ》らが盛んに寄稿するとともに、婦人界に向けて『婦女新聞』の読者を募る勧誘状を出してくれたことで、多くの読者を得ることができたのだった。

やがて、小さいながらも婦女新聞社を設立して、編集者や事務員を雇い入れるようになる。兵庫の小学校に勤めていた下中彌三郎《しもなかやさぶろう》という人物が教師を辞めて、同郷の福島を頼って上京してきたのもそのころであった。すぐには人員を増やす余裕がないために、いったんは知り合いの出版社で働いてもらい、余裕のできたところで婦女新聞社へ雇い入れた。

福島のもとで記者や編集者としての経験を積んだ下中は、のちに平凡社を創業することになる。このとき下中と机を並べていたのが島中雄三《しまなかゆうぞう》であり、これを縁として下中の終生の友となる島中は、のちに社会活動家や評論家として世に出ることになる。こうして福島のもとからは、のちに言論界を担うような人材も育っていったのである。

創刊号は十頁に過ぎない『婦女新聞』であったが、大正時代には二十頁ほどの週刊女性誌のかたちをとるようになり、さまざまな分野の執筆者に広く発言の場を提供している。女性問題はもとより、婦人界や女学界などの動向にくわえて、家事や育児から時事問題、文芸にいたるまで、その内容も多彩であった。関東大震災で被災したときを除いては休刊することもなく、順調に発行を重ねた『婦女新聞』は、昭和十三年（一九三八）の十月には二千号を迎えることになる。

二千号を発行してから二十日ほどが過ぎたころ、大宮御所の事務官から新聞社へ電話が入った。明後日に御所までお出まし願いたいという連絡である。とつぜんのことに戸惑いながらも、仰せに従い御所へ参殿すると、皇太后宮（貞明皇后《ていめいこうごう》）じきじきに、長年にわたり『婦女新聞』の発行に尽してきたことへのねぎらいのことばがあり、蘭《らん》などの花束三束と菓子折三箱を下賜されたのだった。

これほどの光栄は分に過ぎたことであり、おそれ多いとは思いながらも、この場にのぞんで辞退することなどできようはずもなく、謹んで拝受したのだった。夢心地とはこういうことをいうのだと感謝しながら、ただ涙を払うばかりであった。もとより皇室を尊崇する福島が、皇太子嘉仁親王のご成婚の儀に合わせて創刊した『婦女新聞』である。皇室へも献上されていた。貞明皇后を始めとして、宮家などでも長く愛読されていたことから、二千号という節目にあたり、思わぬ栄誉によくすることになったのである。

下賜された蘭の花は、とりわけ気品を漂わせていた。福島は、この気品を少しでも長く保つ方法はないものかと思案した。そこで考えのが、新たに「蘭」という字を含む号を作るということであり、その号を署名するたびに、蘭の気品を思いおこして、皇太后宮への感謝の念を表そうとしたのである。

号は知人の杉山三郊《すぎやまさんこう》に依頼した。外務大臣の秘書官などを務めた漢学者の杉山は、書家としても高名であり、大隈重信や渋沢栄一などの墓碑銘を揮毫した人物である。ほどなくして杉山が示したのは、「拝蘭」という号であった。中国の宋の時代に、ある著名な書家が奇妙なかたちの石を見つけて、感嘆の余りに衣冠を着けてその石のまえで拝礼したという故事や、菅原《すがわらの》道真《みちざね》が帝から賜った衣の余香を拝したという故事をふまえた号である。これに過ぎたるものなし、福島は大いに気に入り、それからは「拝蘭」と号するようになった。

こうして近代女性史に大きな足跡を残した『婦女新聞』が、第二一七四号をもって廃刊にいたり、四十二年にわたる歴史に幕を下ろしたのは、昭和十七年（一九四二）二月十五日のことであった。軍靴が高鳴るに連れて、資金と人員と用紙が不足するようになり、それが廃刊にいたった理由のようである。

いずれにせよ、個人による新聞の発行がこれだけ長く続いたのは、あとにも先にも例を見ないことであった。多くの識者や読者からは、廃刊を惜しむ声が寄せられており、それらは終刊号に紹介されているが、『婦女新聞』への執筆が百回をこえている高嶋米峰は、多くの読者の声を代弁するようなつぎの一文を寄せている。

婦女新聞が、日本の新婦道及び、女性文化に貢献したことの多大なること、一々挙ぐることは出来ません。誠によく戦つて下さいました、私は、戦ひ勝つた凱旋《がいせん》将軍を迎へる気持で、婦女新聞の最期を送ります。

明日の婦人界は『婦女新聞』の如き、聡明《そうめい》で愛情に富んだ指導者を失つては、「自今以後、誰をか恃《たの》まんや」の、歎《なげき》少からざるを得ないでせう。

言論人としての福島

婦女新聞社の社主であり、そして編集発行人でもある福島は、その一方で、つねに婦人界へ一石を投じるような言論人でもあった。創刊から三十五年を迎えた年には、これまでに執筆してきた社説などのなかから三分の一ほどを選び、『婦人界三十五年』（昭和十年）という著書にまとめているが、それだけでもゆうに千頁をこえている。

福島の言論は、教育の場でも採用されており、『中学国文教科書』（昭和九年）には、「海陸の二名将」という文章が掲載されている。東郷平八郎と乃木希典の人格や声望について、比較しながら論じた文章である。その教師用指導書である『中学国文教科書教授備考』（昭和十年）では、福島について、

> 明治九年（ママ）、兵庫県に生まれた。早くより社会教育、殊に婦女子の教育の忽《ゆるがせ》にすべかららざるを痛感し、一面女教員のための教育雑誌として、他面一般婦女子の文化向上に資する読物として、週刊婦女新聞を創刊した。我が国に於《お》ける週刊新聞としてははじめてのものである。又兎角《とかく》経営難に陥り易い週刊新聞のことであるから、中途幾多の困難に遭遇したが、努力と誠実とを以て押し切り、既に三十五年を迎えた。

と記している。これが当時、中学の国語教師に広く共有された言論人福島の経歴と、『婦女新聞』の役割であった。

近代の義士として

言論人としての福島には、すでに述べたように、赤穂義士の研究家というもう一つの顔がある。小学校時代の恩師小倉亀太郎の影響を受けて、早くから赤穂事件に関心を抱いていた福島は、『正史忠臣蔵』（昭和十四年）を著しているが、この著書は、出版から半世紀が過ぎた平成四年（一九九二）には、中公文庫の一冊として再刊されており、近年にいたり再評価のきざしが見えている。このとき中央公論社の社主であり、この文庫本の奥付に発行者として名を記しているのが、かつて婦女新聞社の記者であった島中雄三の甥にあたる嶋中鵬二《ほうじ》である。

赤穂藩の筆頭家老である大石内蔵助は、赤穂城を明け渡してから討ち入りにいたるまでの一年余りは、京都の山科に隠棲《いんせい》しながら同士らと策を練っていた。この山科の地へ大石を崇敬する人たちの手により、大石を祭神とする大石神社が創建されたのは昭和十年（一九三五）のことである。そして、『正史忠臣蔵』が刊行された翌年に、この神社の境内に福島の歌碑を建てようという話が持ち上がった。

長年にわたり『婦女新聞』の文芸欄に和歌を投稿していた読者たちは、婦女新聞歌壇という会を作っていたが、その歌壇会の有志らが建碑の話を進めたのである。「はりま路のあさ野の末に武士のみちのしるべとたてる大石」という福島の歌を刻んだ「武士道歌碑」の裏面には、つぎのような一文が記されている。

拝蘭　福島四郎先生は播州の
人正史忠臣蔵の著者なり又婦
女新聞社々長たること四十年
ふかく赤穂義士の事蹟を研究
せらるこゝに同氏の武士道歌
碑を建立して永く義士の誠忠
を萬世に傳ふ
　皇紀二千六百年
　昭和十五年十月
　婦女新聞歌壇代表
　京都　隠明寺《おんみょうじ》しのぶ
　東京　舟橋《ふなはし》さわ子

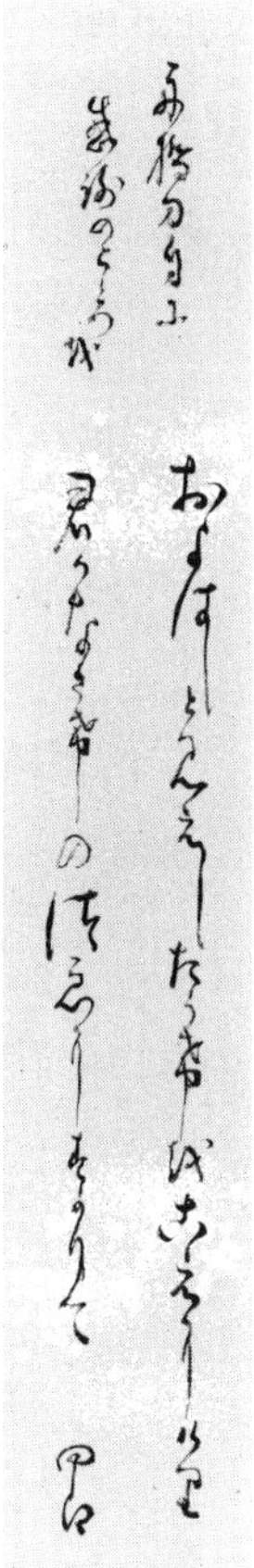

右：大石神社（京都市山科区）の境内に建つ福島の筆跡を刻んだ「武士道歌碑」（昭和15年）。［著者撮影］

左：「武士道歌碑」を建てた代表者の一人である舟橋さわ子にあてて、感謝の気持ちを詠んだ福島の自筆和歌。「舟橋刀自に感謝のこゝろを　およばじと見えしたうげをこえにけり　君がなさけのつえにすがりて　四郎」。舟橋さわ子は小説家舟橋聖一の母。［架蔵］

浅野内匠頭による刃傷事件がおきたのは、元禄十四年（一七〇一）のことであり、それからちょうど二百年あとに創刊されたのが『婦女新聞』である。主君の遺恨を晴らすために、四十七士が吉良上野介邸への討ち入りを果したように、福島もまた、その鋭い筆鋒のさやを払い、女性を苦しめていた旧弊という仇《かたき》のもとへ討ち入り、婦人界に大石を投じるようにして本懐をとげた、近代の義士ともいえるような生涯を送ったのである。

『婦女新聞』が廃刊を迎えてから三年を過ぎた昭和二十年（一九四五）に、主君に殉ずるようにして、疎開先の小田原で従容として七十二年の生涯を閉じたのは、くしくも終刊号の発行日と同じ二月十五日のことである。妻の貞子は、終刊号に「今後は真実の意味においての師家《しけ》であつた夫に老弟子として侍したい望みが切でございます」、「一面にはかねてよりの願いであつた仏道への精進を行じたいと思つております」と記している。そしてまた、福島が亡くなってからは、自らも二月十五日を命日にしたいとつねづね願っていた。

果たせるかな、福島を「師家」として「仏道への精進を行じた」たまものであろうか、福島が亡くなり、ちょうど三十年が過ぎた昭和五十年（一九七五）に九十四歳で冥界へ赴いたのが、まぎれもなく二月十五日であった。『婦女新聞』がおよそ半世紀にわたり、毎週ときを違《たが》えることなく発行されたように、つよい仏縁でむすばれた『婦女新聞』と福島、そして妻貞子の三者もまた、その立ち日を違えることはなかったのである。

高嶋　米峰
—— 地に愧ぢ天に愧づる仏教学者・社会教育家

真照寺（新潟県上越市）蔵

丙午という迷信

江戸本郷の大円寺のあたりから出た火は、おりからの北東風《ならいかぜ》にあおられて類火を誘い、翌朝まで燃え続けるような大火となった。本郷で八百屋を営んでいた八兵衛《はちべえ》の一家も焼け出されて、かねてより帰依していた駒込の吉祥寺へ身を寄せながら、さしあたっての難儀をしのいでいたのだった。天和二年（一六八二）の師走のことである。

八兵衛には、十六になるお七《しち》という娘があった。花の盛りの隅田川へ月影を映したように清らかな娘であり、お七の母は、その身をことさらに気づかっていた。

そうしたある日の夕まぐれ、上品な寺の若衆が、指に刺したとげを抜き悩んでいた。それを見かねてお七の母が手を貸していたのだが、老いた眼にはうまくことがゆかず、お七に助けを求めたのだった。だがこれにより、抜き差しならぬ鋭いとげを、自らの胸のうちに突き刺してしまうようなことになる。

母に代わりお七がとげを抜いてあげたところ、その若衆は、われを忘れたようにお七の手を握りしめた。お七と同い年の吉三郎《きちさぶろう》という若衆であった。思いもかけぬことに驚きもしたが、離れがたいという思いにもかられたお七は、わざと毛抜きを持ち帰り、それを返しにゆくといってあとを追い、その手を握り返したのだった。こうして二人は恋仲となる。

やがて寺を引き上げて本郷へもどると、吉三郎に恋いこがれて朝夕思いつめているようなお七であったが、何の因果であろうか、出来心から悪事を思い立つようになる。また火事の騒ぎがおきたなら吉三郎に会うことができるだろうと、家に火をつけたのである。悪事はすぐに知られてとらわれの身となり、市中を引きまわされて、鈴ヶ森で火刑に処せられたのだった。

江戸の町を騒がせたお七の事件をもとにして、井原西鶴《いはらさいかく》が『好色五人女』という草子のなかに描いたこのお七の物語は、ほどなく歌舞伎や浄瑠璃などの種にもなり、大いに評判を呼ぶようになる。古代中国に始まる陰陽五行説では、十干のうちの丙は火の兄《え》、十二支のうちの午《うま》は正南の火にあたり、この二つが重なる丙午《ひのえうま》という干支《えと》の年は、火の災いがあると説いている。この説に大きなはずみをつけたのが、丙午の生まれといわれるお七であった。

お七の物語が評判になるにつれて、丙午の年は火事が多いというウワサが世間に広がり、さらにこのうわさは、丙午の年に生まれた女性は、夫に不幸をもたらすという迷信を生むことになる。根も葉もないこの迷信は、明治という近代の世を迎えても、いっこうに収まることはなく、それどころかいっそう根づよくはびこるようになる。明治三十九年（一九〇六）が丙午の年であった。この年に生まれた女性が、年ごろを迎えてもなかなか縁談に恵まれないことから、それを苦にして自ら命を絶つという不幸な事件さえ、少なからずおきている。

それから干支がひとまわりして再び丙午を迎えたのは、昭和四十一年（一九六六）のことである。この年に生まれた女児の数は、まえの年に比べると二十五パーセントほど減っており、その翌年には、また四十パーセントほど増えてもいるように、丙午にまつわる迷信は、昭和にいたっても隠然たる力を保ち続けている。つぎに丙午の年を迎えるのは二〇二六年である。

井上円了と修身教会

明治二十年（一八八七）に哲学館を創設した井上円了は、その数年のちには妖怪研究会を立ち上げている。妖怪や幽霊というつかみどころのない現象を、学問として研究したのは円了が初めてのようであり、仏教哲学を専門とするこの哲学者は、のちに妖怪博士とも称されている。

妖怪や幽霊は、迷信をもとにして作られており、その迷信は、人々の道理への暗さから生まれてくる。子どもたちが、学校の修身の時間にいくら道理にかなうことを学んでも、家庭や地域に迷信がはびこっているようではもとも子もない。欧米でおこなわれている教会の日曜学校のように、地域のなかでも修身を学ぶ機会を設けるべきである――。こうして円了の妖怪研究は、修身教会を広めようという活動へ向かうことになる。

哲学館が創設された翌年に中学校令が公布されて、のちに施行規則が定められると、それまで週に一時間おこなわれていた倫理という学科が修身に替わり、その年の十二月には、中学の教科書で初めて修身と題する『中学修身教科書』全五巻（明治三十四年）が出版されている。これに続いたのが、円了の『修身要鑑』全五巻（明治三十五年）という教科書である。

この教科書を出版した翌年に修身教会の趣意書を作り、全国の首長や小学校の校長などへ配布した円了は、その翌年には、哲学館が大学として開校するのに合わせて『修身教会雑誌』を発行する。そして、丙午を迎えた明治三十九年（一九〇六）には、哲学館大学の学長を退いて、修身教会を広めようと各地を講演してまわり、それは大正八年（一九一九）の六月に中国の大連で講演しているときに病に倒れて、その翌日に亡くなるまで続いてゆくことになる。

『修身要鑑』は、東西の倫理に通じている円了が「東西両洋の高尚なる倫理を折衷し、平易簡明に叙述し、極めて、学生の趣味を惹起《じゃっき》」（「凡例」）しようとする教科書であった。この教科書の第三巻と第四巻の前半を執筆したのが、哲学館で円了に学んだ高嶋米峰《たかしまべいほう》である。

高嶋もまた、世のなかを惑わすような迷信は、いっさいなくさなければならないと考えており、このときすでに、円了の教えを受けた仲間とともに、仏教清徒同志会（のちに新仏教徒同志会）という会を立ち上げて、新仏教運動という活動をおこなっていた。のちに東洋大学の教授や第十二代学長などを務めたほか、書店主、出版人、仏教学者、社会教育家など、さまざまな肩書きをあわせ持つような言論人として、広く活動したのが高嶋米峰である。

生い立ち、そして苦学時代

近江《おうみ》国高島の真照《しんしょう》（了正《りょうせい》）という僧侶が、使僧として各地をめぐるうちに仏縁に導かれて、天正四年（一五七六）に越後の竹直という里に修行道場を開いた。高田平野の北端に位置する竹直は、越後の霊峰米山《よねやま》の山容をはるか北東へのぞみ、西へ広がる日本海からは、一里ほど離れた小さな農村である。ほどなくこの道場は、真照寺という浄土真宗の寺となる。

高嶋米峰（幼名・大円《だいえん》）は、明治八年（一八七五）の一月十五日、新潟県頸城郡《くびきぐん》竹直村（現・新潟県上越市吉川区竹直）の真照寺に、その十三世住職である父高嶋宗明《そうめい》と母みやの長男として生まれている。寺に生まれた長男ではあるが、四人の姉にあとに年をおいて生まれた末子であり、すでに長女が婿を迎えていたことから、得度して法灯を継ぐような立場にはなかった。

高嶋は幼名を大円といったが、のちに米峰と改めている。真照寺の本堂からは、はるかに米

高嶋の生家である浄土真宗西本願寺派真照寺（新潟県上越市）。［著者撮影］

山の山容をのぞむことができるが、幼いころからその雄姿を仰ぎ見て、自らもかくありたいと願っていた高嶋は、明治三十三年（一九〇〇）ごろから米山の美称である米峰を筆名として用いるようになり、大正八年（一九一九）には、戸籍の上でも米峰と改めている。

一歳を迎えるまえに病気で母を亡くした高嶋は、六歳までは乳母の実家で育てられている。寺へもどされてからは、父のもとで仏典や四書の素読を修めたのちに竹直校（のちの竹直小学校）で学び、八歳のときには、京都の西本願寺の僧侶であり、宗門の有力者でもあった父の実弟のもとへ預けられて、京都の小学校へ通うようになる。だが、慣れない生活のなかで脚気《かっけ》を患い、さらに十一歳のときに父を亡くしたことから生家へ帰り、しばらくは郷里で過ごしていた。十五歳で再び京都へゆき、西本願寺系の普通教校（龍谷大学の前身）で学ぶようになるが、このときは肺結核を患い、またしても学業を半ばにして帰郷することになる。

病身ではあったが、いずれは中学の教師になりたいという思いがあり、ようやく健康を取りもどすと、十八歳のときに上京して哲学館へ入学する。もとより健康に不安を抱えている身である。宗教学部ではなく教育学部を選んだのも、中学の教師をしながら、四十歳くらいまで生きていかれたら本望だと思い込んでいたからである。

真宗の寺に生まれて自ずと信仰心を身につけてきた高嶋であるが、哲学に備わる合理の世界へ導かれるようになると、信仰の世界がすこぶる疑わしいように思われてきた。哲学館で学ぶうちに、あらゆるものごとを問い直してみるという習慣が身についてゆき、こうした経験は、のちに言論をなりわいとする高嶋の原点のようにもなった。

明治二十九年（一八九六）の七月に二十一歳で哲学館を卒業した高嶋は、教師の口はすぐにでも見つかるだろうと思いながら、しばらくは郷里で過ごしていた。ところが、いっこうにその気配がない。そうしたところへ、恩師の円了から著作の手伝いをしてほしいという手紙が届いた。恩師から声をかけられたことで、喜びいさんで上京したのだが、ひと月ほど働いて得られた給金は、下宿代にもならないようなわずかなものであった。やむなくまた、哲学館の寄宿舎で生活することになる。それでもなお、恩師のもとでおこなう著作の助手や雑誌の発行は、大いにやりがいを感じさせるものであった。

京華中学の教師として

このとき哲学館の寄宿舎では磯江潤が舎監を務めており、磯江と気心の通じ合うような仲となった高嶋は、明治三十一年（一八九八）の三月に、磯江に請われて二十三歳で京華中学の教師となる。長く望んできた中学の教師に、ようやくなることができたのである。

授業は一年から三年までの国語と漢文と、一年から五年までの作文を受け持った。作文の添削にはことのほか時間を要して、本郷真砂町の大成館という下宿へ帰ってからも、毎日作文の添削ばかりをするようなことになった。大変なことを引き受けたと後悔もした。だが、病弱でありながら、念願の中学教師になることができたという喜びは、それに勝るようであった。

そのころの京華中学には、東京帝大への入学を目ざすために、まずは高等学校の受験資格を得ようと、専門学校などを卒業してから編入してくる生徒もいた。そのために、初めて教室へ出た高嶋は、あいた口がふさがらないほど驚くことになる。というのも、かつて京都の普通教校で同級であった渡邊隆勝《わたなべたかかつ》という友人が、生徒として教室にいたからである。のちに渡邊は、一高から東京帝大へ進んで仏教学を学び、京都平安中学の校長を長く務めている。

第一回生である渡邊たちが高等学校を受験したときに、一高へ首席で入学したのが京華中学の卒業生であるといううわさを耳にした高嶋は、すぐに中野俊助《なかのしゅんすけ》という生徒の顔を思い浮かべた。中野は首席で卒業した、とりわけ優秀な生徒であった。福岡の小学校を卒業してから福岡日日新聞社で給仕として働いていたが、志を抱いて上京した苦学生であり、一高から東京帝大の独法科へ進み弁護士となる。

だが、このとき一高へ首席で入学したのは、中野ではなく椎尾辨匡という生徒であった。高嶋には、とりわけ印象に残るような生徒ではなく、意外に思われたようだが、椎尾は一高から東京帝大の宗教学科へ進み、のちに東京芝にある増上寺の第八十二世法主や大正大学の学長などを務めており、いち早く「共生《ともいき》」という思想を説いた、「昭和の鑑真《がんじん》」とも称されるような仏教学者となる。大自然のなかのすべてのものは、過去から未来へと引き継がれてゆく大いなる命とともに生きており、また生かされている。大宇宙のなかのあらゆるものと、しなやかに「共生」をなすべきであるというのが椎尾の「共生」思想であった。

大正二年（一九一三）に名古屋の東海中学の第二代校長となり、さらに理事長などを務めた椎尾は、「共生」思想をもとにした人間教育を実践しており、この中学で椎尾の教えを受けて、のちに「共生」についてもさまざま論じているのが哲学者の梅原猛《うめはらたけし》である。建築家の黒川紀章《くろかわきしょう》もその影響を受けた一人であった。この学校で学んでいたときに、理事長であった椎尾の仏教講話につよい印象を受けて、のちに「共生」思想をその設計に取り入れたり、『共生の思想』（昭和六十二年）という本を著したりもしている。

中野や椎尾の学んでいたこの組には、提出する作文をいつも漢文で書いてくるような生徒もいた。高嶋もその添削には苦労した。四高から東京帝大へ進み、弁護士から衆議院議員となり、犬養毅の懐刀といわれた近藤達児《こんどうたつじ》である。高嶋とは同い年であったが、生涯にわたり高嶋を先生と呼び、のちのちまで親交を続けてゆくことになる。

椎尾や近藤の一級下には渡辺徹という生徒がいた。一高から東京帝大へ進んだ渡辺は、心理学者として日本大学の教授となり、高嶋とは長く交流のあった生徒の一人である。高嶋の又甥《またおい》であり、心理学者となる高嶋正士《まさし》は、のちに父のあとを継いで真照寺の十六世住職となった人物であるが、学生のころに進路に思い悩んで高嶋へ相談したときに、心理学を学びたいのなら渡辺の弟子になるようにと勧められたという。

中学の教師を天職のように思いながら、生徒たちの教育に熱意をそそいでいた高嶋であるが、在職して二年ほどが過ぎた明治三十二年（一八九九）の十二月に京華中学を去ることになる。校則に違反した生徒の処分をめぐり、磯江と意見の対立を深めたことが退職の原因であった。

学校としては、違反した生徒を処分するのはむろんのことであるが、その生徒の家庭や保証人に配慮しないわけにはゆかぬような事情もあり、あくまでも道理を通そうとする高嶋との間に、大きなみぞができてしまったのである。在職したのはわずかな期間ではあったが、念願の中学教師として過ごした日日は、高嶋にとってはのちのちまで忘れ得ぬものであった。

新仏教運動の展開

円了の教えを受けた七名の若者が大成館の高嶋の部屋に集まり、仏教清徒同志会（のちに新仏教徒同志会）という会を立ち上げたのは、高嶋が京華中学の教師となってから一年が過ぎたころである。これが新仏教運動と呼ばれる活動の始まりであった。

同志会では、月刊の機関誌として『新仏教』を発行しており、高嶋が編集を担っていたこの雑誌は、仏教界のあり方への批判や提言のみならず、さまざまな社会問題にも臆することなく直言したために、三度にわたり発行停止という処分を受けたりもした。それでも大正四年（一九一五）の八月まで十五年余り発行が続いており、第一八三号まで刊行されている。あわせて同志会では、各地で公開講演会もおこなっていたが、これも多くの聴衆を集めて評判になるなど、同志会による新仏教運動は、当時の仏教界に少なからず新風を吹き込んだのである。

高嶋は、この運動を通して、子規門下の歌人として高名であった伊藤左千夫《いとうさちお》と親しくするようになる。歌についてもよく議論した。伊藤はいつも『万葉集』を振りかざして、万葉調でなければ歌ではないようなことをいうものだから、歌には素人の高嶋もこれには反発したくなり、口論になることもあった。それでも互いに気心の通じた友人同士であった。

高嶋が肺結核を再発させて、千葉の稲毛海岸でひと月ほど療養していたおりには、伊藤がわざわざ見舞いに訪れて、二人で海水浴に興じたりもしている。伊藤は、乗り気ではない高嶋に歌を作らせて、だまって自らが関わっている短歌雑誌『馬酔木《あしび》』に載せたこともあったが、のちに高嶋は、伊藤からもう少しまじめに歌を学んでおけばよかったと悔やんだりもしている。

なお、結核の治療にあたり、医学にくわえて呼吸を整える独自の方法を取り入れた高嶋は、東京女子医学専門学校（現・東京女子医大）に出講していたときにも、講義のまえには、学生に呼吸術を教えたりもしている。高嶋の呼吸術は広く知られていたようで、大江健三郎《おおえけんざぶろう》の『万延元年のフットボール』（昭和四十二年）にも、「読書を広ク深ク目的ニ副《そ》フガゴトクやろうと考えたり高島米峰の深呼吸術についてノートしたりもしている」と、亡くなった兄の手帳を見ている弟が、主人公に語る場面が描かれている。

鶏声堂主人、そして丙午出版社主

ことのなりゆきで、とつぜん京華中学を辞めてしまったものの、新仏教運動を続けてゆくにはもの入りであり、むろん毎日の生活もある。そこで高嶋は、鶏声堂書店という本屋を始めたのだった。井上円了が哲学館に続いて創設した京北中学では、教科書を事務所で取り扱っていたのだが、しだいにその作業がひどく煩雑なものとなり、円了は販売を担ってくれる本屋をさがしていた。それなら自分がやりましょうと、高嶋が名乗りを上げたのである。

東洋大学の正門の横に店をかまえた鶏声堂では、教科書や文房具などを販売していたが、教師に比べて商売人は低く見られているような時代にありながらも、そうしたことをいっこうに意に介さない高嶋は、書店の主人として帳場へ座りながら、気さくに客に応じていたのだった。

子どものころから、この店に出入りしていたのが平塚雷鳥《ひらつからいてう》である。雷鳥は、帳場に座っている高嶋のことを、どうも商売人のようではなくて、何だか学校の教師のようであり、おそらく哲学館の先生に違いないと思っていたようで、おかみさんのような人（高嶋の姉）のことも、どこか品のいい人のように感じていた。

高嶋は、「商人になった当時の理想は、商業を楽しむといふ境界に到達したいといふのが一つ、商人の品位を高めたいといふのが一つではあった」（『悪戦』）と述べているが、その理想通りに、子どものころの雷鳥には、品位のある本屋のように見えていたのである。のちに雷鳥は、高嶋の著書『店頭禅』（大正三年）に寄せた「跋《ばつ》」のなかで、「最初から思ふと、お店の発展には、全く驚くより外ありません」と述べている。

だが、雷鳥は高嶋のことが嫌いであった。男女の平等社会を作ろうと、女性問題についても盛んに発言していた高嶋であるが、雷鳥には受け入れがたいところもあったようで、つねに批判の眼を向けていた。それでも、「あなたがキライだからつて、あなたの店までキライな訳では決してありません」（同書）と述べているように、新刊の本や雑誌が読みたくなったり、原稿用紙が足りなくなったりすると、すぐに出かけてゆくのが鶏声堂であった。

鶏声堂を始めて五年が過ぎたころに、二人の知人とともに丙午《へいご》出版社を立ち上げた高嶋は、その三年のちには個人で経営してゆくことになる。社名を丙午にしたのは、この出版社を始めた明治三十九年（一九〇六）が丙午の年だからであり、また、何よりも丙午のような迷信を払いのけて、旧習にとらわれないような出版を目ざそうとしたからであった。

丙午出版社が刊行したなかで、もっとも売れた本の一冊は、周りからもっとも出版を反対された本であった。幸徳秋水《こうとくしゅうすい》の『基督抹殺論《きりすとまっさつろん》』（明治四十四年）である。秋水とは大逆事件で投獄されるまえから親交があり、基督論を書くにあたり、参考となる本を送ったりもしていたことから、獄中で書き上げた基督論の出版を、知人を通して依頼されたのである。

これまでにも高嶋は、日露戦争について人道の立場から発言していたことで、官憲からにらまれたりもしていたのだが、こともあろうか、秋水の本まで出版すると聞いて、そんな危ういことをすべきではないと忠告する友人も少なからずいた。だが、もとよりやましいところなどいささかもない。ましてや、いま秋水がこうした境遇だからといっ

東洋大学および京北中学の正門の横にあった「丙午出版社・鶏声堂書店」（左端）。［東洋大学創立100年史編纂委員会編『図録東洋大学100年』（東洋大学、1987）より］

て、友人に対して自らの冷熱を変えるようなつもりはまったくないとして、喜んで出版を引き受けたのだった。

本の完成を見ることなく、絞首台のつゆと消えた秋水であったが、驚くほどの売れゆきを見せた。辞退するといわれていた印税は、遺族や遺友の手に渡されて、大正九年（一九二〇）に第一回のメーデーがおこなわれたときに、その資金の一部にあてられたといわれている。

帝国大学などに仏教学や印度哲学の講座が開講され始めると、丙午出版社の刊行した本は、少なからず教科書や参考書として採用されるようになる。それが追い風となった。小さな出版社ではあるが、宗教や哲学などの本を三百点ほど刊行しており、とりわけ仏教書の刊行において、当時の出版界で果たした役割は、決して小さなものではなかったようだ。

三十年ほど続けてきた鶏声堂書店と丙午出版社を閉じたのは、昭和九年（一九三四）、高嶋が還暦を迎えた年である。鶏声堂は京北中学へ、丙午出版社は明治書院へゆずり渡した。このとき高嶋は、おそらく「商業を楽しむといふ境界に到達」していたことであろうし、また、「商人の品位を高めたいといふ」理想も、十分にかなえたという思いであったことだろう。

言論人としての高嶋

言論人としての高嶋は、『新仏教』のほかには『中央公論』と『新公論』をおもな執筆の舞台としていた。『中央公論』は、かつて高嶋が通っていた京都の普通教校の学生らが発行した『反省会雑誌』を改題した雑誌であり、明治三十二年（一八九九）に『中央公論』として創刊されてから、およそ四十年にわたり執筆してゆくことになる。

『中央公論』との関わりを通して、高嶋は多くの文学者と親交をむすぶようになる。芥川龍之介もそのうちの一人であった。文壇への登竜門といわれた『中央公論』の文芸欄に「手巾《ハンケチ》」（大正五年）を発表して、新進作家としての歩みを確かなものにした芥川であるが、このとき担当した瀧田哲太郎《たきたてつたろう》（樗陰《ちょいん》）は、のちに芥川がもっとも懇意にする編集者となる。

高嶋とも親しい仲であった瀧田は、毎年大晦日《おおみそか》に宴席を設けて文学者らを招いていたが、高嶋と芥川が初めて会ったのもその招宴の席であった。芥川はのちに、瀧田への追悼文のなかで、「大正十一年の年末だつたであらう。僕はその夜田山花袋、高島米峰、大町桂月の諸氏に初めてお目にかかることが出来た」（「瀧田哲太郎君」）と述べている。

この宴席で芥川は、高嶋に二十代から三十代になるときに何か特別に感じたことはなかったかと尋ねた。このとき高嶋は、五十に近い歳である。もうだいぶ昔のことだから忘れてしまったと答えると、芥川は「僕は明けると三十になるのですがもう一夜で二十代と別れるんだと思うと何か非常な淋《さび》しさと焦燥を感じるのです」、「恋をするなら今のうちだと云う気持がして…」（『高嶋米峰回顧談』）といって周りの笑いを誘ったという。このあとにも何度か芥川に会って話をしている高嶋であるが、とりわけこの日の芥川は才気のほとばしるようなはきはきとしたようすであり、のちのちまで印象に残ったようである。

言論人としての高嶋は、さらにもう一つの顔で世間に知られていた。ラジオへの出演である。東京芝浦から一般に向けて、ラジオの仮放送が始まったのは大正十四年（一九二五）の三月のことであるが、すでにその翌月にはラジオに出演して、「日本文化の淵源《えんげん》」と題する講演をおこなっている。その七月に放送局が東京芝の愛宕山《あたごやま》へ移されて本放送が始まると、しばしばラジオに出演するようになり、社会問題から人生論にいたるまで、たくみな弁舌で語りかける高嶋の放送は、しだいに評判を呼ぶようになる。

とりわけ大きな反響を呼んだのが、昭和元年（一九二六）ごろにおこなった「丙午の迷信」という放送である。丙午の年に生まれた女性が、不当に差別されていることをつよく批判したこの放送のあとには、聴取者から感謝状や手紙などが山のように届いた。これには高嶋も驚いた。当時は大阪と名古屋でもラジオ放送はおこなわれていたが、東京と同時に中継しているわけではなかった。そのため高嶋は、のちにわざわざ大阪と名古屋の放送局まで出かけてゆき、同じ「丙午の迷信」という話をくり返して放送したほどであった。

高嶋がラジオへ出演した回数は、放送した内容が著書などに残されているものだけでも六十回をこえている。高嶋自身は、何百回もマイクのまえに立ったと述べており、いずれにせよ、ラジオ放送の名手と称されるほどに、世間において評判になったのである。

東洋大学と高嶋

井上円了を師と仰いでいる高嶋は、哲学館の後身である東洋大学とも長く関わりを持つことになる。円了が亡くなってからも、鶏声堂の主人として教科書の出版や販売を担うとともに、大正十三年（一九二四）からは、校友会の委員長を務めている。

委員長を務めて二年が過ぎたころ、同じ新潟の出身の、二十歳になる坂口炳五《さかぐちへいご》という青年が入学してきた。坂口は、明治三十九年（一九〇六）、丙午の年の生まれであった。両親は、火の厄《わざわ》いを払おうとしたのであろうか、丙の字にあえて火偏のついた、光り輝くことを意味する「炳」という字を選び、それに五男ということから「炳五」と名づけたのだった。東洋大学に在学していたころから懸賞小説に応募するようになった炳五は、のちに坂口安吾《あんご》という小説家として知られるようになる。

丙午の当事者である安吾その人も、迷信には関心を抱いていたようで、亡くなるまえの年には「ヒノエウマの話」（昭和二十九年）という随想を書いている。そのなかで安吾は、日本人に食い込んでいる干支の魔力には、深く広く根づよいものがあり、丙午を含めてすべての迷信の消滅を期待することは不可能だが、教養や勇気や楽天性によって、その受難者になることを避けるのが何よりであろうと述べている。

安吾が卒業した翌年に東洋大学の維持員となった高嶋は、六十二歳のときに教授となり、宗教学や倫理学などを講じており、さらに昭和十八年（一九四三）には、六十八歳で第十二代学長に就任している。

真浄寺にまつわる縁

生涯に七十冊をこえるような著書を残している高嶋であるが、その半数近くは還暦を過ぎてから刊行したものであり、晩年にいたるまで執筆への意欲は衰えることがなかった。もとより早世を覚悟したような病弱な身ではあったが、生涯にわたり禁酒、禁煙を貫くなど、つねに節制した生活を送り、亡くなるまえの月まで講演などもこなしていた。そしておそらくは、享年に不足なし、という思いだったことであろうが、昭和二十四年（一九四九）の十月二十五日に、病を得て七十五歳で冥界へ赴いている。

臨終をまえにして、親友の下村海南《しもむらかいなん》に伝えたのが、「空しくすぐ七十五年、地に愧《は》ぢ天に愧づ」という辞世であった。言論の力をもとにして、少しでも世のなかをよくしていこうと発言を続けてきた高嶋であったが、自らの言動にもつねにきびしい眼を向けており、自らを律しようとしてきたこれまでの姿勢が、そのまま表れているような辞世である。

さて、いちずな恋心が災いして火刑に処せられたお七であるが、いまは文京区白山にある円乗寺という天台宗の寺に丁重にまつられている。この寺から五分ほど歩いた、同じ文京区の向丘に大円寺という曹洞宗の寺があり、お七の一家が焼けだされた天和の大火は、この寺のあたりから出火したといわれている。お七を供養するために境内へまつられたほうろく地蔵が、かつてのなごりをわずかに伝えている。大円寺からさらに五分ほど歩いた同じ向丘のなかに、真浄寺という真宗大谷派の寺がある。ここが高嶋の墓所である。

井上円了が哲学館を創設したのは湯島の麟祥院の一室であったが、この寺が円了を支援したように、真浄寺の住職であった寺田福寿《てらだふくじゅ》も、円了への援助を惜しまなかった人物である。のちに円了は、哲学館の三恩人として勝海舟と加藤弘之《かとうひろゆき》とともに寺田福寿の名を挙げており、その余栄を永く讃えたのだった。

なお、コメディアンや俳優として名をなした植木等《うえきひとし》は、名古屋に生まれた僧侶の子であり、京北中学へ通いながらこの真浄寺で小僧の修行をして、のちに東洋大学で学んでいる。高嶋は、社会教育家として禁酒、禁煙、廃娼《はいしょう》運動に力を尽くしたことでも知られているが、「スーダラ節」の歌い手が、高嶋の眠る寺で修行したというのも、奇妙な仏縁というべきであろうか。

堀　重里 ―― 暴君《タイラント》・虎天と呼ばれた活眼の教育者

『時じくぞ花―官立静岡高等学校創立七十五周年記念誌―』（旧制静岡高等学校同窓会、1997）より

熊本の災禍

熊本の地が途方もない災禍に見舞われたのは、平成二十八年（二〇一六）の四月十四日のことである。震度七という前震にくわえて、それに追い打ちをかけるようにして、同じような規模の本震がおこるというかつてないような震災であった。

この災禍により、築城からおよそ四百年、これまで難攻不落といわれてきた熊本城の石垣でさえも、あえなく崩れ落ちてしまうような甚大な被害をこうむった。積年の交情を温めるようにして、堅くむすびついていたであろう友垣のような石垣である。それが一瞬にして離散をしいられたかのような惨状は、ことの深刻さを物語って余りあるようであった。崩れ落ちた十万石にもおよぶという築石《つきいし》は、三十年とも、四十年ともいわれるような歳月をかけて、一つひとつ積み直されてゆくことになる。

この震災からさかのぼることちょうど百四十年まえの、明治十年（一八七七）の春にも、熊本城は同じように激震に見舞われていた。というのも、この城が西南戦争の主戦場となり、城内へ立てこもった官軍と、これを包囲した西郷隆盛のひきいる薩軍《さつぐん》との間に、はげしい攻防戦がくり広げられたからである。

このときすでに、不審火により天守閣と本丸御殿は焼け落ちていた。官軍が自ら火を放ったとも、籠城に備えるなかで失火したともいわれているが、一方では薩軍に内応した官軍の兵士により放火されたという見方もあり、いまだに真相は不明のようである。いずれにせよ、天守は焼け落ちたものの、穴太衆《あのうしゅう》というすぐれた石積の技を持つ工匠たちにより、この上もなく堅固に築かれていた石垣は、このときの戦禍でも不動の姿で持ちこたえたのだった。

かつてこの城を築いたのは、築城の名手といわれていた熊本藩の初代藩主加藤清正《かとうきよまさ》である。西南戦争では、清正の遺志を盾のようにして、官軍は五十日余りにわたる籠城戦をしのいだ。それを攻めあぐねた西郷が、「清正公と戦しよるごたる」と語ったといわれているように、この城に備わる並はずれた堅牢《けんろう》さが、この内乱において薩軍が敗北する要因の一つにもなったのである。

このとき熊本で戦った官軍のなかに、旧富山藩士の堀重忠《ほりしげただ》という陸軍中尉がいた。陸軍戸山学校を卒業してから高崎の連隊へ入り、明治十年（一八七七）の三月に東京鎮台歩兵三連隊の一員として海路を神戸から八代へいたり、諸方へと転戦した一兵士である。郷国へ身おもの妻を残しての出征であった。

わが子の誕生を心待ちにして、それを支えとしながら奮戦していたことであろうが、同年の五月三十日に、人吉へ向かって退却する薩軍の敗残を追いながら照岳へ分け入り、一隊をひきいる先鋒として敵陣へ突進するなかで、飛来する敵弾で額を打ち抜かれて壮烈なる戦死をとげた。享年二十六であった。殉難の報は、すぐに妻のもとへ届けられた。そして、それから数ヶ月のちに、重忠の一人息子として生まれたのが堀重里《ほりしげさと》である。

この西南戦争では、官軍と薩軍とを合わせて一万四千余名が命を落としたといわれているが、とりわけ激戦となった田原坂の戦跡は、のちに公園として整備されており、この内乱から八十年目となる昭和三十二年（一九五七）には、ここに「西南戦没者慰霊之碑」が建てられた。そこにはむろん「堀重忠」の名も刻まれている。

母なる神通川

明治十年（一八七七）の十月二十五日に、石川県新川郡富山諏訪河原《すわがわら》（現・富山県富山市諏訪川原）に生まれた堀重里は、母一人子一人という境遇のなかで、慈愛にあふれる母の膝下《しっか》で育

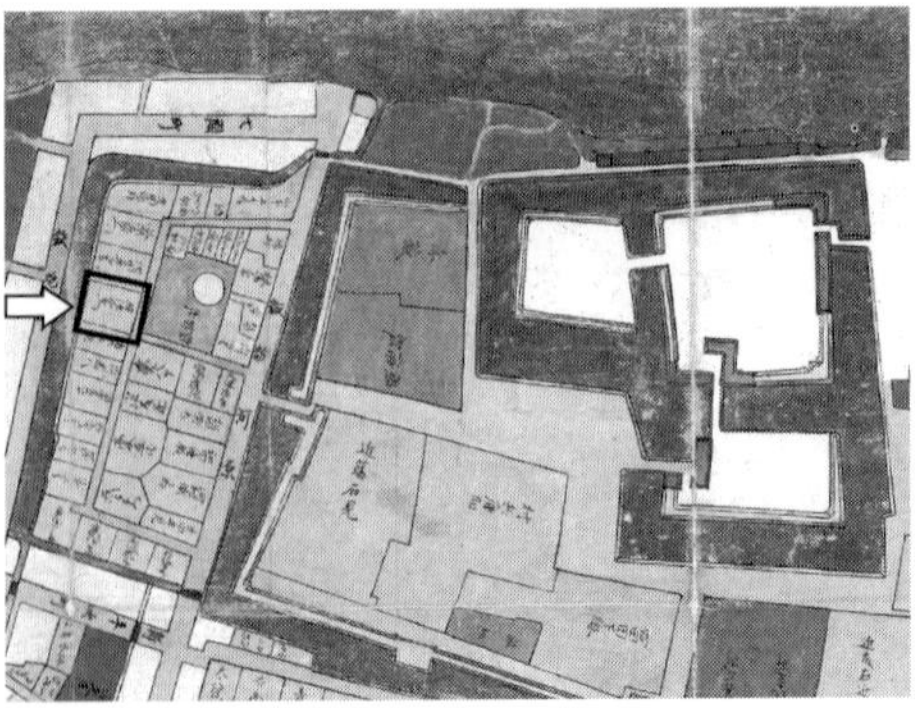
安政元年（1854）の「越中富山御城下絵図」（部分）に、堀の祖父「堀源左衛門」（矢印部分）の名が見える。絵図の右側が富山城、上辺は神通川。［富山県立図書館蔵］

てられた。藩主への「忠」を「重」んじてきた夫は、さらに軍役により国への「忠」を「重」ねてわが子を見ることもなく亡くなった。この子には、「里」にあって家族との日日を「重」ねてほしい。おそらく重里という名には、母のそうした思いが込められているのであろう。

堀の生家は、富山城の西側に位置する諏訪河原というかつての家中屋敷の一画にあり、富山藩士であった祖父の堀源左衛門《ほりげんざえもん》（政博《まさひろ》）が拝領した、三百七十坪をこえるような邸宅であった。生家のすぐ北側には神通《じんづう》川《がわ》が流れている。その川筋は、町のなかへ上弦の月のような半円を描いたあとにさらに北流して富山湾へそそいでおり、この川がたびたび洪水を引きおこした。のちに町の西側を北流する川筋につけ替えられて、半円を描いているところが埋め立てられたのは、堀が上京してしばらくしてからのことである。

堀は、中学へ入ったころから詩作に励むようになるが、中学四年のときに作った新体詩が、『文庫』（明治二十八年）という雑誌に掲載されている。

飛鳥川　昨日の淵《ふち》も今日の瀬と　移り変わるは世の習ひ
過ぎし栄華は夢なれや　いかに吾が家が屋を荒らしゝか
死出のたをさの一声は　瑠璃もて敷きし庭迄《まで》も
吹く風荒らき蓬生《よもぎう》は　ところも分かず荒れはてゝ
（中略）
さも世は　明日とも知らぬうつ蟬《せみ》の　あわれ木の間に叫ぶごと
三途《さんず》の闇の法燈に　柳の糸の白露を
珠数にとりなし冥加《みようが》をば　我らは祈らん神仏に

飛鳥川の淵瀬のように移ろう世のなかでは、穏やかな暮らしは夢のように過ぎ去り、ほととぎすの鳴いていた、瑠璃をしいたように美しい庭も、いまではすっかり荒れ果ててしまった。そうしたわが家の庭のようすを詠んだと思われる詩であり、明日をも知れぬ世のなかでは、神仏のご加護を祈らずにはいられない、とむすばれている。

神通川は、たびたび氾濫をくり返しており、とりわけ明治二十四年（一八九一）七月の大洪水では、五千戸をこえるような家屋が浸水の被害を受けている。このとき神通川にほど近い堀の生家でも、おそらく大きな被害を受けたと思われ、「吾が庭」と題されたこの詩は、洪水で荒れ果てた自宅の庭のようすを見ながら、傷心をいやすようにして創作されたものであろう。

さらに、堀の詠んだ「有沢橋晩景」という新体詩が、『詞藻』（明治二十九年）という雑誌に掲載されたのは、この翌年のことである。神通川には有沢の渡しという古くからの渡し場があり、堀が中学へ進んだ年には、そこへ初めて有沢橋という木橋がかけられている。「有沢橋晩景」は、早瀬を下る筏舟《いかだぶね》から聞こえてくる舟唄や、飛びかう蛍のようすなどを織り込みながら、夕暮れどきの神通川と有沢橋を情調ゆたかに描いた詩である。洪水を引きおこす一方で、四季おりおりに自然を彩る神通川は、早くから詩作に親しんできた堀にとっては詩情の源泉のようであり、また、幼いころの記憶に刻まれた原風景でもあったのであろう。

堀の生家から富山城を抜けて東へ半時間ほど歩いてゆくと、於保多《おおた》神社という由緒ある神社がある。菅原道真と富山藩主三代をまつり、柳町天満宮として古くから信仰を集めているこの神社の神職の子息に、山田孝雄《やまだよしお》という少年がいた。山田は、堀が入学した富山県尋常中学校の二級上の先輩にあたる。苦しい家計を助けるために中学は中退したものの、独学で教師の資格を取り、教師をしながら国語学の研究を続けた山田は、のちに東北帝国大学の教授となり、国語学者として文化勲章を受章した人物である。

天神様のご利益に預かるまでもなく、堀も山田に劣らぬような聡明な少年であったが、堀の母は、堀を連れてよくこの神社へお参りに訪れている。というのも、その参道の入口に「戦没諸君之碑」という石碑があり、この碑は、西南戦争で戦没した旧富山藩士二十名の偉功を讃えるために、生還した戦友たちが明治十一年（一八七八）に建てたものであるが、そこへ「堀重忠」の名が刻まれているからである。

母と二人でお参りに訪れたときには、必ずこの碑に立ち寄り、墓参をするようにして手を合わせたのである。生前の父のことについては、つねづね母から聞かされていたが、この碑をまえにすると、父のことがいっそう誇らしく思われてくるようであった。

祖父の源左衛門と父の重忠は、ともに富山藩に仕えた武士である。文武両道にわたり、源左衛門のきびしい教えを受けた重忠は、幼いころから等輩に傑出するような才子として評判であった。これも母からよく聞かされていたことである。その才子ぶりを堀も受け継いだようで、小学校へ上がったころから読書を好むようになり、書架から父の遺した書物を乱抽しては、読書にふけるような少年であった。

於保多神社（富山市於保多町）の参道入口に建つ「戦没諸君之碑」（明治11年）。「堀重忠」の名が刻まれている。［著者撮影］

富山県尋常中学校へ入学すると、さまざまな文学に親しみ、詩作にも励むようになる。

そうした文学への興味を後押ししてくれたのが、修身と漢文、そして英語を教えていた斎藤八郎《さいとうはちろう》という教師であった。堀もまた、自宅の近くに住んでいる斎藤のもとをしばしば訪れており、親しくその教えを受けるような中学時代を過ごしたのだった。

新潟に生まれて、幼いころから漢学を修めた斎藤は、上京したのちに英語を学んで幸田露伴《こうだろはん》の弟子となり、しばらくは内務省の図書局へ翻訳官として仕えていたが、四十七歳のときに富山中学へ赴任して、大正十一年（一九二二）まで二十五年にわたりその教師を務めている。温容な人柄であったが、不心得な生徒がいると、ときには怒髪天をつくような勢いで叱責して、涙ながらに訓戒を与えるような真心にあふれた教師であった。のちに中学や高等学校で校長などを務めることになる堀が、もっともつよく影響を受けた教師であり、そしてその範としたのが斎藤の教育であった。

金沢の第四高等学校を経て、東京帝大の国文学科へ進んだ堀は、明治三十六年（一九〇三）の七月に卒業すると、帝大の五年先輩にあたる横地清次郎の後任として、九月から京華中学の教師となる。くしくも父が戦場に散ったのと同じ二十六歳のときに、初めて教師という職についたのである。さらにこの年は、父の二十七回忌にあたる年でもあり、堀は少なからず宿縁のようなものを感じずにはいられなかった。

京華中学では、四年次に『保元物語』と『平治物語』の講読がおこなわれていたが、堀はその授業を担当しており、大柄な体から発する張りのある声でおこなう朗読は、迫力ある合戦のありさまが目に浮かぶようであり、生徒たちの想像力を大いにかき立てたのだった。教師を務めながら大学院でも学んでおり、「日本文体発達史」（『文章界』）や「日本文体変遷史」（同誌）という論文を発表するなど、日本古典文学における文体論の研究も続けている。

京華中学へ二年勤めたのちに、埼玉県立浦和中学校や三重県立第一中学校の教諭、静岡県立掛川中学校や浜松中学校の校長を歴任した堀は、大正三年（一九一四）の七月に、三十七歳で第五高等学校の教授となり、熊本へ赴任することになる。

五高の教授、生徒監として

熊本は父の戦没地である。かつて西南戦争に殉じた父に引き寄せられるようにして、熊本に教授職を得ることのできた堀は、文部省による「慰霊」の人事ともいえるようなこの処遇に対して、またも宿縁のようなものを感じていた。五高では、父にも劣らぬような奮闘ぶりを見せることになるのだが、それも父への鎮魂の思いの表れであろう。

堀が赴任したときに、五高では開校以来といわれるような危機を迎えていた。この年は、東日本で発疹《ほっしん》チフスが大流行しておよそ七千人が感染しており、一千二百人をこえるような死者が出ていた。感染は熊本県下にもおよぶことになり、五高の寄宿舎である習学寮でも犠牲者を出したのである。

学校は一ヶ月にわたり臨時休校となった。その間に寮内をくまなく消毒したが、このときの消毒は、煮沸された学生帽が変形するほど徹底したものであった。にもかかわらず、感染が収まることはなかった。さらに犠牲者が続くことになり、くわえて習学寮を感染源とする赤痢が発生したことにより、さらにことは深刻さを増していたのである。

こうしたことがおきてしまうのは、寮そのものに衛生上の問題があるからであろうと考えた学校側では、一つの寮を残して、ほかの三つの寮を建て直すという策をとり、新たに三つの寮が完成すると、旧寮では寝室が八名で、自習室が十六名という部屋割りであったものを、一室を二名に改めた。まずは寮生の生活から改善しようとしたのである。

ところが、寮の環境を整えても、寮生の意識のほうはいっこうに改まるようすが見られない。これまで受け継がれてきた寮の伝統のなかに、彼らは相も変わらずに立てこもろうとしていたのである。そこで学校側では、いよいよ寮の風紀を大もとから改めるという本丸へ攻め入るような策に出た。その総大将を任されたのが生徒監の堀であった。

牢として抜きがたい、旧習を引きずるような寮風である。それを改めるために、堀はきびしい規律を定めて、寮生活の徹底した管理に乗り出したのだが、これまで培われてきた寮風を一朝にして改めるというのは至難の技である。ときとして、大なたを振るうようなことにもなった。それは、寮生から「タイラント（暴君）」とあだ名されるほどきびしいものであった。

世のなかでは、大正デモクラシーの波に乗り、教育の自由や学寮の自治権に対する意識が高まりを見せており、五高の寮生らも、習学寮の自治や伝統を守ろうとして必死に抵抗したのだった。堀は、寮の宿直日記（大正五年十月二十二日）のなかに、そのようすをつぎのように記している（『習学寮史』）。

昨夜のストームは宿直の制止に依り解散させられたれば、今夜はその失敗を取戻すべき、同時の宿直が余なりし故、一層示威的に盛んなりしものの如し。且昨夜退寮したる某の煽《せん》動《どう》と、本日行はれたるボートレースの余勢とを假り、叱責を加へたる余に対して殊更に行ひしものならん斯《か》くの如くにして増長せんか、生徒同士間のストームは、一変して対教師となり来り、誠に憂慮に堪へざる次第なり。

寮生たちは、矢ごろをはかるようにして堀の宿直の夜にねらいを定め、当時の旧制高校の名物でもあるストームという集団騒ぎに乗じて、不満の矛先を堀に向けたのである。ストームで割られた窓ガラスの修理代は、堀が生徒監となってからは、寮生が負担するようになっていたのだが、それでもいっこうに意に介さず、気勢を上げては奇襲をかけて、はげしい騒ぎをくり返したのだった。

だが、そこは堂堂五尺八寸、二十四貫の偉丈夫にくわえて、柔道の腕に覚えのある「タイラント」である。その体格と風采から、大山巌元帥《おおやまいわお》に間違えられて、巡査から敬礼を受けたという逸話の持ち主でもある。腕をぶして出番を待っていたかのように、ストームがおこるたびに制圧にかけまわったのだった。のちに堀は、寮風の刷新に取り組んだときの思いをつぎのように回顧している（同書）。

此《こ》の機に臨み、うんと学寮を引締める事は、将来の寮風に、より善き剛健着実な基礎を築く上に、最も切要だと痛感したからである。それでこそタイラントなど渾名《あだな》されるまでの事をやつたのだ。尤《もつと》もこれは一時的の便法で、その基礎さへ十分確立すれば、時機を見計らい、次第に手心を加へて之《これ》を緩和し、正しき寮風の下に、自治を実現せしめ、以て真の高校生活を味はせたい、と言ふのが本来の理想であつた。

いっときの便法として「タイラント」に徹した堀であったが、ときには懐柔策を取りまぜながら、将来に向けて新たな寮風の基礎を作り上げて、いずれは時機を見て学生の自治に委ねたいというのが偽らざる思いであった。やがてその思いがかなうことになる。大正八年（一九一九）には、「寮生誓詞」という規約が新たに定められて、学生のための学生による自治寮として、習学寮の再興が果たされたのだった。

阿蘇《あそ》の山にも劣らぬような底知れないエネルギーを抱えており、ときに大噴煙を上げる五高生らを相手にして、堀はつねにまっすぐな姿勢でその薫育に努めた。かつて、同じ熊本の地で無念の戦死をとげた父に、勝るとも劣らぬような奮闘ぶりを見せたのである。堀が五高を辞して、松江高等学校の教授および生徒監として赴任することになったのは、大正十年（一九二一）のことである。「タイラント」にはげしく抵抗した蛮骨な学生らも、尽きぬ哀別の意を表すなかで、五高をあとにしたのだった。

松江へ赴任するまでに、わずかに閑暇を得ることのできた堀は、かつて父が大義に殉じた人吉の地を訪れてみようと思った。熊本へ赴任していながら、亡父の故地へ足を運ぶのはこれが初めてのことである。無音をわびるようにして、人吉の駅へ降り立った。

人吉の町を流れている球磨川《くまがわ》の両岸は、かつて官軍と薩軍が陣をしいて、川をはさんで砲弾を打ち合ったという戦場の跡である。穏やかな春の日ざしをはね返して、きらめき立つような清流が、西郷隆盛が陣取ったという人吉城の足もとを包み込むようにして流れていた。

兵《つわもの》どもが夢の跡――。いまでは石垣ばかりが残されている城址《じょうし》では、桜花がちょうど見ごろを迎えていた。その高台から人吉の北側を囲むようにして連なる山並みをながめた。かつて父が敵弾に倒れた照岳の山容である。父への思慕の念を、これまで多忙な校務に追いやられたままにしていたことをわびるようにして、追福の思いを新たにしたのだった。

静岡高等学校の校長として

松江高等学校へ赴任してから一年ほどが過ぎたころに、堀のもとへ一面識もない人物からとつぜん電報が届いた。

――貴下を教頭としてお迎へしたし。ご承諾を願ひたし。

打電のあるじは金子《かねこ》銓太郎《せんたろう》という人物であった。大正十一年（一九二二）の八月に、静岡高等学校が設立されるにあたり、その校長に任命されたのが金子であった。すでに岡山の六高と京都の三高で校長を経験していた金子であったが、教頭の補佐を十分に得られなかったようで、校長排斥のストライキという憂き目に遭っていた。そのにがき前轍《ぜんてつ》をもうふむわけにはゆかない。新たに創設される静岡高の教頭を任命するにあたっては、全国の高等学校からすぐれた人物を広くさがし求めて、慎重に人選をおこなった。

そうして白羽の矢が立ったのが堀であった。官僚出身の金子としては、これまで五高の教授や生徒監として、さらに松江高の教頭としても水際だった実績を上げてきた堀に対して、新たな学校を切りまわす、実務者としての手腕を期待したのである。堀の位階と年齢が校長級に達したときには、自らの後任として校長を任せる心づもりでもあった。

――万事お任せします。よろしく頼みます。

堀は冥利に尽きるような思いで金子へ返電した。大正十二年（一九二三）の三月に、欣然《きんぜん》として静岡へ赴いた堀を、金子は自ら駅頭に出迎えて固く握手を交わした。これが両名の初めての対面であった。

金子にともなわれて、堀はさっそく学校を訪れた。校長室でひとわたりの打ち合わせを終えると、金子に連れられて、学校の近くにある浅間神社をお参りすることになった。大拝殿のうしろへ広がる賤機山《しずはたやま》では、銀色のうぶ毛におおわれた若葉が春の日ざしを受けて、かすむような新緑を織りなしていた。

浅間神社は、今川義元《いまがわよしもと》が烏帽子親《えぼしおや》となり徳川家康《とくがわいえやす》が元服したところであり、長く徳川家の尊崇を受けてきた。徳川幕府の祈願所でもあった。金子はそうしたことを説明したあとに、われわれもこれからの武運を祈りましょうと、苦笑いするような表情を見せながらつけくわえた。堀は、今日は私にとっての元服式ですと、得心するように応じたのだった。

ほどなく教師たちの親睦会が開かれた。ほかの誰もが疑いなく、酒豪と思い込んでしまうような体格の堀であったが、もとより酒は一滴もたしなまず、この宴席でも大きな餅菓子を両手

昭和5年（1930）5月、静岡県巡幸にあたり、静岡高を視察する昭和天皇（左から2人目）と校内を案内する堀重里校長（左端）。［『時じくぞ花—官立静岡高等学校創立七十五周年記念誌—』（旧制静岡高等学校同窓会、1997）より］

静岡高跡（静岡市城北公園）に建つ「行幸記念碑」（昭和15年）。碑文の冒頭に「昭和五年五月聖上静岡縣御巡幸二十九日親シク本校ニ臨マセラル校長堀重里ノ奏上ヲ聞召サレ…」とある。［著者撮影］

に乗せてほおばっていた。そして、宴もたけなわのころあいを見て、熊本時代に習い覚えたという喜多流の謡を、鐘をついたように響きわたる声で座興としたのだった。その豪快さを目にして、金子のほうでは感嘆の息をついたほどであった。

学校が始まると、学生からはさっそく異名をたまわり、かつての「タイラント」は「虎天」ということになった。教授と教頭をかねて、さらに教務課長および庶務課長として金子校長を補佐した「虎天」は、教育のみならず、実務の上でも見事にその手腕を発揮したのだった。堀が正五位に叙せられたのは、大正十五年（一九二六）の五月のことである。校長級の位階に達したことにより、その翌年から昭和八年（一九三三）まで、六年半にわたり校長を務めることになる。

一期生や二期生には、年齢がたけており、多感で野性を持ち合わせているような学生が多くいた。とりわけ代表委員の学生は、学校側へさまざまな難題を突きつけて、回答を迫るようなことがあった。つねにその矢面に立ったのが堀である。二期生で東京帝大へ進み、満州国総務庁の参事官を務めた名和《なわ》力三《りきぞう》は、当時を回想してつぎのように述べている（『富士ばら—旧制高等学校物語（静高篇）—』）。

押せども衝けどもビクともしない。而《しか》も理路整然、弁舌流暢《りゅうちょう》、流石一騎当千の代表委員もどうにも歯が立たない。遂に我々は運動場の一隅に〝頑迷院固陋《ころう》居士堀重里先生之墓〟を建立するの暴挙に出た事さえもあった。然し先生は決して頑迷でもなく固陋でもない。又単なる保守でもなく退嬰《たいえい》でもない。常に大局を洞察する活眼と学生に対する愛情とを誰よりも多く持って居られたのである。

仮葬を営まずにはいられないほど、歯の立たない、大きな存在として立ちはだかる堀であった。五高でも見せたような、柔軟を取りまぜながらも筋を通して、「大局を洞察する活眼と学生に対する愛情」をもってことにあたる堀の姿勢は、静岡高でも大いに敬愛されたのだった。

昭和八年（一九三三）の三月に、静岡高の校長を退任した堀は、鹿児島の第七高等学校造士館の館長を経て、昭和十六年（一九四一）に福岡高等学校の校長となり、これを最後に官職を退いている。京華中学を振り出しとするおよそ四十年にわたる教師生活であった。転勤族の走りのようにして、各地の官立学校へ転戦した堀も、晩年は京都大徳寺の近くで穏やかに悠悠自適の生活を送り、国文学や古文書の研究にいそしんだ。そうして昭和二十年（一九四五）の十月二十八日に、疎開先の綾部《あやべ》市で病を得て、六十八歳でその生涯を閉じている。

熊本での鎮魂

堀が熊本の五高にいた七年ほどの間は、大噴煙を上げるような学生たちを相手にして奮闘したが、阿蘇山の活動のほうは、おおむね穏やかなときであった。その阿蘇山が、およそ四十年ぶりに大噴火をおこしたのは、昭和四年（一九二九）の一月のことである。熊本の町は火山灰におおわれて、傘を差さなければ歩くことのできないような日が続いており、溶岩を噴き上げる爆音が町まで聞こえてくるほどであった。

そうしたさなかに、五高の卒業を間近にひかえていた一人の学生が、この機会を逃したらもう噴火している阿蘇の姿は見られないだろう、そのようすをどうしても自分の目で見ておきたい、そんな衝動をおさえることができずに、学校を休んで阿蘇への登山を決行した。五高へ入ってから十一回目となる阿蘇登山であった。むろんこうしたときに、しかも雪の降り積もっているこの山へ、あえて登ろうとする者などいようはずもなく、山頂へ近い山小屋に一人だけ残っていた番人も、身の危険を感じてあわてて下山しようとしているところであった。

だがその学生は、番人がしきりに止めようとするのを聞こうともせずに、絶え間なく爆音がとどろいて、地鳴りが突き上げてくるなかを一人で山頂を目ざした。そうしてとうとう火口までたどりついて、まっ赤に燃えたぎった溶岩の噴き出すさまを目のあたりにしたのだった。

この命知らずの無鉄砲な学生が、のちに万葉学者となる犬養孝《いぬかいたかし》である。もとより何ごとについても、自分の足で歩いてその目で確かめてみなければ納得のゆかぬようなたちであった。命の危険をおかしてまでも、阿蘇のエネルギーの源を自らの目で確かめたように、『万葉集』を生んだ古代人の生命力を肌で感じてみたいという思いから、万葉歌の詠まれた全国各地の故地をくまなく訪ねて歩いた万葉学者である。その研究は、のちに「万葉風土学」として実をむすぶことになる。

東京池之端に生まれて、大正八年（一九一九）に京華中学へ入学した犬養は、中学二年のときに熊本や阿蘇を旅行して、その大自然の魅力に取りつかれてしまい、五高へ進もうと決めた生徒であった。五高では、堀により寮風の刷新された習学寮で生活しており、文芸誌『龍南』

へ盛んに小説を書くような文学青年であり、その編集にも関わった。そして東大国文学科へ進み、のちに万葉学者として大阪大学教授となる。その功績を記念して、奈良県明日香村へ「犬養孝万葉記念館」が開館したのは平成十二年（二〇〇〇）のことであり、その記念館が装いを改めてオープンしたのが、熊本地震のおきた年の秋のことであった。

さらにその翌翌年に、熊本市の「くまもと文学・歴史館」では、熊本地震の記憶を永く後世へ伝えるために、被災した体験などを詠んだ短歌や詩を募り、三千点余りからなる『平成28年熊本地震・震災万葉集』（平成三十年）を刊行している。崩れ落ちた熊本城の築石を、一つひとつ積み上げていくようにして編まれた詩歌集である。

熊本や阿蘇の風土をこよなく愛した犬養が、この『震災万葉集』を手にして被災地を歩いたとしたら、かつて魅せられた熊本の惨状を目のあたりにして、おそらく万感こもごも胸にせまるような思いをしたことであろう。堀もまた、この詩歌集に収められた万葉の伝統を受け継ぐような挽歌《ばんか》を目にしたとしたら、郷里を流れる神通川の淵瀬のように、つねに移ろう定めなき世のなかへ思いをはせて、百四十年まえの「激震」で亡くなった父に対して、尽きぬ鎮魂の思いを重ねたことであろう。

小原　要逸
——黒澤明の作文を賞賛した翻訳詩人

『原阿佐緒文学アルバム』（至芸出版社、1990）より

震災からの復興

関東大震災でお茶の水の校舎を焼失した京華中学では、「教育は一日もゆるがせにはできない」という磯江校長のもとで、復興に向けた歩みが敏速に進められていた。すでに九月の末には、東京物理学校（現・東京理科大学）の校舎を借りて授業が始まり、翌年の一月には仮校舎が完成した。さらにこの逆境を好機と捉えて、より広い校地へ移り、校舎を新築するという新たな学校作りに向けた準備も始まっていたのである。

新たな校地として購入したのは、小石川区原町（現・文京区白山）の、東京帝大法科大学長を務めた法学者穂積《ほづみ》八束《やつか》の邸宅跡であり、そこへ新たに鉄筋コンクリート三階建の校舎が完成したのは、大正十四年（一九二五）の十二月のことである。とりわけ耐震と耐火には徹底してこだわり抜いた、これでもかというほど堅固な造りであった。

もともと穂積邸は、勘定奉行や一橋家の家老を務めた石河土佐守政平《いしことさのかみまさひら》の屋敷を受け継いだものであり、四千五百坪をこえるような土地であった。築山《つきやま》や池を配した庭園は、穂積邸に引き継がれており、京華中学の校地となってからも、校庭のかたわらには老松や庭石、そして池の一部もそのまま残されていた。

この池が、火災で焼失した京華高等女学校の新築工事のときに出た土により埋められたのは、昭和七年（一九三二）のことである。かつての東京湾のなごりであり、はるか古代の海の記憶をたたえているこの池は、晩年にいたり、京華中学の生徒たちのさまざまな記憶をのみ込むようにして、その姿を消したのである。

校庭の池の記憶

白山の新校舎で授業が始まってからひと月ほどが過ぎたころ、授業を終えた四年元組の二人の生徒が、校庭のかたわらにある池のほとりに座り、何やら密かに話をしていた。一人の生徒は、ブリキの缶を手にしている。そのなかには射撃訓練用の弾から火薬を抜いて、いっぱいにつめてあった。いつかこの缶をつぶしてみたいと思い、いたずら仲間に話を持ちかけていたのだが、誰もそんな勇気はないと見えて色よい返事がない。そこで頼みの綱であるクロちゃんに相談しているところであった。

この新校舎で授業が始まったばかりのころに、化学の時間にダイナマイトの成分を教わり、密かに実験室でその成分通りの薬品をビールびんにつめこむと、授業が始まるまえに、それを教卓の上に置いた生徒がいた。それを知った化学の教師は真っ青になり、そのビールびんをいま二人がいる目のまえの池まで運んで、おそるおそる池の底へ沈めたのだった。そのびんは、いまも池の底に眠っているはずである。そのいたずらの犯人がクロちゃんであった。

ブリキ缶の一件については、初めのうちはしぶっていたクロちゃんであるが、勇気がないと見られてはしゃくだということで、その役回りを引き受けてくれたのだった。意をつよくしたブリキ缶は、尻にしいていたカバンを手にすると愉快そうに帰っていった。

大正十四年（一九二五）の四月に「陸軍現役将校配属令」が公布されて、中学から大学予科にいたるまで、各学校に陸軍の現役将校が配属されることになった。九月になり、京華中学へも陸軍大尉が着任して、その大尉の指揮のもとでおこなわれる学校教練や野外演習が、二学期から必修となった。

ブリキ缶に火薬をつめていた生徒は、野外演習のたびに弾から火薬を抜いて、少しずつ集めていたのである。きびしい訓練をしいられて、この将校を快く思っていない生徒も少なからずいることから、何とか一矢をむくいてやりたいと思い、こんないたずらをたくらんだのだった。

校舎の正面玄関を入ると階段がある。その階段を二階へ上がり、左へ少しいった突きあたりが教員室である。いたずらを請けおった翌日に、授業を終えたクロちゃんは、その階段の下に例のブリキ缶を置いて、池のそばから拾ってきた砲丸のような石を上から落とした。その石がブリキ缶にあたった瞬間、思いのほか大きな音を立てて炸裂《さくれつ》した。堅牢《けんろう》なコンクリート造りの校舎が、大げさ過ぎるほどの反響音を作り出して、彼のいたずらを見事に演出した。

この異変にいちばんに反応して、誰よりも先に教員室を飛び出したのが配属将校であった。ことのしだいを素直に認めたクロちゃんは、校長室へ連れてゆかれて、将校からえんえんと説教をくらうことになる。それでも、ブリキ缶を用意した仲間のことは、一言も口にはしなかった。

その翌日には、父親が学校へ呼び出された。父子ともども将校からきびしい説諭を受けて、これはもう退学をいい渡されるだろうと覚悟を決めたのだが、磯江校長からは訓告を受けただけでことは済んだ。父親からも、ひどく叱られたりはしなかった。校長も父親も、学校教練には批判的なところがあったようで、この一件は何とか穏やかに収まったのだった。

だがそれからというもの、むろんこの将校との関係は悪化するばかりであった。そしてついに、学校教練は落第となり、一人だけ士官適任証をもらえずに卒業することになる。この将校につかまったら何をいわれるかわからないと思い、卒業式は欠席して、あとから学校へいって卒業証書を受け取った。だが、その帰りぎわに将校に呼びとめられて、「貴様は不忠者である」という怒声をあびたのだった。

それでもひるむことなく、自分はもう卒業したので、あなたには何もいう権利も義務もないと応じて、丸めた卒業証書を将校の顔のまえに突きつけると、身をひるがえしてその場から立ち去ったのだった。昭和二年（一九二七）の三月に、こうして芝居のような立回りを演じて京華中学を卒業していたクロちゃんは、のちに映画監督の黒澤明《くろさわあきら》として世に知られることになる。

関東大震災のときに中学二年であった黒澤は、このころからきかん気ないたずら坊主になったと自ら述べているが、一方で馬鹿正直なほどまっすぐな性格であり、何かいたずらをして、担任の教師から犯人は誰だといわれると、正直に手を挙げるような生徒であった。そのために、成績表の操行点はいつもひどいものであった。

ところが五年に上がり、相変わらず素直にいたずらを認めていると、新たな担任からは、「正直でよろしい」といわれて、操行点も百点をもらうようになった。五年元組の担任であり、黒澤の正直さを認めてくれたのが、小原要逸《おばらよういつ》という国語の教師であった。

京華中学時代の黒澤明［『蝦蟇の油―自伝のようなもの』（岩波書店、1984）より］

小石川の自宅から、本を読みながら通学するような読者好きの黒澤は、三年元組のときには、「蓮華《れんげ》の舞踏」という九百字ほどの随想を書いて、初めて『京華校友会雑誌』（第三九号）へ投稿している。四月のある日曜日に中野の哲学堂を訪れて、蓮華の花を見たときのようすを描いた随想であり、蓮華の一節はつぎのようにつづられている。

かすかな音をたてゝ麥《むぎ》の穂を渡つて来る風に揺れる小さな赤い頭は終には一つの大きな毛氈《もうせん》に見え初め、瞬きをするとそれはもとの小さな一つの赤い花のむれにかへる。はては酔つたやうになつて、美しい空想が次から次に湧いてくる。

こゝは極楽の楽園か、又はエデンの園、そして此《こ》の小さな花は皆僕の従者だ。それでみんな僕のために舞つてくれる。

黒澤自身は、のちに「今読んでみると、なんだかキザっぽい美文で、顔が赤くなるようなシロモノである」（『蝦蟇《がま》の油—自伝のようなもの』）と述べているが、この随想を「京華中学創立以来の名文」とほめてくれたのが小原であった。それが自信にもなったようで、五年のときには、「或る手紙」（同誌第四〇号）という三千字余りの小説を書いて投稿している。黒澤にとって小原は、「私の個性を理解し、発揮させるのに、暖い手を差し伸べてくれた」、「素晴らしい先生」

（同書）だったのである。

錦の里に生い立つ

小原要逸（号・無絃《むげん》）は、明治十二年（一八七九）の四月十六日、山口県玖珂郡岩国町大字錦見（現・山口県岩国市錦見）に、聞一《ぶんいち》とタミの長男として生まれている。父の聞一は、新潟学校（のちの新潟県尋常師範学校）の訓導を経て、山口中学や山口高等学校で数学と美術を教えていた教師であり、『遠近画法教授書』（明治十六年）などの著書がある。

岩国の錦見は、錦の帯をといたような錦川が、岩国城をいただく城山のすそを包み込むようにして流れており、四季おりおりに錦を織りなす古くからの景勝地である。そうした山水の美景に錦上花をそえているのが、錦川に五連の弧を渡している錦帯橋である。早くから詩歌に親しんで、のちに西洋の詩を日本へ橋渡しするような翻訳詩人となる小原へも、こうした詩情をかき立てるような風光の記憶が、少なからず影響をおよぼしているのであろう。

岩国尋常小学校から山口中学へ進んだ小原は、明治三十年（一八九七）に山口高等学校の英文科へ入学する。十六名の学生がいる文科のなかで英文を専攻したのは二名のみであり、もう一人は、ともに東京帝大に進んだ若月保治《わかつきやすはる》（紫蘭《しらん》）であった。劇作家や古浄瑠璃の研究者として東洋大学教授などを務めた若月とは、のちのちまで交友が続いてゆくことになる。

小原の学んだ岩国尋常小学校の一部。現・岩国学校教育資料館。［著者撮影］

山口高等学校では、のちに哲学者として知られることになる西田幾多郎《にしだきたろう》らに学んでおり、とりわけ親しく教えを受けたのが佐々政一（醒雪）であった。佐々は二高の教授を経て、小原が二年のときに山口高等学校へ赴任してきた若き学究の徒であり、佐々の下宿の近くに住んでいた小原は、おりおりにその下宿を訪れて、八歳年上の佐々を兄のように慕い、文学について語り合うようになる。すでに『連俳小史』（明治三十年）を著していた佐々は、高風会という句会を主宰していたが、小原もそこへ参加して、若月らとともに句作にも親しんでいる。

翻訳詩人「小原無絃」

明治三十三年（一九〇〇）の九月に東京帝国大学文科大学国文学科へ入学した小原は、本格的に西洋詩の翻訳に取り組むようになり、『帝国文学』や佐々の編集する『文芸界』などへ、盛んに新体詩や英詩の翻訳を発表している。あわせて翻訳詩を数多く書きためていたようで、明治三十七年（一九〇四）の七月に帝大を卒業すると、それらが一度に開花することになる。

同年の十二月から翌年にかけては、『読売新聞』に翻訳詩などを相ついで発表しており、さらに卒業からわずか二年ほどの間に、『西吟新訳《せいぎんしんやく》』、『ユーゴーの詩』、『シェレーの詩』、『西詩愛吟集』、『バーンズの詩』など、十冊にもおよぶ訳詩集をせきをきったように出版しており、気鋭の翻訳詩人として注目を集めるようになる。なお、『西詩愛吟集』には与謝野寛《よさのひろし》（鉄幹《てっかん》）が序文を寄せている。

『ユーゴーの詩』には佐々が序文を寄せており、小原とは師弟の関係ではあるが、文学を通じた盟友のようであったと述べている。その末尾には、ユーゴーの「薔薇《ばら》と墓」という詩にちなんだのであろう、「移し植ゑしさうびことなるかをりかな」という句をそえている。二株の「さうび」（薔薇）は、移し植えたところは同じであるが、放つ香りは何と異なることか――。ともに住まいを同じ東京へ移したが、詩情の衰えてゆく私とは異なり、貴君はますます詩想ゆたかに芳香を放つかのようであると、翻訳詩人としての活躍ぶりを讃えたのである。

小原と佐々の関係は、フランスの詩人アルチュール・ランボーと、その高等中学校のときの担任であるジョルジュ・イザンバールとの関係を思わせるようである。ランボーは、五歳年上の修辞学の教師であり、詩人でもあるイザンバールを兄のように慕い、ともに詩について語り合うような仲となる。ランボーが詩を作ったのは、十五歳から二十歳までのわずか五年の間であり、この早熟な異才は、そのあと決然と詩を捨ててしまい、三十七歳で早世する。

一方で、帝大へ入学したころから翻訳詩を発表し始めて、相ついで訳詩集を世に出した小原であるが、『海の詩』（明治三十九年）を出版したあとに翻訳詩の筆を絶つことになる。ランボーを意識していたわけではあるまいが、翻訳詩人として活動したのは、ランボーと同じわずか五年ほどであり、二十代の後半に限られている。

むろんそのあとは、ランボーのように各地を放浪したわけではなく、アフリカで交易商人になったわけでもない。教師という職をまっとうしている。ウォルター・スコットの『小説アイバンホー』や、エミール・スーヴェストルの『巴里《パリ》安下宿の哲学者』などの訳書は出版しているものの、もう翻訳詩を発表することはなかったのである。のちに述べるように、ある事情があり、それが翻訳詩と決別した理由のようであるが、真相は明らかではない。

小原は、山口高時代に雑誌『文庫』へ文芸時評などを投稿しているが、このころから「無絃」という号を用いている。『帝国文学』へ新体詩を投稿するようになり、「花心」という号を用いたこともあるが、のちの訳詩集などは、すべて「小原無絃」という名で刊行している。おそらく「無絃」という号は、中国六朝時代の田園詩人陶淵明の「無絃琴」に由来するものであろう。官職を捨てて故郷へ帰った陶淵明は、詩酒に親しみながら酔いに興じては絃のない琴を弾いて、心のなかに生ずる音を楽しんだといわれているが、こうした隠逸《いんいつ》生活における「無絃琴」という境地が、早くから漢詩にも親しんでいた小原の琴線にふれたのであろう。

夏目漱石も、『吾輩は猫である』や『草枕』などに「無絃琴」を描いており、自然の霊妙さを心で捉えるという境地にふれている。くわえて『こゝろ』を執筆していた大正三年（一九一四）には、伊予松山にある円光寺の僧侶、明月禅師《めいげつぜんじ》の手になる「無絃琴」という名筆を手に入れており、それを漱石山房にかけて愛蔵するなど、「無絃琴」へは深い関心を寄せている。

漱石が帝大へ出講するようになったのは小原が三年のときであり、すでに英詩の翻訳を始めていた小原も、その講義からは大いに刺激を受けたことであろう。帝大を卒業してから二年のちに、小原は訳詩集『シェレーの詩』を刊行しているが、その半年ほどあとに発表されたのが漱石の『草枕』である。『草枕』には、春の山路を歩いている画工が雲雀《ひばり》の声を聞いて、たちまちシェレーの雲雀の詩を思い出して二、三句を暗誦《あんしょう》するという場面が描かれている。小原の『シェレーの詩』は、この国で初めてとなる本格的なシェレーの詩集であり、おそらく漱石の視野のなかにも入っていたことであろう。

美術学校と済美学校の教師として

翻訳詩人として注目されるようになった小原は、大学を出たあとの一年半ほどは、訳業のかたわら日本女子美術学校で英語と美術史の教師を務めている。明治三十六年（一九〇三）に設立されたこの学校の経営に関わり、国語と漢文の教師を務めていたのが、福島四郎のもとで『婦女新聞』の記者をしていた下中彌三郎である。年の近い小原と下中は、詩について親しく語り合うようになり、下中は、小原の『シェレーの詩』と『バーンズの詩』に原作者の小伝を、そして『海の詩』には序文を寄せている。一方の小原は、下中と島中雄三の編集する雑誌『ヒラメキ』(明治三十九年)に原稿を寄せたりもしている。

明治三十九年(一九〇六)の四月に、小原は二十七歳で京華中学の教師となるが、のちに述べるように、ある事情があったようで、同四十四年(一九一一)の四月には、日本済美《せいび》学校中学部の国語と英語の教師へと転じている。

十九世紀末の欧州では、ゆたかな自然のなかで、少人数の生徒を教育する田園教育舎系と呼ばれる学校が話題となっていた。田園教育については、フランスの教育者エドモンド・ドモランの『独立自営大国民』(明治三十五年)により、英国のすぐれた新教育として日本にも早くから紹介されており、これをもとにして、明治四十年(一九〇七)に、武蔵野の自然を残す東京豊多摩郡に今井恒郎《いまいつねお》が創設したのが日本済美学校である。

小原の恩師である佐々は、明治三十四年(一九〇一)に山口高等学校を退職して、東京の大手の出版社である金港堂へ入社している。その取締役であり、佐々と三高と帝大の同期であった元文部省図書審議官の小谷重《こたにしげる》が、『文芸界』の編集主任として招いたのである。ドモランの

『独立自営大国民』を出版したのも金港堂であった。小原は佐々を通じてこの本を知り、英訳詩人として英国の田園教育へ関心を寄せて、日本済美学校の教師へと転じたのであろう。

日本済美学校へ三年ほど務めた小原は、大正三年（一九一四）の七月に始まった第一次世界大戦にあわせて、久留米に司令部を置く陸軍独立十八師団が編成されると、そこで三ヶ月ほど英語の通訳を務めており、その翌年の四月には京華中学へ復職している。そして、昭和二十年（一九四五）の六月にいたるまで、三十年にわたり在職することになる。

京華中学時代の「低能」教育

小原は、ものごとにこだわりを持たない気風のよい性格であり、率直なものいいをする教師として、京華中学の生徒たちにつよい印象を与えている。比較文学者として東大教授を務めた島田謹二《しまだきんじ》（大正八年卒）は、「小原先生は大変な美男子であった。色白の顔に鬚《ひげ》の跡が青々と濃い、男ながら惚れ惚《ほぼ》れするような男振りで、物の言いざまはてきぱきと男性的で、皮肉とユーモアとをまじえて教える方であった」（『京華学園八十年記念誌』）と述べている。

島田とともに台湾の台北高等学校の教師を務めて、のちに大阪大教授となる万葉学者の犬養孝（大正十三年卒）も、「いちばん影響をうけた」教師として小原を挙げて、「毎時間聞く『テイノウ』の罵声はひどかったが、一言一句、文法の通り読んでゆかれるのは、古典を読む上の大事なことだった」（『京華学園百年史』）と述べている。生物学者として東大教授を務めた湯浅《ゆあさ》明《あきら》（大正十四年卒）も、「小原先生の国語はずい分ためになった」（同書）と回想している。

生徒たちの奮起を促すために、小原は「テイノウ（低能）」ということばをよく口にしていたようで、犬養らは、つねに「おまえたちは低能だということを忘れるな」という罵声をあびながら授業を受けていたのである。本田技研工業の創業者本田《ほんだ》宗一郎《そういちろう》の名参謀といわれて、その最高顧問を務めた藤沢武夫《ふじさわたけお》（昭和三年卒）も、小原の「低能」に鼓舞された一人であり、つぎのように述べている（『京華学園七十年記念誌』）。

〝（四中なり、五中なりには）、優秀な人間達の集まる環境と云うものがある。その環境の中で努力するのだから休みのない前進がある。怠ける環境の中での良い勉強は更に苦しいのだゾ〟と、教えてくださった。小原先生のこの言葉はズット道標であった。国語の妙味を知ったり、本が読めたりの事だけではない、大事な教育を受けた。

藤沢と同期で、薬学者として千葉大教授を務めた宮木高明《みやきたかあき》も、「小原先生の辛らつ無比の京華低能論による発憤教育法など、回想の糸は絶つことなく手ぐられる」（『京華学園六十年記念誌』）と述べている。また、菊正宗酒造の社長や会長を務めた嘉納《かのう》（浜口《はまぐち》）毅六《きろく》（昭和六年卒）は、樋口一葉《ひぐちいちよう》の妹くにの息子である樋口博《ひろし》と同級であったが、「博君は国語の出来があまりよくなかったので口の悪い国語の小原要逸先生からは、いつも『一葉の甥のくせに』とからかわれていました」（『史料京華学園九〇年』）と回想している。

このように少なからぬ卒業生が回想録のなかで小原の思い出を語っており、その人柄や授業のようすは、多くの生徒の記憶に深く刻まれていたのである。

小原と原阿佐緒

ところで、犬養孝らが「低能」という罵声をあびながら小原の授業を受けていたころ、アルベルト・アインシュタインが来日した。日本へ向かう洋上で、ノーベル物理学賞を受賞したという知らせを受けた、大正十一年（一九二二）の十一月のことである。このときアインシュタインに同行して、講演などの通訳を務めたのが、アインシュタインに学んで日本に相対性理論を紹介した、石原純《いしわらあつし》という理論物理学者であった。

東北帝国大学教授の石原は、アララギ派の歌人としても知られていたが、仙台でおこなわれた歌会で原阿佐緒《はらあさお》という若い女流歌人に出会い、道ならぬ恋におちいる。石原のおこないは、高名な物理学者の恋愛事件として新聞でも大きく報じられており、大正十年（一九二一）の七月には、病気を理由として大学へ辞表を提出するまでにいたり、アインシュタインが来日したときには休職という扱いになっていたが、のちに辞職することになる。

このときの東北帝大総長は、新元素ニッポニウム（レニウム）を発見したことでも知られている化学者の小川正孝であった。小川は、物理学者としての石原には、ことのほか信頼と尊敬の念を抱いており、何とか辞職を思いとどまらせようとしたのだが、石原は、地位をけっても悔いなしとして応じなかったという。なお、小川は、京華中学が創立されたときに理科と数学の教師を務めており、実験を中心にしたわかりやすい授業は、生徒たちに人気であった。

才色に秀でており、新鋭の歌人として注目されていた原は、石原と倫ならざる関係にいたるまえに、すでに二度の離婚を経験している。その初めての夫が小原であった。宮城県宮床村の資産家の一人娘であり、日本画を学ぶために十七歳で上京した原は、日本女子美術学校へ入学して、そこで英語と美術史を教えていた小原に出会ったのである。

小原はすでに妻子のある身であったが、母親と妻のおり合いがよくなかったようで、このとき妻子は実家へもどっており、別居が続いていた。明治四十年（一九〇七）の十二月には、原との間にのちに映画監督となる千秋《ちあき》が生まれており、その翌年の四月には、原の郷里でかたちばかりの披露宴もおこなわれたのだが、ほどなく別れが訪れることになる。小原が京華中学へ勤めて二年目のことであり、このあとしばらくして、京華中学を三年ほど離れることになったのは、おそらくこうしたことが原因であろう。

ほどなくして原は、『涙痕《るいこん》』（大正二年）という処女歌集を刊行する。この歌集には、与謝野晶子が序文とともに「うき恋を根として奇しき百合さきぬ白きまことの青き涙の」という歌を寄せており、「うき恋」を根として咲かせたようなこの歌集には、小原へのくすぶる恋情や、自責や後悔の念を詠んだと思われる、まさに涙痕のような歌も含まれている。だが、小原と別れた理由については語られていない。

石原との恋愛事件では、原が妖婦のように見なされて一方的に中傷されたように、原の伝記などには、小原の振る舞いを非難するようなものもある。これについて小原は、黙して何も語ろうとはしていない。それでも、原と別れたあとも、原の母しげ子や息子の千秋へ贈り物をしたり、手紙を書いたりしながら交流を続けており、のちのちまで気づかいを示している。

島田謹二は、先に掲げた回想のなかで小原と原のことについてふれており、どちらかを悪者にすることには、価値を一元化する危うさがあり、その人柄を深く印象にとどめている教え子としては、「先生から受けた一個人の実感の累積を根拠にして、先生を評価する以外にはとるべき術《すべ》がない」として、「そういう目、そういう心、そういう実感で先生のことを考えるとき、假りに先生と某女流歌人とのことがどうであったにせよ、先生を尊敬し敬愛するという気持は変らない」と述べている。

いずれにせよ、原とのことは小原に転機をもたらしたようで、これを境にして翻訳詩からは

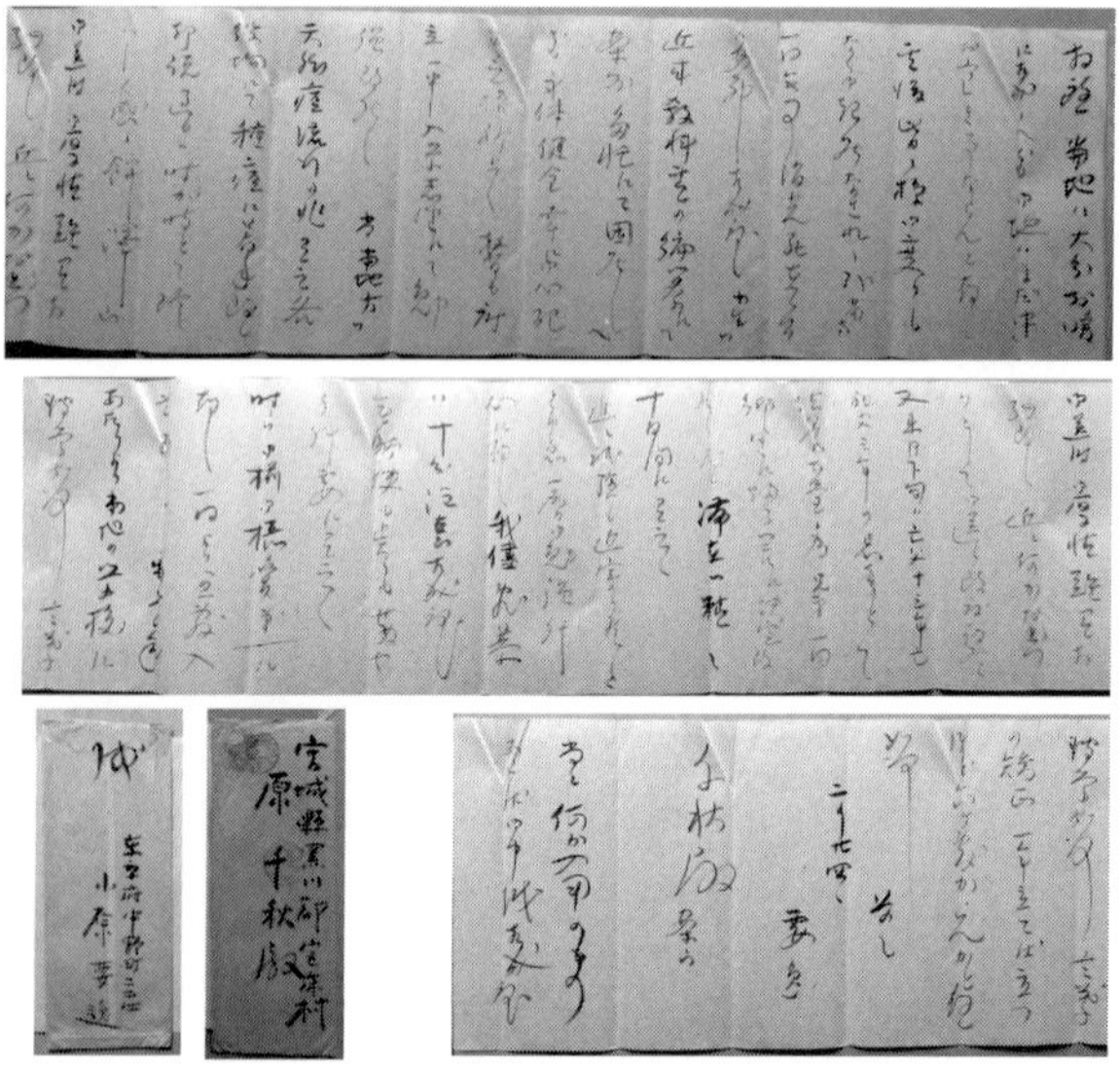
小原が息子の原千秋へ宛てた2月24日付書簡。書簡の内容からすると大正8年（1919）と思われる。教科書の編纂のために多忙であることなどが記されている。また、中学受験をまえにした千秋へ、勉学に励むこと、無駄遣いをしないことなどを伝えている。原阿佐緒記念館には、ほかに小原が原の母しげ子へ宛てた葉書1通（大正6年）、書簡2通（大正9年）も残されている。［原阿佐緒記念館蔵］

とおのいている。詩業に対して、そして原に対して、こもごもいい得ぬ思いを抱いてはいたのであろうが、翻訳詩人「小原無絃」とは決別するかのように、このあとは、国語の教科書や参考書などを出版しながら、京華中学の教師に専念してゆくことになる。

島田は、小原は「平素胸に溜《たま》っている様々な物思いや淋《さび》しさの多いお方で、ままならぬ憂世への憤りや激越な判断を持っておられた」と回想しており、その胸のうちをくみながら、「旧制中学校の国語科の先生としては異色あるお人柄であり、十分にその職を果たされた立派な国語の教師であられた」（『京華学園八十年記念誌』）と、旧師への敬意を表している。

小原の教えを受けた映画人たち

京華中学で小原の教えを受けた生徒のなかには、黒澤明を始めとして、のちに映画に関わるようになったものが少なからずいる。邦画として初めてカンヌ国際映画祭で最高賞を受賞したのが衣笠貞之助《きぬがさていのすけ》監督の『地獄門』（昭和二十八年）であるが、この映画で技術監督を務めたのが、米国で学んだ色彩技術をいち早く邦画へ取り入れた、碧川道夫《みどりかわみちお》というカメラマンであった。碧川が大阪の桃山中学から京華中学の二年へ転校したのは、大正四年（一九一五）四月のことである。

碧川が五年になり、十二月の期末考査の始まった日は、朝から手がかじかむような寒さであった。碧川は、教室のストーブの石炭を増やしてほしいと教員室へ願い出たのだが、一日に使う量は各組とも決められており、その申し出は聞き入れてもらえなかった。そこで碧川は、教室にあった教員用の小机を壊して、ストーブへくべるという行動に出た。その行動は、級友たちからは喝采をあびたのだが、本人は停学処分となった。

そのあとに復学することはなく、卒業をまえにして品川の荏原《えばら》中学へ転校することになる。碧川が転校するまえの年まで、荏原中学の理事を務めていたのが黒澤明の父勇《いさむ》である。こうした奇縁を持つふたりは、おそらくのちに映画人として出会うことになり、かつて京華中学でくり広げた、お互いの武勇伝についても談笑したことであろう。

碧川は、大映で技術顧問を務めていたこともあるが、大映作品として作られたのが、ヴェネツィア国際映画祭で金獅子賞《きんじししょう》を受賞した黒澤の『羅生門』（昭和二十五年）である。この映画には、世のなかへ不満を持つ下人が朽ちかけた羅生門から板をはぎ取り、たき火をするシーンがある。あるいは黒澤は、碧川の武勇伝を思い浮かべながら、このシーンを撮影したのかもしれない。

碧川が小机をストーブにくべていたころ、一年に在籍していたのが、のちに脚本家となる池田忠雄（大正十一年卒）である。池田は、小津安二郎や成瀬巳喜男《なるせみきお》らの映画の脚本を多く手がけている。池田が卒業した年に入学したのが黒澤明であり、その同期には、映画俳優となる十朱久雄《とあけひさお》（昭和二年卒）がいた。また、黒澤らと入れ替わるようにして入学したのが楠田浩之《くすだひろし》（昭和九年卒）である。楠田は、卒業してから松竹蒲田《かまた》撮影所へ入り、義兄の木下惠介《きのしたけいすけ》監督のもとで撮影技師を務めており、そのほとんどの作品について撮影を担っている。

『羅生門』を発表してから三十五年が過ぎて、黒澤が『乱』（昭和六十年）を製作したときに、その音楽を作曲したのが武満徹《たけみつとおる》である。武満は、昭和十八年（一九四三）に京華中学へ入学して、終戦をまたいで新制の京華学園高等学校を同二十四年（一九四九）に卒業している。家にはピアノがなく、学校の講堂にあるピアノをひたすら弾いていたという生徒であり、やがてそのピアノは、「タケミツピアノ」と呼ばれるようになる。授業をサボって弾くこともしばしばであった。職員会議で問題になると、そのたびに担任の教師は、武満はきっと素晴らしい音楽家になるので、どうかいまは目をつぶってほしいと頭を下げたという。

映画『乱』の音楽製作中にくつろぐ黒澤明（右）、武満徹（中）、岩城宏之（左）の三氏。［『週刊朝日』1985年5月17日号（朝日新聞社、1985）より］

現代音楽の異才として知られるようになった武満が、『乱』のために作った曲を演奏したのが札幌交響楽団であり、それを指揮したのが岩城宏之《いわきひろゆき》である。岩城は、昭和二十年（一九四五）の四月に京華中学へ入学したが、五月の空襲で家を失い、金沢へ疎開することになる。二ヶ月ほどの在籍であり、「タケミツピアノ」を知ることもなかったのであろうが、この学校には、不思議となつかしさがあるとのちに語っている。

構想から九年をかけた『乱』の製作が大づめを迎えていたころに、その音楽を録音するために、黒澤と武満と岩城の三人が札幌で顔を合わせた。黒澤が、「それにしても、三人とも出身中学が京華なのにはびっくりしたね」（『週刊朝日』）といいながら、録音の合間に武満と当時の教師のあだ名の話などをしているのを、岩城はそばで愉快そうに聞いていた。

同窓生ゆえでもあろう、「天皇」とも呼ばれるようなこの巨匠に対して、武満と岩城は、「黒澤さん、音楽のことはわからないんだから少し黙って」（同誌）と、およそ遠慮というものがなかった。火花をちらすような録音現場であったが、終われば同じ中学の出身ということで、焼酎の番茶わりを手にして話のはずむ三人であった。

昭和二十八年（一九五三）の十月に、黒澤の代表作の一つとなる『七人の侍』の封切りが予定されていた。小原も、かつての教え子の大作を心待ちにしていたことであろうが、その公開を待つことなく、その年の十月二十日に亡くなった。享年七十四であった。もっとも撮影が大はばに遅れてしまい、公開は翌年の五月にずれこんだ。その『七人の侍』に代わるようにして、小原が亡くなってから十日ほどあとに公開されたのが、碧川が技術監督を務めた『地獄門』である。

むろん、小原は極楽の門をくぐって往生したことであろうが、いずれにせよ、かつて翻訳詩人として名をなした小原無絃が、真に「無絃」の琴を英英と奏でることができたのは、おそらく京華中学の教師を務めていたときであり、個性にあふれた生徒たちを「低能」と鼓舞していたその一コマ一コマにこそ、「無絃」の境地が映し出されていたことであろう。

佐伯　常麿
—— 鷗外の筆を継ぎゆく国文学者

『卒業記念写真帖』（1938、お茶の水女子大学蔵）より

オセロの名づけ親

昭和二十年（一九四五）八月の空襲により、校舎のあらかたを失った水戸中学では、九月の新学期からは、しばらく屋外での授業が続いていた。それでも生徒たちは、くったくなく過ごしていた。休み時間になると、もとより開放感にあふれている青空教室では、はさみ碁という遊びが人気を集めており、ふたりで碁石を打ち合い、相手の石をはさんだら自分の石に置き換えるという単純な遊びではあったが、多くの生徒たちが夢中になって楽しんでいた。

この遊びを考えたのは、やはり空襲で家を失った長谷川五郎《はせがわごろう》という少年であった。のちに長谷川は、碁石の代わりとして、表裏を白と黒にぬり分けた牛乳びんのふたを使ってみようと考えて、さらに相手のふたをはさんだら、それを裏返しにするというルールに変えてみた。やがてこの遊びは、オセロというボードゲームへと進化してゆくことになる。覚えるのに一分、きわめるのは一生といわれるように、オセロはルールが単純なわりには奥ゆきの深い頭脳ゲームである。しだいに愛好者も増えてゆき、いまでは世界大会が開かれるまでになった。平成二十八年（二〇一六）の十一月には、オセロ発祥の地である水戸市を会場として、第四十回世界オセロ選手権が催されており、この記念大会には、二十九の国と地域から八十余名の選手が参加している。オセロの生みの親として、長く普及に努めてきた長谷川五郎が八十三歳で亡くなったのは、この記念大会が開かれる半年ほどまえのことであった。

このゲームにオセロという名前をつけたのは、五郎の父親の長谷川四郎《しろう》である。旧制水戸高等学校と茨城大学で教授を務めた英文学者の長谷川は、シェイクスピアの悲劇『オセロ』から着想して、デズデモーナという妻（白石）を持つ将軍オセロ（黒石）が、緑の平原（緑の盤上）で敵と戦うという物語になぞらえて、駒を白と黒に反転させながら戦うこのゲームに、オセロという名前をつけたのである。こうした命名に示された巧さも、このゲームの世界的な広がりに大きなはずみをつけたのであろう。

校歌の作詞

東京本郷の医師の家に生まれた長谷川四郎は、オセロの名づけ親となる六十年ほどまえに、京華中学へ入学した。『京華校友会雑誌』へ旅行記や随想を発表するなど、早くから才筆をふるうような少年であった。五年亨組に在籍していた明治四十年（一九〇七）の十一月に、学校で校歌の歌詞を募集していることを知った長谷川は、「七五調で四行一聯《れん》、十聯以内」という規定に合わせて、さっそく歌詞を作って応募した。応募した生徒は二十七名におよんだが、教師を中心とする校歌制定委員会により、一等に選ばれたのが長谷川の歌詞であった。

二等には、同じ五年亨組の市河三禄《いちかわさんろく》という生徒の歌詞が選ばれた。やはり『京華校友会雑誌』への常連の投稿者であり、長谷川とともに一高から東京帝大へ進んだ市河は、経済地理学者として京都帝大教授となる。『三禄飄談《ひょうだん》』（昭和十一年）などを著した洒脱《しゃだつ》な随筆家としても知られているが、その片鱗《へんりん》は中学時代から見せていたようである。

その兄である市河三喜《いちかわさんき》は、明治四十五年（一九一二）の二月から、半年余り京華中学の英語教師を務めている。そのあとに英国へ留学して、日本人として初めて東京帝大英文科の教授となり、日本の英語学の基礎を築いたといわれている人物である。長谷川も帝大の学生のときに、その教えを受けた一人であった。

校歌の募集がおこなわれた翌年の二月に、教職員と生徒が校庭に集まるなかで、紀元節と創立紀念日を祝う式典が開かれて、そのあとに校歌の審査結果が発表された。そして、長谷川の作詞した校歌を朗読する声が、梅香のただよう清冷とした校庭に響きわたった。磯江潤校長からは、一等の賞品としてスイス製の銀時計が贈られた。文学を学びたいという思いを抱いていた長谷川は、この受賞が大きな励みとなり、のちに英文学者への道を歩むことになる。

旧師との再会

水戸高等学校の四名の学生を連れた長谷川が、古稀《こき》を迎えた磯江校長のもとを訪れたのは、昭和十一年（一九三六）の十月のことである。京華中学を卒業してから三十年という歳月が流れていた。磯江は、この二年ほどまえに病に倒れて療養の日日を送っていたが、立派に成長した教え子の姿を見て、その病もひとときいやされるような思いをした。

磯江が京華中学の建学の精神として掲げたのは、「天下の英才を得て之を教育す」という『孟子』のことばである。「英才」とは世のなかに有用な人材という意味であるが、くわえてまた、孟子のいう「英才」には、すぐれた教えを絶やすことなく、後世に受け継いでいく人材という意味もある。長谷川とその教え子を目のまえにした磯江は、まさに建学の精神を目のあたりにしているようであり、大きな喜びを感じたのだった。長谷川のほうでは、磯江の衰容に胸を突かれる思いをしながらも、恩師をまえにすると、中学のころと変わらぬような深い恩愛に包まれていくようであった。

長谷川は、かつて贈られた銀時計を三十年にわたり使い続けており、ずっと身につけてきた

磯江校長を見舞ったのちに、京華中学を訪れた長谷川四郎（前列右から2人目）と水戸高等学校の学生（後列）。前列中央が磯江泰雄副校長、前列左端が国語科の小原要逸。［『史料京華学園九〇年』（京華学園、1987）より］

その時計を磯江に見せた。もの持ちのよさに驚きの目を見張った磯江は、ややあってから「それは時計が好いのじゃ無くって、持つ人が好いのです」（『岫雲録《しゅううんろく》』）といいながら長谷川の手を取り、落涙した。

長谷川には、時計を贈られたときの感激がよみがえってくるようであった。恩師と面会してから銀時計の重みがいっそう増したように感じていた長谷川は、のちに「老いらくの肌身離さぬこの時計　十四億千八百万秒の時を刻みぬ」という歌を詠んでいる。銀時計が長く時を刻んできたように、その胸には、母校と恩師への思いが深く刻まれていたのである。

生い立ち、そして母校の教師へ

かつて校歌制定委員の一人として、長谷川の歌詞を高く評価したのが佐伯常麿《さえきとこまろ》という国語の教師であった。京華中学出身の佐伯は、長谷川四郎や市河三禄の五年先輩にあたり、校歌が募集される一年ほどまえに、母校へ着任したばかりの若い教師である。

明治十三年（一八八〇）の四月に、島根県津和野に大島常夫《おおしまつねお》の二男として生まれた佐伯は、幼いころに旧津和野藩士の佐伯利麿《としまろ》の養子となり、父の上京にともない、東京本郷で幼少時代を過ごしている。父の利麿は、藩校養老館で福羽美静《ふくばよししず》らに学び、のちにその高弟として養老館の助教を務めた国学者である。

また、石見国の一ノ宮である物部神社の権宮司《ごんぐうじ》などを務めており、旧津和野藩主の亀井茲監《かめいこれみ》のもとで、明治天皇の即位新式の制定にたずさわったりもしている。上京してからは、福羽のおこした好古社で幹事を務めながら『好古雑誌』の編集にあたり、自らも『好古集説』などを著しており、明治十五年（一八八二）の九月からは、古今の法制書を編纂するために帝国大学の図書館へ勤めている。

そうした父のもとで、幼いころから国文や漢文に親しんできた佐伯は、明治三十年（一八九七）に京華尋常中学校へ第一回生として入学する。とりわけ杉敏介と内海弘蔵の影響を受けて、自らも国文学を学びたいという思いを抱くようになり、一高から東京帝国大学文科大学国文学科へと進み、明治三十九年（一九〇六）の七月に卒業すると、その年の十一月に京華中学の国語教師となる。卒業生が教師として迎えられたのは、佐伯が初めてであった。

着任した年の新入生のなかに、井上猛一という生徒がいた。入学試験の面接で将来の希望について問われて、迷うことなく小説家になりたいと答えた井上は、小説家にこそならなかったものの、のちに新内節の岡本派四世家元岡本文弥として、邦楽界の大看板となる生徒である。

文学少年の井上は、佐伯の授業が楽しみであり、その律儀で飾らない人柄にも惹《ひ》かれていた。小説は、中学生には好ましくない読み物であるといわれるなかで、小説や短歌の創作に打ち込み、新内の稽古にも余念のない井上を、佐伯は温かく見守りながら好きな道へ後押しするようにして励ました。中学時代に何くれとなく面倒を見てくれた佐伯のことを、井上はのちのちまで忘れられなかったようで、還暦を過ぎてもなお、「いまでもあの小柄な質朴な先生にはお目にかかりたい」（『京華学園六十年記念誌』）と語っている。

校歌の制定

母校へ勤めて一年が過ぎたころに、学校で校歌を作るという話が持ち上がり、小原要逸ら三名の教師とともに、佐伯も校歌制定委員に選ばれた。学外からは、根岸短歌会の少壮の歌人として知られていた三井甲之《みついこうし》と、日本で初めて創作オペラを上演した作詞家、翻訳家の小林愛雄が委員として招かれた。三井と小林は、のちに京華中学の教師を務めることになる。

委員会の総意で選ばれた長谷川の歌詞は、委員による添削がおこなわれて、顧問である井上哲次郎の批評を仰いだのちに、東京音楽学校助教授の楠美恩三郎《くすみおんさぶろう》により作曲がほどこされて、歌詞に見合うような格調のある校歌に仕上がった。だが、曲調が優美過ぎたようで、校歌としては勇壮さに欠けているという意見が少なからず出された。改めて作曲し直されて、校歌として正式に披露されたのは、明治四十一年（一九〇八）の四月十八日のことであった。

こうして無事に校歌が完成して、制定委員の一人である佐伯も、肩の荷が下りたような思いをした。母校の校歌作りに関わることができたことは、大きな喜びでもあった。ただ、これでほっと一息ついているわけにはゆかなかった。というのも、このとき佐伯は、『日本類語大辞典』（明治四十二年）の編集という、さらに大きな仕事を抱えていたからである。

この辞書作りを始めたのは、大学の三年先輩にあたる志田義秀《しだぎしゅう》という人物であった。のちに志田は、佐伯に協力を求めて、二人の恩師である芳賀矢一の校閲を仰ぎながら、ともに数年の歳月をかけて刊行に向けた準備を進めてきたのだが、それがようやく日の目を見ようとしていたのである。

ところが、出版にいたる一年ほどまえに、志田がにわかに岡山の第六高等学校へ赴任することになり、さらに佐伯も、そのころ体調の思わしくないような日日が続いていた。そうしたなかで大づめの編集作業がおこなわれて、ついに明治四十二年（一九〇九）の七月に、この国で初めてとなる類語辞典が完成したのである。この分野では一生面を開くような辞書であり、いまでも文庫本として版を重ねている。

なお、志田義秀は、第六高等学校を経て成蹊《せいけい》高等学校や東洋大学で教授を務めた国文学者であり、俳文学では初めてとなる博士号を授与されている。かつて京華中学の国語教師を務めた同じ富山出身の堀重里とは、ともに富山中学から四高へ進み、東京帝大を同じ年に卒業している。成蹊学園を創設した中村春二《なかむらはるじ》も大学の同期であり、昭和二年（一九二七）に、志田は成蹊学園の校歌「成蹊の歌」を作詞している。

森鷗外と佐伯

東京小石川にある旧津和野藩邸内に、「菁々塾《せいせいじゅく》」という木造二階建ての寄宿舎が完成したのは、『日本類語大辞典』が刊行された翌年のことである。旧藩主の亀井家では、津和野にゆかりのある有志らを会員として「奨学会」を作り、津和野出身の子弟に奨学金を貸与するなどの支援をおこなっていたが、あわせて東京で学ぶ学生のために、新たに寄宿舎を設けたのである。

この「奨学会」の理事長を務めていたのが津和野出身の森鷗外である。そして、鷗外のもとで、「菁々塾」を統括する塾監に任命されたのが佐伯であった。「奨学会」の会員であり、中学の教師でもあることから、塾監には佐伯が適任ということになったのであろう。入塾できるのは、津和野藩にゆかりのある学生であり、定員は二十名であった。「菁々塾」からは、その名の通り、草木が青青と茂るように多くの人材が育ってゆくことになる。

大正十三年（一九二四）に、津和野中学の創立に合わせてその役目を終えているが、「菁々塾」という塾名は、その精神とともに、同校の「菁々寮」という寄宿舎に引き継がれている。なお、長谷川四郎と一高で同級であり、のちに法哲学者となる井川（恒藤）恭も「奨学会」の貸費生であった。井川は松江の出身であるが、佐伯の遠縁にあたることから推薦されたのであろう。

「菁々塾」の塾監になった翌年に、佐伯は大学の先輩である大町桂月とともに、『誤用便覧』（明治四十四年）を出版している。その巻頭には、「序に代ふる対話」として、鷗外の「鸚鵡石《おうむせき》」という作品が二十七頁にわたり掲載されており、それは著述家と出版人による誤植の話から始まり、語源論におよぶ戯曲風の短編である。もともと文芸誌『スバル』（明治四十二年五月）に発表された作品であるが、その内容が『誤用便覧』にふさわしいということで、佐伯が序文の代わりに掲載することを希望して、鷗外から承諾を得たのであろう。

この年の八月に、佐伯は千駄木の団子坂上にある鷗外の自宅（観潮楼）を訪れている。「鸚鵡石」の転載を了承してもらったお礼かたがた、完成した『誤用便覧』を持参したのであろうが、そのあとにも、佐伯はたびたび鷗外と面会したり、その自宅を訪れたりしている。大正三年（一九一四）の十二月には、このとき陸軍省で医務局長を務めていた鷗外は、佐伯を陸軍幼年学校の教師へ推薦するために、人事局へ話を通したりもしているが、この話は佐伯が期待したようにはことが運ばなかった。さらに同四年（一九一五）の七月には、文部省の学務局長であり、翌年に文部次官となる田所美治《たどころよしはる》に佐伯を紹介しており、鷗外は、佐伯の将来のことなどについても、何かと心をくだいていたようだ。

大正五年（一九一六）には、佐伯は大学の二年後輩にあたる植松安《うえまつやすし》とともに、『女子新文芸読本』を出版しており、京華中学の教師や「菁々塾」の塾監を務めながら、あわせてこうした業績を積み上げてゆく。そして、不惑を迎えた大正八年（一九一九）に東京女子高等師範学校の教授に招かれて、十三年にわたり教師を務めてきた母校を退職することになる。

このときの師範学校の校長は、もともとは文部官僚であった湯原元一《ゆはらもといち》であり、湯原は、文部次官の田所のもとで学務局長につくことを一部で期待されていた人物でもある。おそらく、鷗外が佐伯を田所に紹介していたことが、こうした人事にむすびついたのであろう。

佐伯の父利麿の師である福羽美静は、かつて東京女子師範学校時代にその校長を務めたことがあり、佐伯がその後身の学校で教授職を得たことを、利麿は大きな喜びとしながらこの翌年に七十六歳で亡くなった。佐伯としては、官立学校の教授となり、親の名をのちの世に表すことができたのであり、父に対する何よりの孝養を尽くしたという思いであったことだろう。

森鷗外の帰郷

佐伯が師範学校の教授となった翌年に、郷里の津和野町では、望月幸雄《もちづきゆきお》という人物が町長に就任した。望月には、町に学校や文化施設を作りたいという思いがあり、町長になった翌年の六月には、亀井家十四代当主の亀井茲常《かめいこれつね》のもとを訪れるために上京した。津和野中学校の設立に向けて、亀井家に助力を求めたのである。そして、その翌日には宮内省の図書寮を訪れて、帝室博物館総長と図書頭をかねていた鷗外に面会した。郷土博物館の設立について助言してもらうためであり、あわせて郷党のほまれ高いこの文豪に、津和野町歌の作詞を依頼するためでもあった。

そして何より、明治五年（一八七二）に十歳で津和野を離れて上京してから、一度も郷国の土をふむことのなかった鷗外に、ぜひとも衣錦の栄によくしてほしい、多くの郷人が抱いてきた、そうした積年の思いを伝えて、帰郷の約束を取りつけるためであった。望月には、何を差し置いてもこれだけはゆずれないという覚悟があり、「先生は小倉、東京の間を再三往来しておられながら山一つまたいだ山陰の故郷津和野に顔を出されたことがない。これは不都合です」（『毎日新聞』島根版、昭和二十八年五月二十四日付）とつめ寄った。仰ぎ見るような鷗外との初めての面会であったが、こと帰郷については、およそ遠慮というものを知らなかったようである。

軍医部長として四年にわたり小倉に勤務していた鷗外は、東京と小倉の間をたびたび往還していながら、郷里まで足を延ばすことは一度もなかった。これには弁解の余地がない。そして、この老境にある文豪にも、むろん故園の情がないわけではない。翌年には津和野駅が開業することになっており、これも帰郷に向けた後押しになった。申し訳なさそうな笑みを浮かべて頭をかきながら、「いや…これは参った、来年は必ず帰省することを約束しよう」(同紙)と、悠揚せまらぬ望月に気おされるようにして、また一方では、帰思《きし》まさに悠《ゆう》なるかな、津和野へ思いをはせるようにして、ついに帰郷の約束をしたのである。望月は、持ち重りしていた荷が下りたような思いをした。

だが、望月はむろんのこと、町を挙げて心待ちにしていた半世紀ぶりとなる鷗外の帰郷は、ついにかなうことはなかった。というのも、津和野駅の開業まであとひと月というときに、肺結核を患っていた鷗外が、大正十一年（一九二二）の七月九日に亡くなったからである。享年六十、望月が上京した翌年のことであった。鷗外は、亡くなるまえの日に、親友の賀古鶴所《かこつるど》に遺言を筆記させているが、そのなかで「余ハ石見人森林太郎トシテ死セント欲ス」と述べている。亡魂のみは、帰郷の約束を果たそうとするかのような遺言であった。

それから三十年余りが過ぎた。三十三回忌を翌年にひかえて、東京三鷹《みたか》の禅林寺に納められていた鷗外の遺骨が分骨されることになり、元町長の望月の胸に抱かれて、津和野線を経由してようやく帰郷を果たすことになる。昭和二十八年（一九五三）の五月のことであり、十歳で故郷を離れてから八十一年という歳月が流れていた。長年待ちわびていた多くの郷人が見守るなかで、森家の菩提寺《ぼだいじ》である永明寺の墓所へ納骨されて、ようやく故山の土へ還ったのは、命日である七月九日のことであった。

津和野町歌の作詞

一方で、帰郷のことのみならず、町歌の作詞についても望月の願い通りにことが運んだわけではなく、曲折を経ることになる。鷗外は、すでに横浜港の開港五十年を記念する横浜市歌や、横浜商業学校（Y校）の校歌を作詞しており、望月が鷗外のもとを訪れた年には、浜松市歌も作詞している。そうしたことを伝え聞いていた望月は、津和野のためにもぜひ町歌を作詞してほしいと依頼したのだが、病勢の募りつつあった鷗外は、それには応じようとしなかったのである。

なお、島根県立津和野高等学校の野球部が、平成二年（一九九〇）に初めて夏の甲子園大会へ出場したときに、一回戦で対戦したのが、この大会で準々決勝まで進むことになる横浜商業高等学校（Y校）であった。津和野高は一対五で敗れた。グラウンドには、郷土の偉人の作詞したY校の校歌が流れたが、歌詞のなかに「鷗外の筆継ぎゆかむ」という一節の織り込まれている津和野高等学校の校歌が流れることは、ついになかったのである。

町歌の作詞を断りはしたものの、鷗外には望月の願いをかなえてやりたいという思いもあったようで、自らの代役を考えてくれたのだった。そこで白羽の矢が立ったのが佐伯であった。望月は、さっそく翌翌日に佐伯のもとを訪ねて、ことの経緯を説明した。佐伯としては、鷗外から推薦されたのはありがたいことではあるが、その代役はひどく重荷のように感じられて、すんなりとは請けおうことはできなかった。

望月は、作った歌詞を鷗外に添削してもらい、鷗外の監修というかたちで発表するという案などを示しながら、ねばりづよく依頼した。そして、森先生に校閲していただけるのであれば引き受けましょうと、ついに佐伯も承諾したのだった。

それから案を練り、かたちをなすまでにはかなりの時間を要することになったが、京華中学で校歌制定委員を務めたときの経験も少なからず活かされたようで、校歌を募集したときの規定と同じように、七五調で四行一聯、あわせて四聯からなる町歌の原案がようやく仕上がったのである。

佐伯はさっそく鷗外のもとへ原案を持参した。その意図や内容を一通り説明し終えると、鷗外は満悦のようすでその労をねぎらった。大正十年（一九二一）の十二月四日のことであり、佐伯が望月の懇願を受け入れてからちょうど半年が過ぎていた。それから二、三日すると、鷗外から佐伯のもとへつぎのような書翰《しょかん》が届いた。

先刻ハ失敬申上候町歌案第
三節ノナビクト云フ他動詞ハ言
海ニモ無之候依テ
　此勤倹ノ旗ノ風四方《ヨモ》ニ遍ク
　吹カセバヤ
ト訂正仕候　神代君番地御手
下ニアラバハガキニテ御一報被下
度候
十二月五日
　　　　　　　森
　佐伯常麿様

「先刻ハ」と書き出していることからすると、鷗外は、佐伯から原案を受け取ってからほどなく添削をおこなったようで、「この勤倹の旗風に／天か下をも靡《なび》けてむ」という一節については、「此勤倹の旗の風／四方に遍く吹かせ

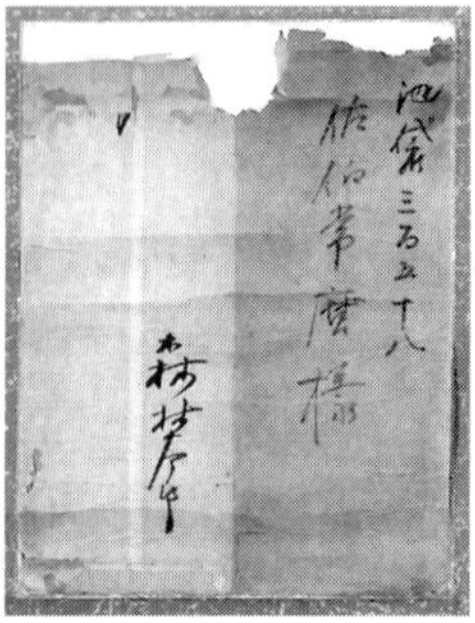

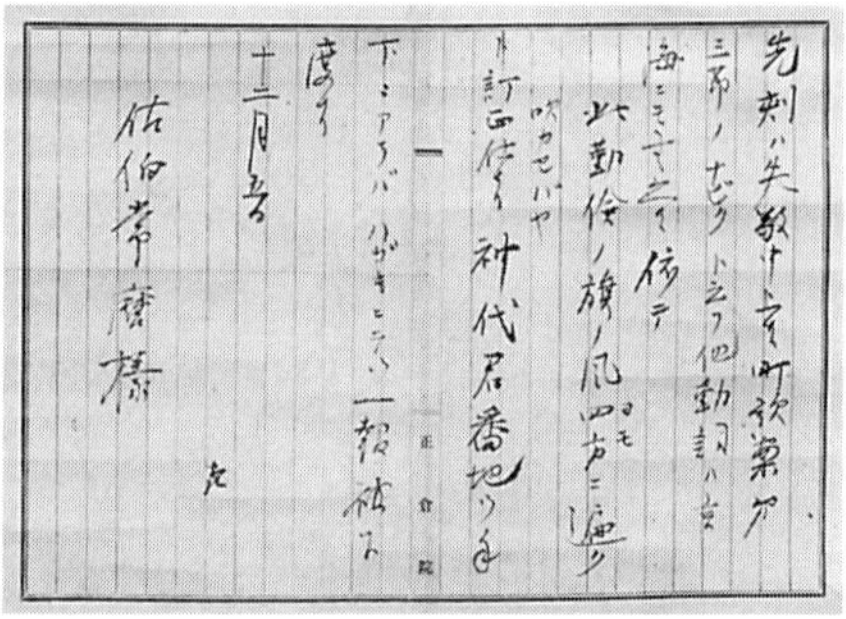

佐伯常麿に宛てた森林太郎（鷗外）の書翰（大正10年12月5日付）。［島根県津和野町・森鷗外記念館蔵］

ばや」に訂正したことを伝えている。佐伯は、「天か下をも靡けてむ」（きっと天下をも従わせるだろう）と、「靡く」を他動詞として用いているが、これについて鷗外は、『言海』という辞書を見ても、「靡く」は自動詞とあることから、佐伯のこの動詞の使い方は、句法として正しいとはいえないと判断したわけである。

確かに『言海』は、他動詞の「靡く」を載せていない。だが、たとえば『保元物語』のなかに、「九国を靡けんとするに、誰かはさうなく随ふべき」（九国を服従させようとするが、誰が考えもなしに従うことがあろうか）とあり、また『太平記』のなかにも、「七百余騎にて和泉・河内の両国を靡けて大勢に成りければ（七百余騎で和泉・河内の両国を服従させて多勢になったので）」とあるように、「靡く」は他動詞としても使われている。

佐伯は、多くの古典文学について校註《こうちゅう》の仕事を経験しており、『校註日本文学大系』（全二十五巻）が刊行されたときに、『保元物語』（第十四巻）と『太平記』（第十七、十八巻）を担当したのも佐伯である。この二つの作品のなかに、こうした用例があることも知っていたはずであり、町歌のなかで「靡く」を他動詞として使うことへも、違和感はなかったと思われる。

大槻文彦《おおつきふみひこ》の編纂になる『言海』は、明治二十二年（一八八九）から三年かけて刊行された、この国で初めてとなる近代的な国語辞書である。とりわけ信頼されていた辞書のようで、永井荷風も、「文学者にならうと思つたら大学などに入る必要はない。鷗外全集と辞書の言海とを

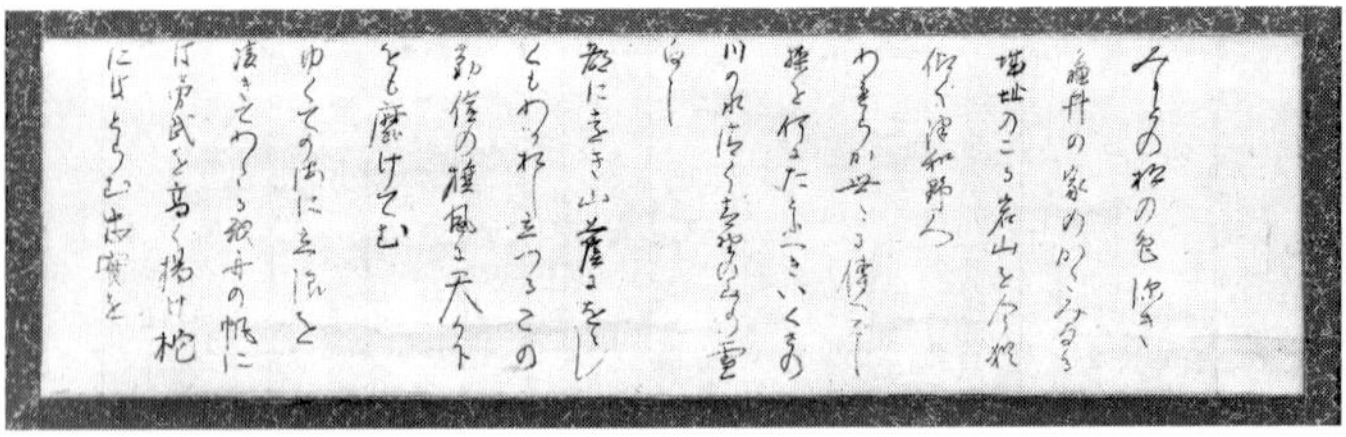

津和野町歌（鷗外が訂正するまえの佐伯の原案）。［島根県津和野町・森鷗外記念館蔵］

みもとの松の色深き
亀井の家のかたみなる
城址のこる岩山を今猶
仰ぐ津和野人
われらが世々に伝へこし
操は何にたとふべきいくさの
川の水清く青野の山の雪
白し
都に遠き山蔭にをゝし
くもわがおし立つるこの
勤倹の旗風に天が下
をも靡けてむ
ゆくての海に立浪を
凌ぎてわたる我舟の帆に
は勇武を高く掲け柁
にはとらむ忠実を

毎日時間をきめて三四年繰返して読めばいい」（「鷗外全集を読む」）と述べている。

　荷風に『言海』と並び称された鷗外その人も、この辞書を座右に置いて、おりおりに参照していたようだ。のちにこの辞書は改訂されて、『大言海』（昭和七年〜十二年）として刊行されることになるが、もともと立項してある自動詞の「靡く」にくわえて、他動詞の「靡く」が追加されたのは、この改訂のときであり、むろん鷗外には預かり知らぬことであった。

　鷗外の書翰を手にした佐伯は、その訂正案には、あるいは同意しかねるような思いをしたのかもしれないのだが、とくに異を唱えることもなくそれを受け入れたのだった。書翰ではふれられていないが、「われらが世々に」を「われらの世々に」、「操は何に」を「操を何に」というように、二つの助詞も改められている。そのほかは佐伯の原案通りということで町歌の歌詞が完成して、このあと作曲がほどこされて、大正十一年（一九二二）の元日に津和野の町民に発表されたのだった。

こうして完成した町歌は、おりにふれて津和野の町で唄われるようになり、町民にも親しまれていたようだが、思わぬ理由からしだいに唱われる機会がなくなってしまう。というのも、昭和三十年（一九五五）と平成十七年（二〇〇五）に町村合併があり、津和野町の行政区域に変化が生じたことにより、町歌の位置づけがあいまいになったからである。

町歌と校歌の命運

佐伯の作詞した町歌が唱われなくなったように、長谷川四郎の作詞した校歌も、思わぬ命運をたどることになる。関東大震災により、お茶の水の校舎が焼失してしまい、現在の白山の地へ移転したことにより、校歌に出てくる「赤壁」「茗渓《めいけい》」「忍陵」「聖堂」などのお茶の水にちなんだことばが、新しい校地にはなじまないということになったのである。京華商業学校出身の詩人尾崎喜八（明治四十二年卒）の作詞により、現在の京華学園歌が誕生したのは、そうした経緯によるものである。

時代が移り変わり、佐伯の町歌と長谷川の校歌は、ともに唱われる機会が失われてしまい、いまではすっかり鳴りを潜めてしまった。それでも、ともに格調の高い定型詩であり、その価値がそこなわれたわけではない。四百年というときを経ても読まれ続けている戯曲『オセロ』のように、そしてまた、この戯曲にちなんで名づけられた「オセロ」というボードゲームが、半世紀を経ても人気が衰えないように、この二つの歌詞も末永く伝えられていくことであろう。

母校の教師を経て、聖心女学院へも出講しながら、東京女子高等師範学校の教授を長年にわり務めた佐伯は、敬愛する同郷の先人である鷗外から寄宿舎の塾監を任されたり、町歌の作詞の代役を依頼されたり、少なからず信頼を寄せられていた。鷗外の亡きあとは、おそらく「鷗外の筆継ぎゆかむ」という思いであったことだろう。晩年にいたるまで、その筆のあとを追いかけるようにして数多くの著書を刊行するなど、国文学者として大きな業績を残して、昭和二十七年（一九五二）に七十二歳でその生涯を閉じている。

三井　甲之
―― 子規と親鸞を融合した歌人・思想家

『三井甲之歌集』（「三井甲之」歌碑建設・歌集刊行会、1958、国立国会図書館蔵）より

子規の遠逝

起き抜けに喉の渇きをいやそうとして、枕元に置かれていた甲州のぶどうに手を伸ばして十つぶほどを口のなかへ入れてみた。何ともいわれぬさわやかな気分になり、今日も生かされていることに半ばほっとしながらも、一方ではまた、今日も生きていなければならぬということに、たとえようのない苦痛を感じたのだった。

縁先の糸瓜《へちま》の棚には日よけのよしずがかけてあり、糸瓜の葉をかすかにゆらしながら病床までやってくる風には、もう秋の匂いが含まれていた。やせた糸瓜のつるには、わずかにまだ二、三輪ばかりの花がついている。庭に咲く女郎花《おみなえし》や鶏頭、秋海棠《しゅうかいどう》のようすをながめていると、南向こうの家からは、小学生が本読みの練習をする声が聞こえてくる。路地を通る納豆売りの声にも耳をかたむけてみた。

この朝は、かつてなく心と身が別のもののようであり、心のほうに残されたわずかな力を頼りにして、外のようすを静かに受けとめることができたのだった。だがそれは、身のほうから片ときも離れることのない病苦がきわまってのことであり、その裏返しとして、ほんのひととき心に安らぎが生じただけのようであった。

鳴いて血を吐くほととぎす——。二十三歳のときに結核を患った正岡常規《まさおかつねのり》（升《のぼる》）は、子規《しき》という号を用いるようになるが、その雅号とは裏腹に、病状のほうはしだいに重くなり、晩年の三年ほどは寝たきりのような状態であった。納豆売りの声に耳をかたむけたときにしても、妹の律《りつ》に買いにゆかせはしたものの、とくに食べたいというわけでもなく、ただほんのわずかに訪れた安らぎのなかで、かつてのささやかな日常をなぞろうとしただけのことであった。

俳病の夢みるならんほととぎす拷問などに誰がかけたか

病床のなかで、血を吐くようにしてつづられてきた『病牀《びょうしょう》六尺』は、およそ五ヶ月にわたり新聞『日本』に連載されていた日記のような随想である。それもいよいよ病状がきわまり、この「俳病」の歌を限りとして筆をおくことになる。「肺病」を患いながらも、「俳病」のように新たな文学を夢に見てきた子規である。だがそれなのに、ほととぎすの「てっぺんかけたか」という鳴き声になぞらえて、「誰がかけたか」と詠んでもいるように、文学の「てっぺん」までかけ上がるという願いをよそに、病苦という「拷問」にかけられていたのである。それでも、達観したかように自らを冷静に見つめており、ユーモアの精神も失ってはいない。

この歌が掲載された明治三十五年（一九〇二）の九月十七日は、子規の誕生日であった。いつもの年であれば、十月の中旬か下旬のころに旧暦で祝うところなのだが、もうそこまで余命を保つことは難しかろうと、母の八重《やえ》は、赤飯を炊いて新暦で祝ってあげたのだった。その赤飯を口にすることもなく、翌日にかけて容態は悪化する。枕辺にいる河東碧梧桐《かわひがしへきごとう》と律が寄りそい、墨汁をふくませた筆を手に持たせると、無言のまま辞世の三句をしたためた。

糸瓜咲て痰《たん》のつまりし仏かな
痰一斗糸瓜の水も間にあはず
をととひのへちまの水も取らざりき

「俳病」の歌を詠んだときに、子規は自らを身動きの取れない「達磨《だるま》」になぞらえており、「盆頃より引籠り、縄鉢巻にて筧《かけひ》の滝にて荒行中」と記している。「荒行」に耐えてきた「達磨」は、辞世の三句を詠んだときには、「仏」と化していたわけである。こうして自画像を描くようにして絶筆を残した子規は、それから半日ほどは余喘《よぜん》を保っていたのだが、九月十九日の午前一時ごろに息を引き取った。三十四年と十一ヶ月余りの生涯であった。

高浜虚子が、知人らに臨終を報せにゆくために子規の家を出ると、望月を過ぎたばかりの月が明明と光っていた。子規の霊が、まさに空天へ昇りつつあるような、霊妙な月明かりの夜であった。「のぼさん、のぼさん」と、もう息のない子規にかけた八重の声が、虚子の耳からいつまでも離れなかった。

子規はすでに、『仰臥漫録《ぎょうがまんろく》』（明治三十四年）という日記のなかに、家も路地もせまいので、二、三十人もつめかけたら柩《ひつぎ》の動きが取れなくなるだろうから、葬儀の広告や通夜は無用なりと記している。戒名も望んではいなかった。それでも、亡くなった翌日に発行された『ホトトギス』には、「子規子逝く　九月十九日午前一時遠逝せり」という訃報が載り、二十一日の出棺のときには、百五十名余りの人で家のまえの路地が埋まり、動きが取れないようなことになった。子規が案じていた通りであった。

柩は東京田端の大龍寺に運ばれて土葬された。このとき会葬者のなかに、紺飛白《こんがすり》に小倉袴《こくらばかま》をはいて、白線を二筋めぐらす丸帽をかぶっている一人の学生の姿があった。

常よりも睦まじきかなほととぎす死出の山路の友と思へば　　鳥羽院

子規《ほととぎす》を友として、子規《しき》その人も、その声にいざなわれるようにして死出の山路をこえて、仏の世界へ向かおうとしているであろうか――。その学生は、鳥羽院の辞世を思い浮かべながら一掬《いっきく》の涙をこらえていた。そして、病床にある子規のもとを訪ねてでも、その教えを請うという勇気を持たなかったことをひどく後悔しながら、追悼の句を手帳にしたためたのだった。『ホトトギス』の訃報を目にして、矢も盾もたまらずにかけつけたというこの若者が、京華中学を卒業して、一高へ進学したばかりの三井甲之《みついこうし》であった。中学のころから子規にあこがれて、和歌や俳句に親しんでいた三井は、のちに根岸短歌会で頭角を現して、子規の文芸精神を受け継ぐような歌人となり、あわせて国家主義的な思想家として活動してゆくことになる。

生い立ち、そして京華中学時代

三井甲之（本名・甲之助《こうのすけ》）は、明治十六年（一八八三）の十月十六日に、三井悟六《ごろく》とはるの長男として、山梨県中巨摩郡《なかこまぐん》松島村（現・山梨県甲斐市《かいし》）に生まれている。母のはるは、松島村で三百年にわたり続いてきた三井家の当主三井弥左衛門《やざえもん》家の次女であり、近郷一といわれていた大地主の三井家へ、婿養子として迎えられたのが父の梧六であった。

三井は、『古い家』（明治四十二年）という自伝的な小説のなかに描いているように、「何を見ても生きているやうに驚く心」を持ち、「生まれつき弱虫の泣虫」でもあり、「色々厭《いや》な目にあつて、友達にはからかわれる、もう世間から少しづつ迫害されるやうに感じて」いる少年であった。すでに「涙つぽい一生が始まつた」という思いも抱いていた。それでも意地っぱりできかん気なところがあり、松島高等小学校では、群を抜いて優秀な子どもであった。

早くから文学に親しんでいた早熟な少年でもあり、甲府中学へ進んだころには、「両親の溺愛によつてあくまで意地の悪くなつた弟」から毎日のように悪口をいわれて、「もう故郷に居るのが苦しくなつて上京」したいと思うようになる。それでも家族へは、甲府中学の教師の学力にあきたらないから上京したいのだと意地を張り、あくまで弱みを見せることはなかった。

明治三十一年（一八九八）の四月に、願い通りに京華中学の三年に転入することのできた三井は、その年には成績優等の生徒に選ばれており、四年のときには成績優等にくわえて数少ない皆勤者の一人でもあった。とりわけ内海弘蔵の授業に影響を受けたようで、その内容を備忘録として書き残したり、内海が雑誌へ発表していた評論などは、欠かさずに読んだりもしていた。また、正岡子規に私淑して、和歌や俳句に熱を入れるような中学時代を過ごしている。

明治三十三年（一九〇〇）五月の『明星』第二号には、内海が「独詩評釈（二）」としてハイネの訳詩と評釈を連載しており、また、子規が「病牀十日」と題する和歌五首と俳句五句を寄せている。そして、その十七面の片すみには、つぎのような二首の歌が載っている。

叔父ぎみの病を訪ひて山ざとに朝とく谷の蘭《らん》を摘むかな
上野山おぼろ月夜を清水の御堂にあまる花かげ松かげ

作者は「京華中学校五年級　三井重彌《しげや》」とある。このとき三井も「五年級」であり、同期のなかにも、さらにその一、二年ほどあとにも先にも、三井姓の生徒が見あたらないことからすると、おそらく三井が「重彌」という仮名で投稿した歌であろう。あるいは内海の推薦により掲載されたのかもしれない。いずれにせよ、詩歌の世界に新風をもたらしたこの雑誌が創刊されたばかりのころに、しかも敬愛する子規の作品が一面を飾る同じ号に、ほんの片すみとはいえ、初めて自らの和歌が掲載されたことに、三井は無上の喜びを感じたことであろう。

この掲載で大いに自信を得たであろう三井は、同年の八月には、『京華校友会雑誌』第六号（明治三十三年）に「若松集」と題する二十九首の和歌を投稿している。のちに歌人となる三井の歌が、これだけまとめて発表されたのは、これが初めてのことであろう。『三井甲之歌集』（昭和三十三年）にも未収録であり、公に知られている歌ではないが、いずれも草木や花などの自然の景物を題材とした、子規の提唱する写生をむねとするような万葉調の歌であり、注目す

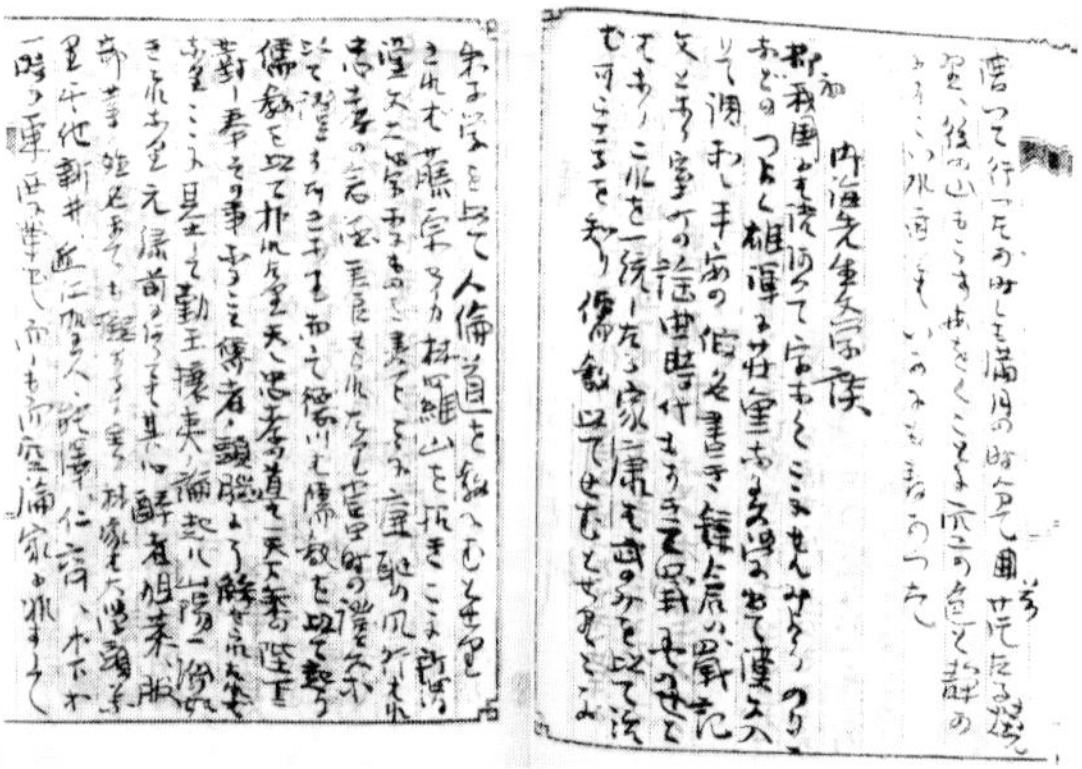

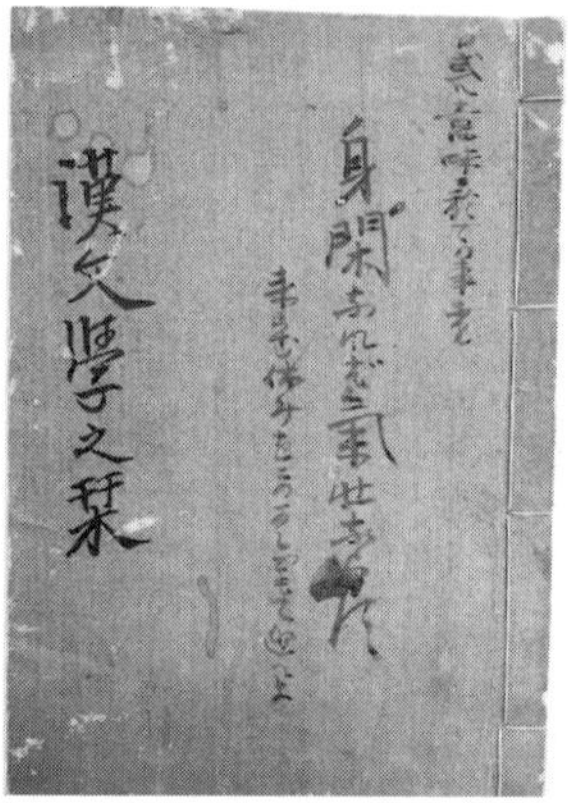

上：京華中学時代、三井が書いた自筆ノートのなかの一節「内海先生文学談」（部分）。
下：自筆ノートの表紙。［山梨県立文学館蔵］

べき習作であろう。

敬愛する子規の影響は、たとえば「瓶にさす牡丹《ぼたん》の花を濃く薄くくまどりてらす燈火の影」という歌にもうかがうことができる。燈火のもとで、牡丹の花びらの織りなす微妙な陰影を写しとったこの歌の背景には、いうまでもなく、「瓶にさす藤の花ぶさみじかければたゝみの上にとゞかざりけり」という子規の歌に示された、藤の花ぶさの先端と畳とのわずかなすき間を捉えている細心なまなざしへの共感が認められよう。

この「若松集」のほかにも、中学時代の三井のようすを示すものとして、備忘録と日記をかねたような自筆ノートが、山梨県立文学館に残されている。百四十頁ほどの和とじのノートであり、その表紙には、「或ル意味ニ於ての事なり／身閑なれば気壮ならず／来らむ休みをこのかくごもて迎へよ／漢文学之栞《しおり》」とあり、裏表紙には、「甲斐之国　煩悩生」とある。本文のなかに記されている日付からすると、中学四年の春休みをまえにして、煩悩多き身であるがゆえに、この休みは覚悟を持って過ごそうと、自らをいましめようとした文言のようである。

また、表紙に「漢文学之栞」とあるように、冒頭には『論語』の一節を掲げて、それに対する評言が記されている。そのあとは和歌や俳句、紀行文などが多くをしめており、その内容は、漢文学に限られたものではない。「内海先生文学史読」という一節もあり、授業で使われていた内海の著書『中等教科日本文学史』についての感想が記されており、また、「内海先生文学談」として、文学史の授業の聞書と思われる文章もつづられている。三井が中学時代に創作した作品や、思索を重ねるようすなどをつぶさに伝えている貴重なノートといえよう。

煩悶の一高時代

明治三十四年（一九〇一）に、京華中学を卒業して第一高等学校へ入学した三井は、一高俳句会や高浜虚子の句会に連なり、句作に没頭するような日日を過ごしていた。だが、大地主の家に生まれ育ったせいでもあろうか、一高の寮生活になじむことができなかったようで、しだいに神経衰弱に悩まされて煩悶《はんもん》を抱えるようになる。

ちょうどそのころ、同じ一高生の藤村操《ふじむらみさお》が、「万有の真相は唯だ一言にして悉《つく》す、曰《いわ》く、不可解。我この恨を懐いて煩悶、終に死を決するに至る」という「巌頭之感」を遺して、日光の華厳滝へ身を投じるという事件がおきている。そのあとを追って自ら命を絶つような青年も少なからず現れるようなり、煩悶青年の自殺が社会問題となっていた。

ことによると、藤村と同じような道をたどることになったかもしれない三井であるが、かろうじてその煩悶から救われたのは、近角常観《ちかずみじょうかん》という真宗大谷派の僧侶の教えを受けたからである。近角は、明治三十五年（一九〇二）に、東京本郷に求道《きゅうどう》学舎という修道場を開いて、親《しん》鸞《らん》の教えをもとに、人生に悩んで煩悶を抱えている者も、他力により救われるという教えを説いていた。求道学舎の講堂は、宗派や仏教という枠をこえて、近角の講話を聴きに集まる多くの青年や知識人らであふれかえるほどであった。

常観の弟で四高へ進んだ常音《じょうおん》は京華中学の同級であり、親しい仲であった。常音から求道学舎の話を聞いた三井は、常観のもとを訪れてその教えを受けるようになる。そして、親鸞の信仰と子規の文学との間に調和を見い出して、信仰に生きることと和歌を詠むことがつながり始めたことにより、煩悶の先にぼんやりと光明が見えてきたのだった。

根岸短歌会と三井

明治三十七年（一九〇四）に東京帝国大学文科大学国文学科へ入学した三井は、子規の亡きあとに、伊藤左千夫や長塚節《ながつかたかし》らにより引き継がれた根岸短歌会へ入会する。同じ年の四月には、その機関誌である『馬酔木《あしび》』第十号へ初めて歌を投稿して、伊藤の選により旋頭歌と和歌一首が掲載されており、次号にも同じく伊藤の選により二首の和歌が掲載されている。

伊藤に初めて会ったのは、その年の九月のことである。子規の三年忌歌会へ参加するために、根岸の子規庵を訪れたときであり、このときの歌会の題は「秋海棠」であった。三井の詠んだ六首は、十一月の『馬酔木』第十四号に掲載されることになり、こうしてすでに同人の間でも、その歌才が認められるようになったのである。

雑誌に掲載される歌もしだいに増えてゆき、翌年には『馬酔木』に百二十七首、近角常観の発行する『求道』にも百首の歌が掲載されており、歌人として頭角を現すようになる。明治四十年（一九〇七）に、東京帝国大学へ「万葉集につきて」と題する卒業論文を提出して卒業した三井は、その年の十一月には、初めての著書となる『消《け》なは消《け》ぬかに　詩集』（明治四十年）を出版してもいる。

伊藤は、早くから三井の才能を高く評価しており、三井も伊藤を師友として郷里へ招いたり、求道学舎へ誘ったりしながら親交を深めてゆく。明治四十一年（一九〇八）の一月に、財政のゆきづまった『馬酔木』が終刊するにあたり、伊藤は終刊号の「終刊之消息」のなかで、本誌は引き続き『アカネ』と名を改めて続刊されることになり、編集は「脳力と経済との上に全責任を負ふ」三井に一任すると記している。三井は二十四歳にして、根岸短歌会の機関誌の編集を担うことになったのである。その才能もさることながら、生家が大地主である三井の経済力も、雑誌を存続させるためには、欠かすことができなかったようである。

さらに、同じ年の九月からは、三宅雄二郎《みやけゆうじろう》（雪嶺《せつれい》）の主宰する『日本及日本人』の和歌欄の選者を務めることになり、いよいよ歌人として、三井の名が広く知られるようになる。この雑誌での選者は、昭和六年（一九三一）まで続いてゆく。

だが、伊藤との蜜月はそう長くは続かなかった。三井の編集する『アカネ』は、和歌のみならず、長詩や小説、また外国文学の翻訳などを載せる総合文芸誌としての色合いがつよくなり、その内容も西欧文学にかたむきがちであった。さらに文芸評論の欄では、三井自身が毎号多くの紙幅をさいており、同人の作品へも遠慮なく批判をくわえていた。原稿の採択もきびしさを増していた。いきおい同人の間から不満がもれるようになり、伊藤も、編集を一任したとはいえ、これまでの根岸短歌会のあり方から外れるような三井の振る舞いには、少なからず疑問を抱くようになり、その信頼がゆらぎ始めることになる。

日露戦争に勝利してからこの国の世情は浮ついており、それは文壇にもおよんでいると憂いていた三井は、名と利を得ようとしていっときの成功を求めるような文学者には、徹底して批判をくわえていた。それは、師友である伊藤といえども例外ではなかった。『ホトトギス』（明治四十一年四月号）へ発表したその小説「春の潮」を、新しい小説を目ざすにはまだ相当の修養がいると、痛烈に批判したことから二人の対立が深まり、ついにたもとを分かつことになる。

ふたりが反目していくようすをつぶさに見ていた長塚節は、互いのいい分を聞いて間を取り持つようなこともしているのだが、ともにゆずらない性格であり、人の話を聞くようなたちでもないことから、いかんともしがたいと、島木赤彦《しまきあかひこ》らに宛てた手紙のなかで述べている。

ついに伊藤は『アカネ』を離れてゆき、明治四十一年（一九〇八）十月には、新たに『阿羅《あら》々木《らぎ》』（のちに『アララギ』）を創刊することになる。こうして二つに分かれた根岸短歌会の機関誌であるが、どちらが正統であるのか、三井は伊藤や斎藤茂吉《さいとうもきち》らを相手にして論争をくり広げたりもしており、やがて孤立を深めてゆく。翌年の七月には、『アカネ』は休刊に追い込まれて、その発行所を郷里の松島村へ移すとともに自らも帰郷して、『日本及日本人』の和歌欄の

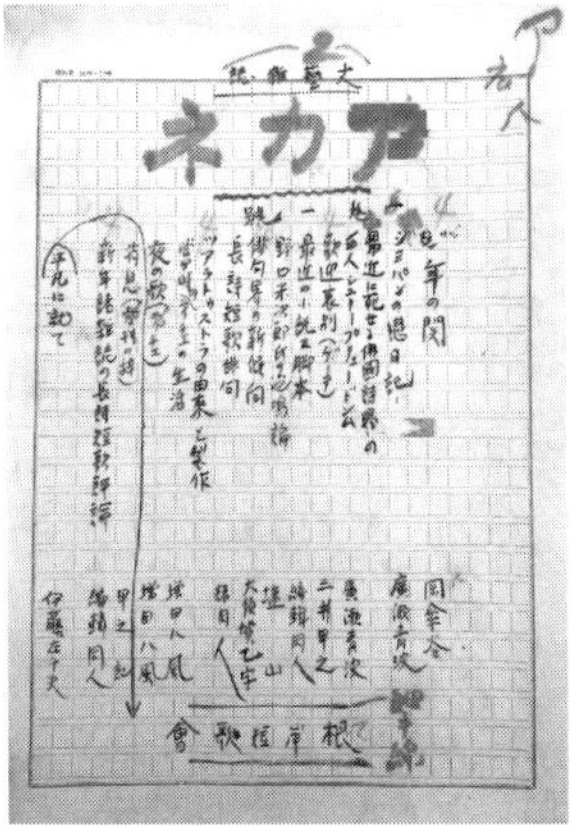

『アカネ』創刊号（明治41年2月刊）の表紙。三井の自筆原稿。三井は創刊号にゲーテの訳詩、短歌、長歌、消息（発刊の辞）のほか、近角常音と増田八風との連名で文芸批評を執筆している。［山梨県立文学館蔵］

選者としての仕事に専念しながら、しばらくは歌や評論などを執筆するような日日を送ることになる。

母校の教師として

『アカネ』が創刊されたころに、三井の母校の京華中学では、校歌を作ろうという話が持ち上がっていた。すでに歌壇で名の知られていた三井は、恩師である磯江校長の依頼を受けて、校歌制定委員を務めることになる。校歌の歌詞は、生徒から募集するという決まりであったが、このとき三井は、卒業生の一人として参考作を寄せている。

三井の歌詞は、ほかの制定委員たちがいちように賞賛するようなできばえであったが、生徒の作った歌詞を採用するというのが決まりであり、やむなく選考から外されることになった。ただ、のちに『京華校友会雑誌』(第二十三号)に掲載されて、歌人三井としてはまれな校歌(案)という作品がいまに伝わることになる。

伊藤との確執にくわえて、『アカネ』と『阿羅々木』の対立騒ぎがあり、しばらく郷里で過ごしていた三井であるが、結婚した翌年に再び上京する。そして、日本済美学校へ移るために退職した小原要逸の後任として、明治四十四年(一九一一)の四月には、二十七歳で京華中学の教師となる。

母校では、小原のあとを受けて雑誌部長として校友会雑誌の編集にたずさわり、二年目からは四年と五年の担任を二年ずつ務めている。授業では、どんな教材でも一通り解釈を終えると、その作者や作品に対して必ず批評をくわえる三井であった。そのころの教科書には、決まったように徳冨蘆花の『自然と人生』のなかから文章が採られていたが、これについては、まったくつまらん本と、一言そういって切り捨てた。大正六年（一九一七）に卒業して、のちに東京帝大を出てから海軍へ入った奥明《おくあきら》は、三井にそういわれるとかえってその「つまらん本」を読んでみたくなり、それからは、蘆花の作品のほとんどを読むようになった。

三井が子規の信奉者であり、その文芸精神を受け継ぐような歌人であることは、生徒の間でも知られていたが、その敬愛する子規について、あるときめずらしく、子規先生の食いしん坊の句はだめですと、批判めいたことを口にした。この一言により子規の俳句に興味がわいて、同じくその作品を読むようになった奥明が、のちに初めての月給をはたいて買ったのは、ほかでもない子規全集であった。

ちょうどそのころ三井は、『日本及日本人』にゲーテの「ファウスト」の翻訳を連載していたが、ゲーテを本物の文学者として崇拝しており、一方で、そのころ流行し始めていた夏目漱石については、『アカネ』の文芸評論の欄でも、すでに徹底して批判していた。授業でも、『吾輩は猫である』などは、ロシアに勝ったという世の中の浮ついた気分に乗じて評判になったけれども、なか身は風船玉みたいに空っぽで、外側を近代化、文明化でおおって見せただけのくだらん小説であると批判していた。だが、そういわれると、そんな「くだらん小説」を読んでみたくなるのが生徒たちである。こうして三井の辛口の批評は、ときとして思わぬ読書のすすめとなったのである。

歯に衣《きぬ》きせぬものいいをする三井には、崇拝者と呼ばれるような生徒が少なからずおり、そうした生徒たちは、三井の自宅を訪れて、夜遅くまで議論するようなこともあった。生物学者として神戸大学教授となる楠正貫《くすのきまさつら》（大正四年卒）は、「国語の三井（甲之）先生も風格のある先生だったが、その女のように優しい白い顔と共に崇拝者の友人がお宅を訪問した時のエピソードなどが昨日のことのように不思議に頭に残っている」（『京華学園六十年記念誌』）と回想している。

精密工学の研究者として東京工業大学教授となる佐々木重雄《ささきしげお》（大正五年卒）も、とりわけ記憶に残る教師として三井の名を挙げており、「三井先生は、後に『日本及日本人』に立籠って国粋主義を提唱しておられましたが、やんちゃなお坊ちゃんを思わせる、また神経質なところのある方でした」（同書）と述べている。三井は、京華中学の顧問でもあった三宅雄二郎（雪嶺）の主宰する『日本及日本人』で和歌の選者を務めながら、自らも国粋主義の立場から評論などを相ついで発表していたが、授業でも自らの信条をもとにして、その思想的な立場を大いに語っていたのである。佐々木はまた、印象に残っている作文の授業について、先生は「史的展開の原理」というような難しい話をされ、それを直ぐ作文させるということを試みられました。最上のものでも七十五点位しか取れませんでしたが、この遣方《やりかた》は人の話を聞いてその要点をつかむという大切なことのためにはよい修業になったと思います。

と述べてもいる（同書）。

佐々木と同期で二高から東京帝大へ進み、公衆衛生の研究者として東京薬科大学の教授を務めた三雲隆三郎《みくもりゅうざぶろう》も、三井は「国粋主義を溢《あふ》らせつつ国語を通じて国体の真髄の把握と讃美を徹底的に強調された熱血漢たる国語の先生」（同書）であったと述べている。三井の発言は、文学観にしても国体論にしても、周りとの間に少なからず摩擦を生むようなこともあり、その摩擦から生じる熱血が、そばにいる生徒たちにもじかに伝わっていたのである。

こうして母校の教壇に立ちながら、後輩たちの教育に情熱をかたむけていた「熱血漢」たる三井であるが、教師としての仕事のほかにも雑誌『アカネ』を復刊して、さらにそれを改題した『人生と表現』という雑誌の編集にも追われていた。つねに思索を続けながら原稿を執筆して、それにくわえて雑誌を編集するような日日は多忙をきわめるものであり、しだいに心労を募らせてゆく。そして、大正四年（一九一五）の八月には、四年半ほど教師を務めてきた母校を去り、妻とふたりの子どもを連れて再び郷里へ帰ることになる。

親鸞から原理日本へ

郷里で落ち着いた生活を取りもどした三井は、再び思索と執筆に専念することになるが、国粋主義に基づいたその思想は、さらに先鋭の度合いをつよめてゆく。

子規の提唱した写生とは、目のまえのものをありのままに受けとめて、自然との関わりの体験を詠むことであり、親鸞の教えもまた、阿弥陀仏《あみだぶつ》という他力を受け入れて、その導きのなかで生きてゆくことである。かつて求道学舎で近角常観の教えを受けたときに、三井はこの二つの間に調和を見い出した。ただし、実感のともなわない阿弥陀仏については、さして重要とは考えておらず、むしろ経験し得る超越した力に身を委ねて、人生と表現を一致させることのほうが重要だと考えていた。

そこで阿弥陀仏の代わりとして見い出したのが、ほかならぬ祖国日本である。さまよえるこの世のなかを一つにまとめ上げて、国民の宗教原理となるのが祖国日本であり、日本そのものが、現実として礼拝の対象となり得ると考えた三井は、原理日本へ没入することで国民の一体化を進めようとした。すなわち、天皇の大御心に包まれた世のなかこそがそのままで完成した世界であり、濁りなき透明な共同体であるという思想を持つようになったのである。

にもかかわらず、万民に平等な社会は実現しておらず、不幸にあえいでいる国民がいる。それは天皇と国民との間に入り込んで、この二つを分断する者がいるからであり、これは徹底して排除せねばならない。そう考えた三井は、大正十四年（一九二五）に、慶應義塾大学予科教授の蓑田胸喜《みのだむねき》らと原理日本社を結成して、のちに蓑田を編集人として機関誌『原理日本』を創刊する。この雑誌をよりどころとして、理性や知性により社会を変革して、透明な共同体に濁りをもたらすのは不敬きわまりない行為であるとして、そうした言論には徹底して攻撃をくわえたのである。とりわけ帝国大学教授を始めとする知識人には、はげしい言論弾圧をくり広げたのだった。

さらに、祖国日本や原理日本へ没入することは、古代より天皇が個としての心象を表すための手段としてきた「ことのは（うた）」に身を委ねることであり、とりわけ歌人として尊崇してやまない明治天皇の御詠こそが、まぎれもなく祖国日本の精神そのものであり、その御詠を拝誦《はいしょう》することが、親鸞のいう他力に導かれることにほかならないと説いている。

天皇という超越者のもとではすべての国民が平等であり、その大御心を表した和歌を正典として拝誦することで、国民の心が一つになる。自然のなかへ溶け込むようにして、喜びも悲しみも分かち合うことができるのであり、日本人としておこなうべき正しい道がここにあると考えたのである。これが三井のいう「敷島の道」であった。

昭和二年（一九二七）に、郷里の松島村が隣村と合併したときに、新たな村名として敷島村が選ばれたのは、村議会議員を務めていた三井の意志がつよく働いたからであった。のちに三井は、敷島村の村長にも選ばれている。議員や村長の仕事のかたわらで、詩集『祖国礼拝』（昭和二年）、『明治天皇御集研究』（昭和三年）、『しきしまのみち原論』（昭和九年）、『親鸞研究』（昭和十八年）などを著して、一貫して国粋主義の立場から発言を続けていた三井であるが、戦後は戦争責任を問われてしばらく執筆を制限されてしまう。また、農地改革により土地の大半を失い、かつての大地主である三井も、手もとに残されたわずかな土地でほそぼそと暮らすことになる。

晩年に病に倒れてからは病床で歌を詠み、読書に親しむような日日を過ごしており、再び言論の表舞台に立つことはなかった。だがそれでも、永訣《えいけつ》の書として著したのは、ほかでもない『今上天皇御製集』（昭和二十七年）であり、そうして自らの信念とした「敷島の道」を歩みながら、天皇の大御心に包まれるようにして六十九年の生涯を閉じたのは、昭和二十八年（一九五三）の四月三日のことであった。

三井の功罪

東京九段の靖国神社に「遊就館」という歴史博物館があり、そのなかには古今の武人の心を詠んだ四首の歌が大書して掲げてある。

海ゆかばみづくかばね山ゆかば草むすかばね大君の辺にこそ死なめかへりみはせじ　大伴家持

君がため世のため何か惜しからむすててかひある命なりせば　宗良《むねよし》親王

敷島のやまと心を人問はば朝日に匂ふ山ざくら花　本居宣長

それぞれに古代と中世と近世を代表する歌であり、さらに近現代を代表する歌として掲げてあるのが、三井のつぎのような歌である。

ますらをの悲しきいのちつみかさねつみかさねまもる大和島根を　三井甲之

皇土日本を守るために、われらますらをは悲しき命を積み重ねねばならぬ、という皇国観をもとにして詠んだ歌であり、昭和三十三年（一九五八）の四月に、尊皇の儒学者山県大弐《やまがただいに》をまつる山県神社（山梨県甲斐市）の境内に三井の歌碑が建てられたときに、そこへ刻まれたのもこの歌であった。祖国日本を礼拝して、その功徳を讃えようとする三井の精神は、こうしたか

山県神社（山梨県甲斐市）の境内に建つ三井の歌碑（昭和33年）。三井の筆跡で「ますらをの」の歌が刻まれている。［著者撮影］

たちでいまに引き継がれているのである。

明治維新から太平洋戦争までがおよそ七十五年であり、さらに戦後も七十五年余りが過ぎている。大戦をおり返しとする前後七十五年には、似たような歴史の足取りが認められるという見方があり、そうした議論のなかに、近年、三井の名が登場するようになった。思想史の側では、戦前の国家と宗教の関わりを論ずるにあたり、親鸞の思想がなぜ国粋主義とむすびついていったのか、三井の思想のありようを含めて、看過できない問題として浮上してきているのである。

そこに思想家三井の罪過があるとすれば、一方で、京華中学時代から正岡子規を敬愛して、ひところは根岸短歌会の中心にあり、子規の文芸精神を受け継いでいこうとした歌人としての三井、くわえて教育者としての三井には、功績という側面が認められるであろう。だがそこは、いまだ十分に解明されているとはいいがたい。これからさらに、功罪二つの面からの検証がくわえられてゆくことで、三井甲之の新たな全容が見えてくることであろう。

主要参考・引用文献

●冢田淳五郎

冢田淳五郎『點註史記列傳』全八巻、金刺芳流堂、一八九四年〜一八九七年
根本通明『周易象義辯正』全三巻、根本通明、一九〇一年
赤沼金三郎『天心遺稿』赤沼哲、一九〇二年
高瀬代次郎『冢田大峰』光風館書店、一九一九年
西尾豊作『子爵田中不二麿傳』咬菜塾、一九三四年
水谷盛光『実説名古屋城青松葉騒動』名古屋城振興協会、一九七二年
徳川義親『自伝最後の殿様』講談社、一九七三年
東京都台東区教育委員会編『台東区教育史資料』第一巻、東京都台東区教育委員会、一九七八年
名古屋市編『名古屋市史』第七巻（人物編二）、愛知県郷土資料刊行会、一九八〇年
水沢利忠『新釈漢文大系・史記九（列伝二）』明治書院、一九九三年
神辺靖光『日本における中学校形成史の研究〈明治初期編〉』多賀出版、一九九三年
一高自治寮立寮百年委員会編『第一高等学校自治寮六十年史』一高同窓会、一九九四年
戸川芳郎編『三島中洲の学芸とその生涯』雄山閣出版、一九九九年
村山吉廣『漢学者はいかに生きたか〈日本近代と漢学〉』大修館書店、一九九九年

宮坂広作『旧制高校史の研究―一高自治の成立と展開―』信山社、二〇〇一年
土木学会土木図書館委員会編『古市公威とその時代』土木学会、二〇〇四年
高橋和巳「漱石における政治」（筑摩書房編集部編『明治への視点』）、筑摩書房、二〇一三年
夏目漱石『漱石全集』第五巻・第六巻・第一六巻、岩波書店、二〇一七年～二〇一九年

●細田謙蔵

細田謙蔵『文章軌範詳説』全三巻、静観書院、一八九二年
呉汝綸『東遊叢録』三省堂、一九〇二年
細田謙蔵編『剣堂先生古稀寿言』同労舎活版所、一九三〇年
泰東書道院編『書道』第一巻第五号、雄山閣、一九三二年
細田謙蔵『書道原義』東洋図書、一九三七年
中山博道・中山善道『日本剣道と西洋剣技』審美書院、一九三七年
國分三亥編『二松學舍六十年史要』二松學舍、一九三七年
布村安弘編『富中回顧録』富山県立富山中学校同窓会、一九五〇年
山根栄次編『富中回顧録』第二集、富山県立富山高等学校同窓会、一九五九年
田坂文穂『明治時代の国語科教育』東洋館出版社、一九六九年
富山県教育史編さん委員会編『富山県教育史』上巻、富山県教育委員会、一九七一年
羽合町史編さん委員会編『羽合町史』後編、羽合町教育委員会、一九七六年
芥川龍之介『芥川龍之介全集』第五巻、岩波書店、一九七七年

富山高等学校編『富中富高百年史』富山高等学校創校百周年記念事業後援会、一九八五年
堂本昭彦編『中山博道剣道口述集〈善道聞書〉』スキージャーナル、一九八八年
正墻適處顕彰展実行委員会編『正墻適處とその系譜』正墻適處顕彰展実行委員会、一九八八年
堂本昭彦『中山博道有信館』島津書房、一九九三年
中国国家博物館編『鄭孝胥日記』中華書局、一九九三年
幕末維新期漢学塾研究会・生野寛信編『幕末維新期漢学塾の研究』渓水社、二〇〇三年
堀江節子『総曲輪物語―繁華街の記憶』桂書房、二〇〇六年
久保田文治監訳『中国近代化の開拓者・盛宣懐と日本人』中央公論事業出版、二〇〇八年
愛新覚羅・溥儀（李淑賢提供、王慶祥整理注釈）『溥儀日記〈全本〉』上・下、天津人民出版社、二〇〇九年
劉建輝編著『「満洲」という遺産―その経験と教訓―』ミネルヴァ書房、二〇二二年

●木内柔克

片淵琢編、木内天民書『西郷南洲遺訓』研学会、一八九六年
木内柔克『中等教育作文資料』東華堂書店、一九〇五年
静岡県駿東郡役所編『静岡県駿東郡誌』静岡県駿東郡役所、一九一七年
山田三良編『法華』第一〇巻第七号、法華会、一九二三年
磯ヶ谷紫江『墓碑史蹟研究』第七巻、後苑荘、一九三〇年
木内天民『天民遺稿』木内先生遺稿出版会、一九三一年

阿部次郎『秋窓記』岩波書店、一九三七年
國分三亥編『二松學舍六十年史要』二松學舍、一九三七年
山田済斎編『西郷南洲遺訓』岩波書店、一九三九年
内野熊一郎『新釈漢文大系・孟子』明治書院、一九六二年
黒龍会編『東亜先覚志士記伝』下巻、原書房、一九六六年
永井荷風『断腸亭日乗』六、岩波書店、一九八一年
戸田浩暁『日蓮宗の戒名の理論と実際』山喜房仏書林、一九八一年
学海日録研究会編『学海日録』第一〇巻・第一一巻、岩波書店、一九九一年
妙法華院広報出版委員会編『妙法華院の百年』妙法華院、一九九四年
岡野康幸「並木栗水『義利合一論辨解』解題並び翻刻」(『日本漢文学研究』第三巻)、二松学舎大学、二〇〇八年
吉田公平「並木栗水の案内」(『東洋学研究』第五五号)、東洋大学東洋学研究所、二〇一八年
小此木敏明「木内柔克の事蹟とその交流」(『立正大学史紀要』第四号)、立正大学史料編纂室、二〇一九年

●平田盛胤

園田三郎編『高等国文』第一～第一二、国語伝習所、一八九五年～一八九九年
平田盛胤『古文抄』国語伝習所、一九〇〇年
平田盛胤『明治三十三年度～三十四年度祭詞集』平田盛胤、一九〇〇年～一九〇一年

平田盛胤『国文講義十六夜日記』朝野書店、一九一五年
渋沢栄一『徳川慶喜公傳』巻四、龍門社、一九一八年
不破義信編『錦江遺稿』不破義信、一九四〇年
佐佐木信綱『明治大正昭和の人々』新樹社、一九六一年
柳田国男『定本柳田国男集』別巻第三、筑摩書房、一九六四年
神道文化会編『明治維新神道百年史』第五巻、神道文化会、一九六六年
大成学園編『大成七十年史』大成学園、一九六七年
各務原市教育委員会編『各務原市史』通史編、各務原市、一九八七年
神田明神史考刊行会編『神田明神史考』神田明神史考刊行会、一九九二年
宮崎じゅん編『笠松町の漢詩漢文碑』笠松町文化協会、一九九三年
小金井喜美子『鷗外の思い出』岩波書店、一九九九年
宮元健次『江戸の陰陽師―天海のランドスケープデザイン』人文書院、二〇〇一年
国立歴史民俗博物館編『平田篤胤関係資料目録』国立歴史民俗博物館、二〇〇七年
小松和彦『神になった日本人』日本放送出版協会、二〇〇八年
杉山巌監修『実録　聯合艦隊司令長官　山本五十六元帥』日本コロムビア、二〇一一年

●山根勇蔵

山根勇蔵編『女鑑』第三一号、国光社、一八九三年
東陽堂編『風俗画報』第三五八号、東陽堂、一九〇七年

文部省『尋常小学校読本』巻七、日本書籍、一九一〇年
婦女通信社編『大日本婦人録』婦女通信社、一九〇八年
大町桂月『閑日月』今古堂、一九〇八年
大町桂月『桂月書翰』竜江堂、一九〇九年
普通教育研究会編『尋常小学国語教授細案』巻七、松邑三松堂、一九一〇年
大町桂月『桂月全集』第一巻、興文社内桂月全集刊行会、一九二二年
田中貢太郎『文豪大町桂月』青山書院、一九二六年
山根勇蔵『台湾民族性百談』杉田書店、一九三〇年
芳賀檀編『芳賀矢一文集』富山房、一九三七年
石川啄木『石川啄木全集』第三巻、筑摩書房、一九七八年
相模女子大学八十年史編集委員会編『相模女子大学八十年史』相模女子大学、一九八〇年
蔡茂豊『台湾における日本語教育の史的研究』東呉大学日本文化研究所、一九八九年
中嶌邦監修『『女鑑』解説・総目次・索引』大空社、一九九四年
松保郷土誌編集委員会編『松保郷土誌』松保郷土誌刊行委員会、一九九五年
中島利郎・林原文子編『『台湾警察協会雑誌』『台湾警察時報』総目録』緑蔭書房、一九九八年
鈴木英雄『勧工場の研究・明治文化とのかかわり』創英社、二〇〇一年
バーバラ寺岡『幕末の桑名―近代ニッポンの基礎を築いた桑名のサムライたち』桑名市教育委員会、二〇〇六年
福田秀一『文人学者の留学日記』武蔵野書院、二〇〇七年

●西脇玉峰

西脇玉峰『諸葛孔明言行録』内外出版協会、一九〇八年
西脇玉峰編『萬潮』第一号、豊文館、一九一一年
西脇玉峰『伊能忠敬言行録』内外出版協会、一九一三年
西脇玉峰『中等漢文法』文芸社、一九一五年
西脇玉峰『漢文学び方の研究』日進堂書店、一九一九年
西脇玉峰『六一集』西脇玉峰、一九三二年
大東文化学院報国団雑誌班編『東文』第一号、大東文化学院報国団雑誌班、一九四一年
国井紫香『駄々ッ子人生』妙義出版、一九五六年
岡本文弥『文弥芸談』同成社、一九六三年
高村豊周『自画像』中央公論美術出版、一九六八年
斎藤正一・佐藤誠朗『大山町史』大山町史刊行委員会、一九六九年
石川淳『森鷗外』岩波書店、一九七八年
京北学園九十年史編纂委員会編『京北学園九十年史』京北学園、一九八八年
高村美佐編『高村豊周文集』一〜五、高村豊周文集刊行会、一九九二年〜一九九四年
高村光太郎『高村光太郎全集』第一九巻、筑摩書房、一九九六年
森まゆみ『長生きも芸のうち　岡本文弥百歳』筑摩書房、一九九八年
橋本暢夫『中等学校国語科教材史研究』渓水社、二〇〇二年

箱崎緑「近代日本における諸葛亮の評伝をめぐって」(『三国志研究』第九号)、三国志学会、二〇一四年
竹内洋『教養派知識人の運命　阿部次郎とその時代』筑摩書房、二〇一八年
大東文化歴史資料館編『エクス・オリエンテ　大東文化歴史資料館ニューズレター』第三一号・第三二号、大東文化歴史資料館、二〇二二年

●横地清次郎

大日本図案協会編『圖按』第一号~第二四号、百萬堂・国光社、一九〇一年~一九〇四年
横地清次郎「教員許可願」早稲田大学史資料センター蔵、一九〇二年
横地清次郎『国文法教科書』巻一~三、明治書院、一九〇三年
横地清次郎「日本画とは何ぞ(一)(二)」(『美術新報』第五巻第一一号~第一二号)、東西美術社、一九〇六年
横地清次郎「三の喜び(一)~(三)」(『美術新報』第六巻第一六号~第一八号)、東西美術社、一九〇七年
横地清次郎編『桐陰先生荒木寛快先生荒木寛一先生小伝』荒木寛畝、一九〇九年
横地一畝『八十翁荒木寛畝先生略伝』横地一畝、一九一〇年
小堀鞆音・横地杳郷「乃木大将と高綱像の対幅」(『書画骨董雑誌』第四八号)、書画骨董雑誌社、一九一二年
学習院輔仁会編『乃木院長記念写真帖』審美書院、一九一三年

学習院輔仁会編『乃木院長記念録』三光堂、一九一四年
学習院編『開校五十年記念　学習院史』学習院、一九二八年
佐々木織之助・山本勝蔵編『沙々貴神社と乃木将軍』沙々貴神社々務所、一九二九年
森口多里『美術八十年史』美術出版社、一九五四年
日本経済新聞社編『私の履歴書』第三五集、日本経済新聞社、一九六九年
戸川幸夫『人間乃木希典』光人社、一九七七年
日展史編纂委員会編『日展史1　文展編』社団法人日展、一九八〇年
山口静一『フェノロサ―日本文化の宣揚に捧げた一生―』三省堂、一九八二年
日本洋画商協同組合編『日本洋画商史』美術出版社、一九八五年
近藤啓太郎『日本画誕生』岩波書店、二〇〇三年
五十殿利治『観衆の成立―美術展・美術雑誌・美術史』東京大学出版会、二〇〇八年
小堀桂一郎『小堀鞆音―歴史画は故実に拠るべし―』ミネルヴァ書房、二〇一四年

●内海弘蔵

権田直助『国文句読法』近藤活版所、一八九五年
ジョン・C・ネスフィールド（内海弘蔵訳）『邦文涅氏英文典』成美堂、一八九九年
内海弘蔵『中等教科日本文学史』明治書院、一九〇〇年
新保寅次・内海弘蔵・横地清次郎編『国語読本』金港堂書籍、一九〇〇年
三樹胖編『国文学』第三七号・第三九号、国文学雑誌社、一九〇二年

内海弘蔵『徒然草評釈』明治書院、一九一一年
内海弘蔵『平家物語評釈』明治書院、一九一五年
内海弘蔵『方丈記評釈』明治書院、一九一六年
国民新聞社運動部編『日本野球史』厚生閣書店、一九二九年
佐藤春夫『晶子曼陀羅』大日本雄弁会講談社、一九五四年
「明星」複製刊行会編『明星』臨川書店、一九六四年
昭和女子大学近代文学研究室編『近代文学研究叢書』第四〇巻、昭和女子大学近代文化研究所、一九七四年
駿台倶楽部・明治大学野球部史編集委員会編『明治大学野球部史』第一巻・第二巻、駿台倶楽部、一九七四年～一九八六年
臼田甚五郎博士還暦記念論文集編集委員会編『日本文学の伝統と歴史』桜楓社、一九七五年
堀辰雄『堀辰雄全集』第一巻・第八巻・別巻一、筑摩書房、一九七七年～一九七九年
中島昭『堀辰雄覚書―『風立ちぬ』まで―』近代文芸社、一九八四年
夏目漱石『漱石全集』第二二巻～第二四巻、岩波書店、一九九六年～一九九七年
逸見久美他編『鉄幹晶子全集』第三巻、勉誠出版、二〇〇二年
駿台倶楽部編『明治大学野球部創部一〇〇年史』駿台倶楽部、二〇一〇年
髙野修『小笠原東陽と耕餘塾に学んだ人々』藤沢市文書館、二〇一三年
孔寧「出発期の堀辰雄と内海弘蔵―その多彩な関わり―」(『日本言語文化研究』第五号)、城西国際大学大学院、二〇一六年

孔寧「堀辰雄と内海弘蔵―「杖のさき」をめぐって―」(『日本言語文化研究』第六号)、城西国際大学大学院、二〇一七年
孔寧「夏目漱石と内海弘蔵―明治四〇年前後を中心に―」(『日本研究センター紀要』第八号)、城西国際大学大学院、二〇一七年

●杉敏介

杉敏介『中等教科日本文典』文学社、一八九八年
杉敏介『国語講義』青山堂書舗、一九〇一年
小池常宗編『校友会雑誌』第一七九号・第一八〇号、第一高等学校校友会、一九〇八年
大町桂月『冷汗記』富山房、一九一六年
大町桂月『桂月書翰・袖珍』聚栄堂大川屋書店、一九一九年
杉敏介「芳賀さんの思出」(『国語と国文学』第一四巻第四号)、明治書院、一九三七年
第一高等学校編『第一高等学校六十年史』第一高等学校、一九三九年
一高弥生会編『先輩佐々木保蔵氏追悼号』一高弥生会、一九四一年
杉敏介『南山歌集』杉先生喜寿記念歌集出版会、一九四九年
和辻哲郎「杉先生の思ひ出」(『心』第三巻第八号)、平凡社、一九五〇年
杉敏介「伊勢に関する思出(上)(下)」(『瑞垣』第三一号・第三二号)、神宮司庁、一九五七年
坂本泰幸編『嗚呼玉杯―旧制高等学校物語Ⅰ』財界評論社、一九六五年
ほとゝぎす発行所編『ホトトギス』復刻版、日本近代文学館、一九七二年〜一九七三年

守随憲治編著『真の教育者杉敏介先生』新樹社、一九七三年
周東町史編纂委員会編『周東町史』周東町、一九七九年
谷崎潤一郎『谷崎潤一郎全集』第二三巻、中央公論社、一九八三年
菊地寛『半自叙伝』講談社、一九八七年
夏目漱石『吾輩は猫である』岩波書店、一九九〇年
久曾神昇『古今和歌集への道　国文学研究七十七年』思文閣出版、二〇〇四年
夏目漱石『文学論』上・下、岩波書店、二〇〇七年

●福島四郎

大和田建樹『蘆船日記』大和田りよう、一九一〇年
大和田建樹『大和田建樹歌集』待宵会、一九一一年
徳富猪一郎『近世日本国民史』第一八巻（元禄時代、中巻、義士篇）、民友社、一九二五年
福島四郎『徳富蘇峰氏の寺坂吉右衛門逃亡説は妄断なり』婦女新聞社、一九三一年
吉田彌平編『中学国文教科書』巻四、光風館書店、一九三四年
光風館編輯所編『中学国文教科書教授備考』巻四、光風館書店、一九三五年
福島四郎『婦人界三十五年』婦女新聞社、一九三五年
藤田敬次篇、福島四郎校訂『小野旧藩誌』小野藩創始三百年記念会、一九三七年
福島四郎『光栄記念　蘭を拝む記』婦女新聞社、一九三九年
下中彌三郎伝刊行会編『下中彌三郎事典』平凡社、一九七一年

福島四郎編『婦女新聞』復刻版、不二出版、一九八二年〜一九八五年
船橋邦子「『婦女新聞』と福島四郎」（『婦人問題懇話会会報』三十八）、婦人問題懇話会、一九八三年
福島四郎『正史忠臣蔵』中央公論社、一九九二年
福島杉夫『晩秋の旅路—終の住処を求めて』北灯社、一九九五年
婦女新聞を読む会編『「婦女新聞」と女性の近代』不二出版、一九九七年
野村三枝子『福島四郎と婦女新聞—明治のフェミニストたち—』牧歌舎、二〇〇六年
中島岳志『下中彌三郎—アジア主義から世界連邦運動へ—』平凡社、二〇一五年

●高嶋米峰

井上円了『修身要鑑』巻の一〜巻の五、普及舎、一九〇二年
高嶋圓『一休和尚伝』文明堂、一九〇四年
高嶋米峰『悪戦』丙午出版社、一九一一年
高嶋米峰『店頭禅』日月社、一九一四年
高嶋米峰『高嶋米峰自叙伝』学風書院、一九五〇年
三宅雪嶺『自分を語る』朝日新聞社、一九五〇年
高嶋米峰『米峰回顧談—続高嶋米峰自叙伝—』学風書院、一九五一年
麻生磯次・板坂元・堤精二校注『日本古典文学大系・西鶴集（上）』岩波書店、一九五七年
大江健三郎『万延元年のフットボール』講談社、一九六七年
椎尾弁匡『椎尾弁匡選集』第一巻〜第一〇巻、椎尾弁匡選集刊行会、一九七一年〜一九七三年

芥川龍之介『芥川龍之介全集』第八巻、岩波書店、一九七八年
東洋大学創立一〇〇年史編纂委員会編『図録東洋大学一〇〇年』東洋大学、一九八七年
東海学園編『東海学園創立百年史』東海学園、一九八八年
黒川紀章『共生の思想─未来を生きぬくライフスタイル─』徳間書店、一九九一年
吉川町史編さん委員会編『吉川町史』第二巻、吉川町、一九九六年
坂口安吾『坂口安吾全集』第一四巻、筑摩書房、一九九九年
高嶋米峰没後五〇年記念顕彰書籍刊行会編『高嶋米峰』ピーマンハウス、二〇〇〇年
菅沼晃「新仏教運動と哲学館─境野黄洋と高嶋米峰を中心に─」(『印度学仏教学研究』第四十九巻第一号)、日本印度学仏教学会、二〇〇〇年
大谷栄一「高嶋米峰と丙午出版社」(『宗教研究』第八三巻第四号)、日本宗教学会、二〇一〇年
坂本慎一『戦前のラジオ放送と松下幸之助』ＰＨＰ研究所、二〇一一年
三浦節夫『井上円了─日本近代の先駆者の生涯と思想─』教育評論社、二〇一六年

●堀重里

大橋又四郎編『文庫』第一巻第三号、少年園、一八九五年
大橋又四郎編『詞藻』第一冊、少年園、一八九六年
富山市役所編『富山市史』富山市役所、一九〇九年
坂元三郎編『能楽』第一三巻第三号、能楽発行所、一九一五年
習学寮史編纂部編『習学寮史』第五高等学校習学寮、一九三八年

布村安弘編『富中回顧録』富山県立富山中学校同窓会、一九五〇年
坂本泰幸編『富士ばら—旧制高等学校物語（静高篇）—』財界評論社、一九六五年
旧制静岡高等学校同窓会編『青春奏つへし—官立静岡高等学校六十周年紀念編纂—』旧制静岡高等学校同窓会、一九八二年
富山高等学校創校百周年記念事業後援会編『富中富高百年史』富山高等学校創校百周年記念事業後援会、一九八五年
小山紘『五高その世界　旧制高校史発掘』西日本新聞社、一九八六年
犬養孝『わが人生　阿蘇の噴煙』現代人物書院、一九八八年
靖国神社社務所原著『西南の役　靖国神社忠魂史』青潮社、一九九〇年
旧制静岡高等学校同窓会編『時じくぞ花—官立静岡高等学校創立七十五周年記念誌—』旧制静岡高等学校同窓会、一九九七年
くまもと文学・歴史館編『平成28年熊本地震・震災万葉集』花書院、二〇一八年

●小原要逸

エドモンド・ドモラン（慶應義塾訳）『独立自営大国民』金港堂書籍、一九〇二年
小原無絃『西吟新譯』本郷書院、一九〇五年
小原無絃『ユーゴーの詩』本郷書院、一九〇五年
小原無絃『シェレーの詩』日高有倫堂、一九〇六年
小原無絃『西詩愛吟集』岡村書店・福岡書店、一九〇六年

小原無絃『対訳英米名家詩抄』第三集「虹のかげ」、内外出版協会、一九〇六年
小原無絃『バーンズの詩』日高有倫堂、一九〇六年
小原無絃『花の詩』本郷書院、一九〇六年
小原無絃『海の詩』文陽堂書店、一九〇六年
原阿佐緒『涙痕』東雲堂書店、一九一三年
佐々政男編『醒雪遺稿』明治書院、一九一八年
松山敏『世界名詩宝玉集・英国編』新時代文芸社、一九二六年
衣笠梅二郎「小原無絃訳「シェレーの詩」」(『開化』第二巻第五号)、京都愛書会、一九三八年
小野勝美『原阿佐緒の生涯―その恋と歌―』古川書房、一九七四年
芥川龍之介『芥川龍之介全集』第五巻、岩波書店、一九七七年
黒澤明『蝦蟇の油―自伝のようなもの』岩波書店、一九八四年
黒澤明・武満徹・岩城宏之『『乱』ランサミット―映画にとって音楽は毒薬だ―」(『週刊朝日』第九〇巻第二〇号)、朝日新聞社、一九八五年
山口猛編『カメラマンの映画史―碧川道夫の歩んだ道―』社会思想社、一九八七年
小野勝美編『原阿佐緒文学アルバム』至芸出版社、一九九〇年
杉村美紀「日本における田園教育舎系新教育理論の受容と展開―今井恒郎による日本済美学校の事例―」(『東京大学教育学部紀要』第二九巻)、東京大学教育学部、一九九〇年
齋藤晴恵「小原要逸の生涯―英詩翻訳時代を中心に―」(『東日本英学史研究』第一〇号)、日本英学史学会東日本支部、二〇一一年

中島岳志『下中彌三郎　アジア主義から世界連邦運動へ』平凡社、二〇一五年
夏目漱石『漱石全集』第三巻、岩波書店、二〇一七年
稲岡勝『明治出版史上の金港堂―社史のない出版社「史」の試み』皓星社、二〇一八年

●佐伯常麿

大槻文彦編『言海』第二版、秀英舎、一八九一年
志田義秀・佐伯常麿編『日本類語大辞典』晴光館、一九〇九年
大町桂月・佐伯常麿編『机上宝典　誤用便覧』文栄閣書店・春秋社書店、一九一一年
藤原喜代蔵『人物評論　学界の賢人愚人』文教会、一九一三年
佐伯常麿・植松安編『女子新文芸読本』弘道館、一九一六年
佐伯常麿校註『校註日本文学大系』第一四巻・第一七巻・第一八巻、国民図書、一九二五年
大槻文彦編『大言海』第三巻、富山房、一九三四年
永井荷風『荷風全集』第一五巻、岩波書店、一九六三年
長谷川四郎『岫雲録』吾妻書房、一九六四年
神道文化会編『明治維新神道百年史』第五巻、神道文化会、一九六六年
時乾坤編纂室編『時乾坤　旧制高等学校物語　水戸高校篇』財界評論社、一九六八年
岡本文弥『芸流し人生流し』中央公論社、一九七二年
森鷗外『鷗外全集』第二六巻・第三五巻、岩波書店、一九七三年～一九七五年
苫木虎雄「津和野町歌と鷗外先生」(『鷗外』二十五号)、森鷗外記念会、一九七九年

津和野町教育委員会編『鷗外　津和野への回想』津和野町郷土館、一九九三年
森まゆみ『長生きも芸のうち　岡本文弥百歳』筑摩書房、一九九八年
松島弘編『津和野町史』第四巻、津和野教育委員会、二〇〇五年
山崎一穎『森鷗外論攷』おうふう、二〇〇六年
津和野の自然と歴史を守る会編『つわぶき』第五〇号記念号・第五三号、津和野の自然と歴史を守る会、二〇一〇年〜二〇一一年
長谷川五郎『オセロゲームの歴史』河出書房新社、二〇一一年

●三井甲之

内海弘蔵『中等教科日本文学史』明治書院、一九〇〇年
三井甲之『消なは消ぬかに　詩集』彩雲閣、一九〇七年
三井甲之『親鸞研究』東京堂、一九四三年
しきしまのみち会編『三井甲之歌集』「三井甲之」歌碑建設・歌集刊行会、一九五八年
米田利昭「抒情的ナショナリズムの成立—三井甲之（一）〜（三）」（『文学』第二八巻第一一号〜第二九巻第三号）、岩波書店、一九六〇年〜一九六一年
「明星」複製刊行会編『明星』臨川書店、一九六四年
宮崎五郎編『三井甲之選集』第一巻〜第一三巻、しきしまのみち会大阪支部、一九六五年〜一九七〇年
根岸短歌会編『アカネ』修光社、一九六八年
三井甲之遺稿刊行会編『三井甲之存稿—大正期諸雑誌よりの集録—』三井甲之遺稿刊行会、一九六九年

根岸短歌会編『馬酔木』復刻版、臨川書店、一九七二年
ほととぎす発行所編『ホトトギス』復刻版、日本近代文学館、一九七二年～一九七三年
アララギ発行所編『阿羅々木』復刻版、教育出版センター、一九七五年～一九八四年
正岡子規『仰臥漫録』岩波書店、一九八三年
正岡子規『病牀六尺』岩波書店、一九八四年
昭和女子大学近代文学研究室編『近代文学研究叢書』第七三巻、昭和女子大学近代文化研究所、一九九七年
高浜虚子『回想子規・漱石』岩波書店、二〇〇二年
打越孝明「資料紹介　三井甲之の短歌―明治・大正篇―」(『大倉山論集』第五一輯)、大倉精神文化研究所、二〇〇五年
打越孝明「資料紹介　三井甲之の短歌―昭和篇（上）―」(『大倉山論集』第五二輯)、大倉精神文化研究所、二〇〇六年
岩田文昭『近代仏教と青年―近角常観とその時代―』岩波書店、二〇一四年
中島岳志『下中彌三郎―アジア主義から世界連邦運動へ―』平凡社、二〇一五年
島薗進・中島岳志『愛国と信仰の構造―全体主義はよみがえるのか―』集英社、二〇一六年
中島岳志『親鸞と日本主義』新潮社、二〇一七年
木下宏一『国文学とナショナリズム　沼波瓊音、三井甲之、久松潜一、政治的文学者たちの学問と思想』三元社、二〇一八年

●本書全体にわたる参考・引用文献

京華中学校雑誌部編『京華校友会雑誌』第一号〜第四三号、京華中学校友会、一八九八年〜一九二九年
大森國臣編『磯江潤先生小伝・京華学園沿革略』京華学園、一九三七年
京華学園記念誌編集委員会編『京華学園六十年記念誌』京華学園、一九五七年
京華学園記念誌編集委員会編『京華学園六十五年記念誌』京華学園、一九六二年
京華学園記念誌編集委員会編『京華学園七十年記念誌』京華学園、一九六七年
京華学園記念誌編集委員会編『京華学園八十年記念誌』京華学園、一九七七年
史料京華学園九〇年編集委員会編『史料京華学園九〇年』京華学園、一九八七年
京華学園編『京華学園百年史』京華学園、一九九九年
京華学園編『京華学園百年史・資料編』京華学園、二〇〇二年
京華中学・高等学校国語科編『京華学園創立百二十周年記念・国語科通信』第一号〜第五五号、京華中学・高等学校国語科、二〇一八年

＊以上のほか、辞書類、新聞、ウェブ記事等を参照した。
＊図版のなかには、著作権者は不明であるが、本文説明に不可欠なためにやむを得ず出典明記のみで引用掲載をさせていただいたものもある。権利者・権利継承者の情報について、ご教示いただけたら幸いである。

あとがき

本書は、おもに明治・大正期に活動した十五名の文学教育者について、これまでに十分には明らかにされてこなかったと思われるそれぞれの生涯を、生い立ちから晩年にいたるまでをたどりながら素描したものである。ここに取り上げた十五名は、在職の期間には長短こそあれ、いずれも旧制京華中学で国語教師を務めたことのある人物であり、そのために、どうしても同校に関わる記述に少なからぬ紙幅をついやすことになった。そもそも本書は、京華中学・高等学校の『国語科通信』という小冊子に連載した内容に基づいたものであり、いきおい身びいきと思われるほうへ筆がかたむいてしまった感はいなめない。そこはどうか御海容いただきたいと思う。

筆者が同校へ奉職することになったのは、昭和六十年（一九八五）の四月のことである。大正十四年（一九二五）に完成した鉄筋コンクリート三階建の、途方もなく頑健な造りの校舎がちょうど還暦を迎えたときであり、その校舎のようすは、男子校としての質実さのなかに、伝統校としての風格を漂わせているようでもあった。かつてこの校舎のなかで、「クロちゃん」

こと黒澤明氏がブリキ缶の一件を引きおこしたことは、すでに本書の「小原要逸」のなかで述べたが、その場所からすぐ近いところにある高校一年の教室で、現代文の授業をおこなったのが同校における教師生活の始まりであった。

それから二年が過ぎて、同校は創立九十周年を迎えることになり、そしてさらに、百周年へ向けて校舎が建て替えられてゆくようすを目のあたりにして、星霜を重ねながらさまざまな記憶をたたえてきた校舎が消えてゆくのをおしみつつ、かつてこの校舎で授業をおこなっていた大先輩の国語教師たちについて、書き残しておきたいと思うようになった。

とはいえ、自らに課したこの宿題に着手したのは、もうすでに定年も間近になってからという始末であり、かろうじて十五名まで書き終えることができて、まがりなりにも一区切りをつけたようなものの、その内容は、及第点には遠くおよばないというのが正直なところであった。宿題をそのまま放り投げておくわけにもゆかず、そこで改めて調べ直して旧稿に手をくわえ、こうしてようやく一書にまとめることができたという次第である。

世のなかでは、人知をこえるような仕組みが長足の進化をとげており、それはいずれ、教育の場にも変革をもたらすことになるのかもしれない。それでもなお、教師という職業の抱えている、教え子たちと人と人としてじかに向き合い、その心身を育むことからのがれられないという聖なる部分については、遠い時代から今日にいたるまで一貫して変わってはいないと思われ、おそらくこれからも変わることはないであろう。ここに取り上げた十五名の教師についても、教え子たちと向き合うその姿とともに、明治・大正期のゆたかな文化的営為に深く関わっていた、それぞれの専門とする分野での躍然たる姿は、彼らがあえて意図せずとも、自ずと教え子たちに少なからぬ影響をおよぼしており、そしてまた、その成長を大いに促したことは疑いのないところであろう。

森まゆみ氏は、『千駄木の漱石』（筑摩書房、二〇一二年）のなかで、千駄木（東京文京区）の周辺にある旧制中学に学んだ著名な卒業生たちを掲げて、「京北と京華、この二つの学校がどれだけ日本の文化を多彩に、自由にしてくれたか、圧倒される」と述べている。また、「京北、京華、郁文館は同時代の創立で関係が深く、明治時代には私立名門校で一高へ進むものも多かった」ことにもふれている。

本書の「はじめに」でも、近代中等教育の草創期において、この三校のみならず、東京市内の旧制私立中学の担った役割には改めて注目すべきところがあろうと述べた。のちに「日本の文化を多彩に、自由に」するような逸材を育てたこうした学校の教師たちが、創立者の掲げる建学の精神のもとでいかなる教育をおこない、どのような生涯を送ったのか、ともすると一括《ひとくく》りにされがちな一教師たちをすくい上げて、一人ひとりの素顔を明らかにすることができたなら、旧制中学の担った役割の大きさもより鮮明になることであろう。そして、その伝統を明治からいまに受け継いでいるそれぞれの学校が、現代において発揮している教育力に対しても、さらなる耀《かがや》きを与えることができるかもしれない。ささやかながら、本書がその一助になれば幸いである。

本書をなすにあたり、資料の閲覧や写真の利用許可などで多くの機関にお世話になり、また「細田謙蔵」、「山根勇蔵」、「内海弘蔵」の各氏については、その子孫にあたる方に直接お会いすることができて、貴重なお話をうかがうこともできた。この場を借りて厚く御礼申し上げたい。とりわけ京華学園の羽鳥百合子理事長には、多くの資料を閲覧させていただいたほか、写真の掲載などでも特段のご配慮をいただいた。そして何より、同学園に三十余年という長きにわたり奉職させていただいたことを、改めて深謝申し上げたいと思う。

なお本書の出版にあたっては、新典社社長の岡元学実氏に快諾をいただき、編集や校正などを進める際には、新典社編集部の山田宗史氏にさまざまな助言をいただいた。心より御礼申し上げる次第である。

令和五年（二〇二三）五月三十日

齋藤祐一

人 名 索 引

凡 例

1．本人名索引は、本書5頁から310頁までに登場する人物を対象としている。
2．人名が複数頁に連続している場合は、○○-○○のように省略して示した。
3．各章のタイトルにある人物名については、その頁数をゴシックで示した。
4．人名のあとの（ ）内に、別称、号、幼名などを示した場合がある。

あ 行

か　行

さ　行

た 行

な 行

は 行

ま 行

や　行

ら　行

わ　行

齋藤　祐一（さいとう　ゆういち）
1958年　山形県に生まれる
1989年　二松學舍大学大学院文学研究科博士後期課程単位取得満期退学
専攻　中世文学（能楽），国語教育
現職　京華中学・高等学校教諭，中国・河北科技大学アジア文化総合研究所研究員などを経て，現在，中国・河北美術学院客員教授
主著　『能楽海外公演史要』（共著，1988年，錦正社），『日本文学コレクション・謡曲選』（共著，1997年，翰林書房），『能・狂言図典』（共著，1999年，小学館）
論文　「『拾玉得花』奥書とその和歌」（『総合芸術としての能』第7号，2001年，世阿弥学会），「世阿弥的“种、作、书”和西方的修辞学」（『文学・历史传统与人文精神』2003年，中国社会科学出版社），「能面の装着表現における変化とその意味」（『知性と創造―日中学者の思考―』第5号，2014年，日中人文社会科学学会），「世阿弥書状の書誌的考察―原状の復元、および書札礼との関わりを中心として―」（『知性と創造―日中学者の思考―』第10号，2019年，日中人文社会科学学会）など

明治《めいじ》・大正《たいしょう》の文学教育者《ぶんがくきょういくしゃ》
―― 黒澤明らが学んだ国語教師たち ――　新典社選書 116

2023 年 6 月 20 日　初刷発行

著　者　齋 藤　祐 一
発行者　岡 元　学 実

発行所　株式会社　新 典 社

〒111-0041　東京都台東区元浅草2-10-11　吉延ビル4F
ＴＥＬ　03-5246-4244　ＦＡＸ　03-5246-4245
振　替　00170-0-26932

印刷所　惠友印刷㈱　製本所　牧製本印刷㈱

ISBN 978-4-7879-6866-1 C1395
https://shintensha.co.jp/　E-Mail:info@shintensha.co.jp